商标法、专利法、著作权法
一本通

法规应用研究中心　编

中国法治出版社
CHINA LEGAL PUBLISHING HOUSE

编辑说明

"法律一本通"系列丛书自2005年出版以来，以其科学的体系、实用的内容，深受广大读者的喜爱。2007年、2011年、2014年、2016年、2018年、2019年、2021年、2023年我们对其进行了改版，丰富了其内容，增强了其实用性，博得了广大读者的赞誉。

我们秉承"以法释法"的宗旨，在保持原有的体例之上，今年再次对"法律一本通"系列丛书进行改版，以达到"应办案所需，适学习所用"的目标。新版丛书具有以下特点：

1. 丛书以主体法的条文为序，逐条穿插关联的现行有效的法律、行政法规、部门规章、司法解释、请示答复和部分地方规范性文件，以方便读者理解和适用。

2. 丛书紧扣实践和学习两个主题，在目录上标注了重点法条，并在某些重点法条的相关规定之前，对收录的相关文件进行分类，再按分类归纳核心要点，以便读者最便捷地查找使用。

3. 丛书紧扣法律条文，在主法条的相关规定之后附上案例指引，收录最高人民法院、最高人民检察院指导性案例、公报案例以及相关机构公布的典型案例的裁判摘要、案例要旨或案情摘要等。通过相关案例，可以进一步领会和把握法律条文的适用，从而作为解决实际问题的参考。并对案例指引制作索引目录，方便读者查找。

4. 丛书以脚注的形式，对各类法律文件之间或者同一法律文件不同条文之间的适用关系、重点法条疑难之处进行说明，以便读者系统地理解我国现行各个法律部门的规则体系，从而更好地为教学科研和司法实践服务。

5. 丛书结合二维码技术的应用为广大读者提供增值服务，扫描前勒口二维码，即可在图书出版之日起一年内免费部分使用中国法治出版社推出的【法融】数据库。【法融】数据库中"国家法律法规"栏目便于读者查阅法律文件准确全文及效力，"最高法指导案例"和"最高检指导案例"两个栏目提供最高人民法院和最高人民检察院指导性案例的全文，为读者提供更多增值服务。

目 录

中华人民共和国商标法

第一章 总 则

　　第 一 条【立法宗旨】 ………………………………… 2
　　第 二 条【行政主管部门】 …………………………… 2
★　第 三 条【注册商标及其分类与保护】 ……………… 2
　　第 四 条【商标注册申请】 …………………………… 9
★　第 五 条【注册商标共有】 …………………………… 10
　　第 六 条【商标强制注册】 …………………………… 12
　　第 七 条【诚实信用原则和商品质量】 ……………… 12
　　第 八 条【商标的构成要素】 ………………………… 13
★　第 九 条【申请注册的商标应具备的条件】 ………… 13
　　第 十 条【禁止作为商标使用的标志】 ……………… 15
　　第十一条【不得作为商标注册的标志】 ……………… 17
　　第十二条【三维标志申请注册商标的限制条件】 …… 26
★　第十三条【驰名商标的保护】 ………………………… 27
★　第十四条【驰名商标的认定】 ………………………… 43
　　第十五条【恶意注册他人商标】 ……………………… 53
★　第十六条【地理标志】 ………………………………… 54
　　第十七条【外国人在中国申请商标注册】 …………… 64
　　第十八条【商标代理机构】 …………………………… 64
　　第十九条【商标代理机构的行为规范】 ……………… 69

第 二 十 条【商标代理行业组织对会员的管理】………… 70
★ 第二十一条【商标国际注册】………………………… 70

第二章 商标注册的申请

第二十二条【商标注册申请的提出】………………… 75
第二十三条【注册申请的另行提出】………………… 77
第二十四条【注册申请的重新提出】………………… 77
第二十五条【优先权及其手续】……………………… 77
第二十六条【国际展览会中的临时保护】…………… 77
第二十七条【申报事项和材料的真实、准确、完整】…… 78

第三章 商标注册的审查和核准

第二十八条【初步审定并公告】……………………… 78
第二十九条【商标注册申请内容的说明和修正】…… 78
第 三 十 条【商标注册申请的驳回】………………… 78
第三十一条【申请在先原则】………………………… 79
第三十二条【在先权利与恶意抢注】………………… 80
★ 第三十三条【商标异议和核准注册】………………… 81
第三十四条【驳回商标申请的处理】………………… 83
第三十五条【商标异议的处理】……………………… 84
第三十六条【有关决定的生效及效力】……………… 84
第三十七条【及时审查原则】………………………… 88
第三十八条【商标申请文件或注册文件错误的更正】… 90

第四章 注册商标的续展、变更、转让和使用许可

第三十九条【注册商标的有效期限】………………… 90
第 四 十 条【续展手续的办理】……………………… 91

2

第四十一条【注册商标的变更】……………………… 91

第四十二条【注册商标的转让】……………………… 92

★ 第四十三条【注册商标的使用许可】…………………… 93

第五章 注册商标的无效宣告

第四十四条【注册不当商标的处理】………………… 94

第四十五条【对与他人在先权利相冲突的注册商标的处理】…………………………………………… 95

第四十六条【有关宣告注册商标无效或维持的决定、裁定生效】……………………………………… 96

第四十七条【宣告注册商标无效的法律效力】……… 97

第六章 商标使用的管理

★ 第四十八条【商标的使用】……………………………… 97

第四十九条【违法使用注册商标】……………………… 98

第五十条【对被撤销、宣告无效或者注销的商标的管理】…………………………………………… 101

第五十一条【对强制注册商标的管理】……………… 101

第五十二条【对未注册商标的管理】………………… 102

第五十三条【违法使用驰名商标的责任】…………… 102

第五十四条【对撤销或不予撤销注册商标决定的复审】… 102

第五十五条【撤销注册商标决定的生效】…………… 103

第七章 注册商标专用权的保护

第五十六条【注册商标专用权的保护范围】………… 103

★ 第五十七条【商标侵权行为】………………………… 104

★ 第五十八条【不正当竞争】…………………………… 110

3

第五十九条【注册商标专用权行使限制】……………… 112
★ 第六十条【侵犯注册商标专用权的责任】…………… 115
第六十一条【对侵犯注册商标专用权的处理】………… 125
第六十二条【商标侵权行为的查处】…………………… 126
★ 第六十三条【侵犯商标专用权的赔偿数额的确定】… 126
第六十四条【商标侵权纠纷中的免责情形】…………… 133
★ 第六十五条【诉前临时保护措施】…………………… 134
第六十六条【诉前证据保全】…………………………… 135
★ 第六十七条【刑事责任】……………………………… 142
第六十八条【商标代理机构的法律责任】……………… 147
第六十九条【商标监管机构及其人员的行为要求】…… 148
第 七 十 条【工商行政管理部门的内部监督】………… 148
第七十一条【相关工作人员的法律责任】……………… 148

第八章 附 则

第七十二条【商标规费】………………………………… 149
第七十三条【时间效力】………………………………… 149

中华人民共和国专利法

第一章 总 则

第 一 条【立法目的】…………………………………… 151
★ 第 二 条【发明创造范围】…………………………… 151
第 三 条【专利管理部门】……………………………… 153

第　四　条【保密处理】 …………………………… 153

　　第　五　条【不授予专利权情形】 ………………… 153

★　第　六　条【职务发明】 …………………………… 154

　　第　七　条【非职务专利申请对待】 ………………… 158

　　第　八　条【合作发明专利权归属】 ………………… 158

★　第　九　条【优先规定】 …………………………… 158

　　第　十　条【申请权、专利权转让】 ………………… 159

★　第十一条【排他规定】 …………………………… 160

★　第十二条【许可合同】 …………………………… 165

　　第十三条【发明实施费用支付】 …………………… 166

　　第十四条【专利共有】 …………………………… 166

　　第十五条【职务发明奖励与鼓励】 ………………… 166

　　第十六条【署名权】 ……………………………… 167

　　第十七条【涉外规定】 …………………………… 167

　　第十八条【外国人或组织专利事务委托】 ………… 167

　　第十九条【中国人涉外专利申请委托】 …………… 168

　　第二十条【诚实信用和禁止权利滥用原则】 ……… 168

　　第二十一条【专利审查与专利转化服务】 ………… 169

第二章　授予专利权的条件

★　第二十二条【授予条件】 …………………………… 169

　　第二十三条【外观设计专利权授予条件】 ………… 175

　　第二十四条【新颖性保持特殊规定】 ……………… 177

　　第二十五条【不授予专利权情形】 ………………… 177

第三章　专利的申请

★　第二十六条【发明或实用新型专利申请文件】 …… 178

第二十七条【外观设计专利权申请文件】 …………… 187

第二十八条【申请日确定】 ………………………… 188

第二十九条【申请优先权】 ………………………… 188

第 三 十 条【优先权书面声明】 …………………… 188

第三十一条【专利数量确定】 ……………………… 189

第三十二条【申请撤回】 …………………………… 189

第三十三条【申请文件的修改】 …………………… 189

第四章 专利申请的审查和批准

第三十四条【审查公布】 …………………………… 191

第三十五条【实质审查】 …………………………… 191

第三十六条【实质审查资料提交】 ………………… 191

第三十七条【申请不符规定的处理】 ……………… 191

第三十八条【驳回申请情形】 ……………………… 192

第三十九条【发明专利权的授予】 ………………… 192

第 四 十 条【实用新型和外观设计专利权的授予】 … 192

第四十一条【专利申请复审】 ……………………… 193

第五章 专利权的期限、终止和无效

第四十二条【专利权保护期】 ……………………… 193

第四十三条【年费缴纳】 …………………………… 194

第四十四条【专利权提前终止情形】 ……………… 194

第四十五条【专利权授予异议】 …………………… 194

第四十六条【异议审查】 …………………………… 194

★ 第四十七条【专利权宣告无效的效力和处理】 …… 195

第六章 专利实施的特别许可

第四十八条【专利转化服务】 …………… 196
第四十九条【公益发明】 …………………… 196
第 五 十 条【专利开放许可制度】 ………… 197
第五十一条【专利开放许可制度的相关事宜】 … 197
第五十二条【专利开放许可纠纷】 ………… 197
第五十三条【对具备实施条件单位的强制许可】 … 198
第五十四条【公益性强制许可】 …………… 198
第五十五条【药品专利的强制许可】 ……… 198
第五十六条【重大意义专利实施的强制许可】 … 198
第五十七条【半导体技术强制许可】 ……… 199
第五十八条【强制许可的市场范围】 ……… 199
第五十九条【申请强制许可的证明提交】 … 199
第 六 十 条【强制许可的通知及公告】 …… 200
第六十一条【独占实施权的排除】 ………… 200
第六十二条【费用支付】 …………………… 200
第六十三条【起诉情形】 …………………… 200

第七章 专利权的保护

★ 第六十四条【保护范围】 ………………… 201
★ 第六十五条【纠纷解决】 ………………… 208
★ 第六十六条【纠纷证据】 ………………… 212
★ 第六十七条【不构成侵权的证明】 ……… 213
★ 第六十八条【假冒他人专利的处罚】 …… 217
　 第六十九条【调查手段措施】 …………… 220
　 第 七 十 条【专利侵权纠纷的处理】 …… 221
★ 第七十一条【侵权赔偿数额的确定】 …… 221

第七十二条【诉前禁令】 …………………………… 226
第七十三条【证据保全】 …………………………… 226
第七十四条【诉讼时效】 …………………………… 227
第七十五条【专利侵权例外规定】 ………………… 228
第七十六条【与申请注册的药品相关的专利权纠纷】…… 230
第七十七条【赔偿责任的免除】 …………………… 231
第七十八条【泄露国家秘密的处罚】 ……………… 232
第七十九条【主管部门推荐专利产品的禁止及处罚】…… 232
第八十条【渎职处罚】 ……………………………… 232

第八章 附则

第八十一条【手续费用缴纳】 ……………………… 232
第八十二条【施行日期】 …………………………… 232

中华人民共和国著作权法

第一章 总则

第 一 条【立法宗旨】 ……………………………… 234
★ 第 二 条【适用范围】 …………………………… 240
★ 第 三 条【作品的范围】 ………………………… 244
第 四 条【依法行使著作权】 ……………………… 246
★ 第 五 条【不适用本法保护的对象】 …………… 246
第 六 条【民间文艺作品的著作权保护】 ………… 247
第 七 条【著作权管理机构】 ……………………… 248

★ 第 八 条【著作权集体管理组织】·················· 248

第二章 著作权

第一节 著作权人及其权利

第 九 条【著作权人的范围】·················· 261
★ 第 十 条【著作权的内容】·················· 262

第二节 著作权归属

★ 第十一条【著作权归属的一般原则】·················· 269
第十二条【著作权归属的证明】·················· 271
第十三条【演绎作品的著作权归属】·················· 272
★ 第十四条【合作作品的著作权归属】·················· 272
第十五条【汇编作品的著作权归属】·················· 273
第十六条【演绎作品、汇编作品的使用】·················· 273
第十七条【视听作品的著作权归属】·················· 273
★ 第十八条【职务作品的著作权归属】·················· 274
第十九条【委托作品的著作权归属】·················· 276
第二十条【美术、摄影作品的著作权归属】·················· 276
第二十一条【著作权的继受】·················· 276

第三节 权利的保护期

第二十二条【署名权、修改权、保护作品完整权的
            保护期】·················· 277
★ 第二十三条【发表权、财产权的保护期】·················· 278

第四节 权利的限制

★ 第二十四条【作品的合理使用】·················· 282
★ 第二十五条【特定教科书的法定许可】·················· 286

9

第三章　著作权许可使用和转让合同

第二十六条【著作权许可使用合同】……………… 287

★ 第二十七条【著作权转让合同】………………… 288

第二十八条【著作权出质】………………………… 289

第二十九条【著作权许可使用和转让合同中未明确
的权利】……………………………… 289

第 三 十 条【著作权使用费的支付】……………… 289

第三十一条【取得他人的著作权使用权限制】…… 289

第四章　与著作权有关的权利

第一节　图书、报刊的出版

第三十二条【出版合同】…………………………… 290

第三十三条【专有出版权】………………………… 290

第三十四条【出版者与著作权人的义务】………… 290

★ 第三十五条【报社、期刊社的权利和义务】…… 291

第三十六条【图书出版者、报社、期刊社对作品的
修改权】……………………………… 292

第三十七条【版式设计的专有使用权】…………… 292

第二节　表　演

第三十八条【表演者的义务】……………………… 292

★ 第三十九条【表演者的权利】…………………… 293

第 四 十 条【职务表演的权利归属】……………… 295

第四十一条【表演者权利的保护期】……………… 295

第三节　录音录像

第四十二条【录音录像制作者使用他人制品的义务】…… 296

第四十三条【录音录像制作者制作制品的义务】………… 297

★　第四十四条【录音录像制作者的权利】………………… 298

　　第四十五条【录音制作者广播及公开表演获酬权】……… 299

　第四节　广播电台、电视台播放

★　第四十六条【广播电台、电视台对著作权人的义务】…… 299

　　第四十七条【广播电台、电视台的权利】………………… 302

　　第四十八条【电视台播放他人电影作品的义务】………… 302

第五章　著作权和与著作权有关的权利的保护

　　第四十九条【保护技术措施】………………………… 303

　　第五十条【避开保护技术措施的情形】………………… 303

　　第五十一条【保护权利管理信息】……………………… 304

★　第五十二条【承担民事责任的侵权行为】……………… 304

★　第五十三条【承担民事责任、行政责任和刑事责任
　　　　　　　　的侵权行为】……………………………… 306

★　第五十四条【赔偿标准】……………………………… 313

　　第五十五条【著作权主管部门查处案件的职权范围】…… 317

　　第五十六条【诉前禁令】……………………………… 318

　　第五十七条【诉前证据保全】………………………… 323

　　第五十八条【人民法院对侵权行为的民事制裁】………… 323

★　第五十九条【有关复制品侵权的过错推定】…………… 323

　　第六十条【著作权纠纷的解决】………………………… 326

　　第六十一条【法律适用】……………………………… 326

第六章　附　则

　　第六十二条【著作权与版权的关系】…………………… 327

11

第六十三条【出版的含义】…………………………………… 327
第六十四条【计算机软件、信息网络传播权的保护】……… 327
第六十五条【摄影作品的权利保护期】……………………… 327
第六十六条【追溯力】………………………………………… 327
第六十七条【施行日期】……………………………………… 327

附 录

1. 专利实施许可合同 …………………………………… 328
2. 专利申请技术实施许可合同 ………………………… 350
3. 本书所涉文件目录 …………………………………… 372

案例索引目录

- 甲文化用品公司诉乙文化用品公司、国际企业公司商标使用许可合同纠纷案 ·················· 9
- 甲贸易公司诉乙贸易公司、仇某侵害商标权纠纷案 ············· 9
- 张某恒与农机公司、朱某峰侵害商标权纠纷案 ·················· 12
- 材料公司、经贸公司诉建材公司侵害商标权及不正当竞争纠纷案 ·· 13
- 某公司与商标评审委员会商标驳回复审行政纠纷案 ········· 16
- 甲食品公司诉国家知识产权局乙食品公司等商标无效宣告行政纠纷案 ·· 16
- 婚纱摄影公司诉国家知识产权局商标权无效宣告请求行政纠纷案 ····································· 16
- 龙某诉国家知识产权局及岳阳市某某金行有限公司商标无效宣告行政纠纷案 ················· 17
- 防伪公司与国家知识产权局商标申请驳回复审行政纠纷案 ·· 25
- 资产公司诉国家知识产权局商标申请驳回复审行政纠纷案 ·· 26
- 意大利某公司诉食品公司、行销公司不正当竞争纠纷案 ·········· 26
- 某公司诉服饰公司、某集团、周某琴侵害商标权及不正当竞争纠纷案 ································· 41
- 某集团诉餐饮管理公司等商标侵权及不正当竞争案 ·········· 42
- 甲科技公司诉乙科技公司侵害商标权纠纷案 ···················· 42
- 某集团、知识产权管理公司与某灯饰商店商标权权属、侵权及不正当竞争纠纷案 ············ 42

1

- 澳大利亚某公司诉酿酒公司、贸易公司商标权权属、侵权纠纷案 ················ 52
- 某公司甲诉服饰公司等商标权权属、侵权纠纷案 ······· 52
- 酒业公司诉国家知识产权局商标权无效宣告行政纠纷案 ······ 53
- 甲食品公司诉乙食品公司、某火腿厂商标侵权纠纷案 ······ 63
- 某苹果协会诉某水果商行商标权权属、侵权纠纷案 ·········· 63
- 某行业协会诉乐器公司等侵害商标权及不正当竞争纠纷案 ······················· 63
- 旅游公司诉科技公司不正当竞争纠纷案 ············· 70
- 香料公司诉商标评审委员会商标申请驳回复审行政纠纷案 ····················· 74
- 科技公司与国家知识产权局、咨询公司商标权无效宣告请求行政纠纷案 ················· 79
- 国药公司诉国家知识产权局商标权无效宣告请求行政纠纷案 ··················· 79
- 布某诉国家知识产权局商标权无效宣告请求行政纠纷案 ······· 80
- 乔丹与商标评审委员会、体育公司"乔丹"商标争议行政纠纷案 ·············· 80
- 传媒公司诉国家知识产权局及某公司商标异议复审行政纠纷案 ··················· 81
- 甲餐饮公司诉国家知识产权局、乙餐饮公司商标权无效宣告行政纠纷案 ················ 81
- 德国某公司、中国某公司与电器公司、龚某某等侵害商标权及不正当竞争纠纷案 ············ 92
- 某公司执行实施案 ·············· 92
- 线缆公司诉国家知识产权局、某公司商标权无效宣告请求行政纠纷案 ············· 96
- 装备库公司诉国家知识产权局、贸易公司商标无效宣告行政纠纷案 ············· 96

- 食品公司不服市工商局商标侵权行政处罚案 …………… 97
- 国际贸易公司与管道系统公司等侵害商标权、虚假宣传纠纷案 ……………………………………………… 98
- 材料公司诉国家知识产权局、某水泥厂商标权撤销复审行政纠纷案 …………………………………………… 100
- 信息咨询公司诉国家知识产权局商标权撤销复审行政纠纷案 ……………………………………………………… 100
- 倪某诉国家知识产权局、实业公司商标撤销复审行政纠纷案 ……………………………………………………… 101
- 王某永诉服饰公司、百货公司侵害商标权纠纷案 ……… 102
- 某卤制品厂诉柏某娣商标侵权纠纷案 …………………… 104
- 信息公司诉金融公司商标权权属、侵权纠纷案 ………… 104
- 曹某冬与沱茶公司侵害商标权纠纷案 …………………… 107
- 品牌管理公司诉投资管理公司侵害商标权及不正当竞争纠纷案 …………………………………………………… 108
- 甲刀具公司诉乙刀具公司侵犯商标专用权纠纷案 ……… 108
- 甲桃片公司诉乙桃片公司、余某华侵害商标权及不正当竞争纠纷案 ……………………………………………… 108
- 某公司、甲咖啡馆诉乙咖啡馆、乙咖啡馆某分公司商标侵权及不正当竞争纠纷案 ………………………………… 109
- 某集团诉某饭店侵犯商标专用权纠纷案 ………………… 109
- 酿酒公司诉酒业公司、酿造公司、某经销部商标权权属、侵权纠纷案 …………………………………………… 109
- 瑞士某公司诉建设发展公司商标权权属、侵权纠纷案 ……… 110
- 某集团诉房地产公司商标权权属、侵权及不正当竞争纠纷案 ……………………………………………………… 110
- 某包子铺与餐饮管理公司侵害商标权与不正当竞争纠纷案 ……………………………………………………… 111

- 甲调味食品公司乙调味食品公司侵害商标权及不正当竞争纠纷案 …………………………………………… 112
- 咨询公司诉制药公司等侵害商标权及不正当竞争纠纷案 …… 115
- 甲公司诉乙公司、某店侵害商标权及不正当竞争纠纷案 …… 115
- 某公司诉市市场监督管理局行政处罚案 ………………………… 124
- 某店诉区市场监督管理局、市市场监督管理局罚款、没收非法财物及行政复议案 …………………………… 125
- 郭某升、郭某锋、孙某标假冒注册商标案 …………………… 131
- 发动机株式会社与工业公司、摩托车销售公司等商标侵权纠纷案 ………………………………………………… 132
- 某株式会社与某门市部侵害商标权纠纷案 …………………… 132
- 甲食品公司诉乙食品公司侵害商标权纠纷案 ………………… 132
- 国际公司诉陶瓷公司等侵害商标权及不正当竞争纠纷案 …… 133
- 品牌管理公司诉投资公司侵害商标权纠纷案 ………………… 133
- 实业公司诉工艺品公司、家纺公司侵害商标权及不正当竞争纠纷案 …………………………………………… 147
- 刘某彬诉国家知识产权局、苟某利实用新型专利权无效行政纠纷案 …………………………………………… 151
- 实业公司与管业公司侵犯发明专利权纠纷案 ………………… 152
- 机电公司诉电子公司、郑某时、郭某专利权权属纠纷案 …… 152
- 董某、谷某源、董某国诉国家知识产权局发明专利申请驳回复审行政纠纷案 ……………………………… 152
- 德国某公司诉国家知识产权局发明专利申请驳回复审行政纠纷案 ……………………………………………… 153
- 刘某民、刘某友诉矿务局、某机械厂专利申请权纠纷案 …… 155
- 五金公司诉许某文实用新型专利权纠纷案 …………………… 155
- 刘某彬与数控科技公司、硅业公司侵害实用新型专利权纠纷案 …………………………………………………… 155

- 某集团、某汽车研究院、汽车公司诉智慧出行公司、
  张某专利申请权权属纠纷案 ………………………… 156
- 荷兰某公司诉智能装备公司专利权权属纠纷案 ……… 156
- 某公司诉莫某等专利权权属纠纷案 …………………… 157
- 某国家工程研究中心诉沈某专利权权属、侵权纠纷案 ……… 157
- 某公司诉电子公司等专利权权属、侵权纠纷案 ……… 157
- 宋某安诉某锅炉厂专利侵权纠纷案 …………………… 158
- 甲智能装备公司诉乙智能装备公司等专利权权属、侵
  权纠纷案 …………………………………………………… 159
- 甲科技公司诉乙科技公司等侵害发明专利权纠纷案 ……… 161
- 国际公司诉冷暖设备公司侵犯发明专利权纠纷案 ……… 162
- 生活用品公司与电子公司侵害外观设计专利纠纷案 ……… 162
- 电器公司、蒋某屏与电热器件公司、某集团侵害实用
  新型专利权纠纷案 ……………………………………… 162
- 电器公司诉制冷设备公司等侵害发明专利权纠纷案 ……… 163
- 医药公司诉医疗公司、贸易公司、大药房公司、某医
  院侵害发明专利权纠纷案 ……………………………… 163
- 通信公司诉贸易公司等侵害发明专利权纠纷案 ……… 164
- 电器公司诉制造公司等专利权权属、侵权纠纷案 ……… 164
- 刘某等诉某公司侵害外观设计专利权纠纷案 ………… 165
- 生物科技公司诉农业科技公司、农业技术司侵害发明
  专利权纠纷案 …………………………………………… 165
- 王某华、王某中、吕某富、梅某宇与某无线电厂专利
  实施许可合同纠纷案 …………………………………… 166
- 旅游制品公司诉姚某、信息公司假冒他人专利纠纷案 ……… 167
- 科技公司诉李某良侵害发明专利权纠纷案 …………… 168
- 赵某红、张某一与专利复审委员会专利无效行政纠纷
  案 ………………………………………………………… 170

- 生物公司与国家知识产权局等发明专利权无效行政纠纷案 170
- 荷兰某公司诉国家知识产权局发明专利申请驳回复审行政纠纷案 171
- 遗传技术公司、某公司诉国家知识产权局发明专利申请驳回复审行政纠纷案 171
- 郭某显诉国家知识产权局、电热公司实用新型专利权无效行政纠纷案 171
- 纸业公司诉国家知识产权局、机械公司实用新型专利权无效行政纠纷案 172
- 某公司诉国家知识产权局、陈某建实用新型专利权无效行政纠纷案 172
- 技术公司诉国家知识产权局发明专利申请驳回复审行政纠纷案 172
- 贸易公司诉国家知识产权局、通信公司发明专利权无效行政纠纷案 173
- 美国某公司与国家知识产权局、互联网公司、科技公司、某银行发明专利权无效行政纠纷案 173
- 德国某公司诉国家知识产权局发明专利申请驳回复审行政纠纷案 174
- 罗某诉国家知识产权局发明专利申请驳回复审行政纠纷 174
- 智能装备公司诉国家知识产权局、荷兰某公司发明专利权无效行政纠纷案 174
- 瑞士某医药公司诉国家知识产权局、戴某发明专利权无效行政纠纷案 175
- 苏某诉国家知识产权局发明专利申请驳回复审行政纠纷案 175
- 科技公司诉国家知识产权局、电子公司外观设计专利权无效行政纠纷案 176

- 某株式会社与工贸公司专利侵权案 …… 184
- 生物公司与国家知识产权局等发明专利权无效行政纠纷案 …… 184
- 药业公司诉国家知识产权局、某株式会社发明专利权无效行政纠纷案 …… 185
- 甲公司诉国家知识产权局、乙公司发明专利权无效行政纠纷案 …… 185
- 制药公司诉国家知识产权局、药业公司发明专利权无效行政纠纷案 …… 185
- 李某飞诉国家知识产权局发明专利申请驳回复审行政纠纷案 …… 186
- 制药公司诉国家知识产权局发明专利权无效宣告请求行政纠纷案 …… 186
- 宋某等诉国家知识产权局实用新型专利申请驳回复审行政纠纷案 …… 186
- 某公司诉国家知识产权局发明专利申请驳回复审行政纠纷案 …… 186
- 电子公司诉国家知识产权局专利复审委员会、电子科技公司发明专利权无效行政纠纷案 …… 187
- 科技公司诉国家知识产权局、电脑公司、贸易公司某分公司、贸易公司发明专利权无效行政纠纷案 …… 189
- 瑞士某公司诉国家知识产权局发明专利申请驳回复审行政纠纷案 …… 190
- 某公司诉国家知识产权局外观设计专利权无效行政纠纷案 …… 190
- 刘某诉数控公司、硅业公司侵害实用新型专利权纠纷案 …… 192
- 叶某微诉国家知识产权局专利行政纠纷案 …… 193
- 食品公司与企业公司不正当竞争纠纷案 …… 195

- 智能科技公司诉电子公司、物联公司侵害实用新型专利权纠纷案 …… 195
- 某公司与贸易公司、刀剪公司侵害外观设计专利权纠纷案 …… 204
- 柏某清诉某营销服务中心等侵害实用新型专利权纠纷案 …… 205
- 某公司诉卫浴公司侵害外观设计专利权纠纷案 …… 205
- 清洗系统公司诉汽车配件公司等侵害发明专利权纠纷案 …… 206
- 甲仪表公司诉乙仪表公司请求确认不侵犯专利权及乙仪表公司反诉甲仪表有限公司专利侵权纠纷案 …… 206
- 刘某昌与纺织公司侵犯专利权纠纷案 …… 206
- 电器公司诉电子公司侵害发明专利权纠纷案 …… 207
- 瑞典某公司诉制药公司确认是否落入专利权保护范围纠纷案 …… 207
- 甲公司诉乙公司、丙公司侵害发明专利权纠纷案 …… 207
- 酒业公司诉市知识产权局、某公司专利行政裁决案 …… 208
- 电子公司诉通讯公司侵害实用新型专利权纠纷案 …… 208
- 荷兰某公司、轮胎公司与机械公司确认不侵害专利权纠纷案 …… 212
- 许可和知识产权公司、化学公司诉化工公司、工业助剂公司、魏某光等侵害发明专利权纠纷案 …… 213
- 电信公司诉通信公司、科技公司侵犯专利权纠纷案 …… 215
- 电器制造公司与科技公司等侵害实用新型专利权纠纷案 …… 216
- 电器公司诉科技公司、黄某侵害实用新型专利权纠纷案 …… 216
- 甲家具公司诉乙家具公司专利权权属、侵权纠纷案 …… 216
- 胡某哲诉某经营部侵害实用新型专利权纠纷案 …… 216
- 文具公司诉某集团等侵害外观设计专利权纠纷案 …… 224
- 电器公司诉电力电器公司、电气公司侵害发明专利权纠纷案 …… 225
- 甲公司诉某修配厂、乙公司侵害发明专利权纠纷案 …… 225

- 甲生物技术公司、生物材料公司诉乙生物技术公司、生物制品经营公司、生物科技公司侵害发明专利权纠纷案 …… 225
- 电子公司诉商贸公司等侵害发明专利权纠纷案 …………… 225
- 甲家具公司诉乙家具公司、丙家具公司、某学院侵害实用新型专利权纠纷案 …………………………………… 226
- 制药公司诉市知识产权局、知识产权公司行政裁决纠纷案 ………………………………………………………… 229
- 某株式会社与药业公司确认是否落入专利权保护范围纠纷案 ……………………………………………………… 230
- 某制药株式会社诉药业公司确认是否落入专利权保护范围纠纷案 ………………………………………………… 231
- 装备公司诉科创公司、新能源公司侵害发明专利权纠纷案 ………………………………………………………… 231
- 韩国某公司、IP（知识产权）公司诉软件公司、信息技术公司侵害计算机软件著作权纠纷案 ……………… 243
- 洪某远、邓某香诉食品公司、文化研发公司著作权侵权纠纷案 …………………………………………………… 244
- 张某燕诉雷某和、赵某、音像图书公司著作权侵权纠纷案 ………………………………………………………… 244
- 甲杂技团诉乙杂技团等著作权权属、侵权纠纷案 ………… 245
- 电商公司诉科技公司著作权侵权纠纷案 …………………… 245
- 甲杂技团诉乙杂技团、计算机系统公司、某电视台著作权权属、侵权纠纷案 ……………………………………… 246
- 张某龙诉文化传播公司、程某、马某侵害作品信息网络传播权纠纷案 …………………………………………… 268
- 文化创意公司诉科技公司侵害作品信息网络传播权纠纷案 ………………………………………………………… 268
- 李某诉科技公司侵害作品信息网络传播权案 ……………… 269

- 周某与项某、李某著作权权属、侵权纠纷等系列虚假诉讼监督案 ………………………………………………… 270
- 某株式会社诉服饰公司等著作权权属、侵权纠纷及虚假宣传纠纷案 …………………………………………… 271
- 图像技术公司诉蜂业公司侵害作品信息网络传播权纠纷案 ……………………………………………………… 271
- 某电影制片厂与某出版社、曲某方著作权权属、侵权纠纷案 …………………………………………………… 273
- 白某诉某集团、甲公司、乙公司著作权权属、侵权纠纷案 ……………………………………………………… 274
- 胡某庆、吴某初诉某电影制片厂著作权权属纠纷案 ……… 275
- 发行公司诉企业发展公司侵害作品信息网络传播权纠纷案 ……………………………………………………… 285
- 陆某龙诉陆某等侵犯著作权纠纷案 ……………………… 286
- 影音公司与某出版社、文化发展公司、光碟公司、某剧院、批销公司著作权纠纷案 …………………………… 298
- 苏某诉某公司侵害著作权纠纷案 ………………………… 302
- 朱某诉自动化公司等侵害计算机软件著作权纠纷案 …… 306
- 精雕科技公司诉电子科技公司侵害计算机软件著作权纠纷案 …………………………………………………… 312
- 某服饰加工厂诉市广播电视新闻出版局行政处罚案 …… 312
- 网络公司、器材公司诉科技公司某分公司、科技公司侵害计算机软件著作权纠纷案 …………………………… 313
- 某公司诉某歌厅侵害作品放映权纠纷案 ………………… 316
- 李某诉农副产品公司等著作权侵权纠纷案 ……………… 317
- 庄某、佐某诉网络公司侵害作品信息网络传播权纠纷案 … 317
- 某公司诉某保险公司侵害计算机软件著作权纠纷案 …… 323
- 石某林诉电子资讯公司侵害计算机软件著作权纠纷案 … 325

中华人民共和国商标法

（1982年8月23日第五届全国人民代表大会常务委员会第二十四次会议通过　根据1993年2月22日第七届全国人民代表大会常务委员会第三十次会议《关于修改〈中华人民共和国商标法〉的决定》第一次修正　根据2001年10月27日第九届全国人民代表大会常务委员会第二十四次会议《关于修改〈中华人民共和国商标法〉的决定》第二次修正　根据2013年8月30日第十二届全国人民代表大会常务委员会第四次会议《关于修改〈中华人民共和国商标法〉的决定》第三次修正　根据2019年4月23日第十三届全国人民代表大会常务委员会第十次会议《关于修改〈中华人民共和国建筑法〉等八部法律的决定》第四次修正）

目　录

第一章　总　　则

第二章　商标注册的申请

第三章　商标注册的审查和核准

第四章　注册商标的续展、变更、转让和使用许可

第五章　注册商标的无效宣告

第六章　商标使用的管理

第七章　注册商标专用权的保护

第八章　附　　则

第一章 总　　则

第一条　立法宗旨①

为了加强商标管理，保护商标专用权，促使生产、经营者保证商品和服务质量，维护商标信誉，以保障消费者和生产、经营者的利益，促进社会主义市场经济的发展，特制定本法。

第二条　行政主管部门

国务院工商行政管理部门商标局主管全国商标注册和管理的工作。

国务院工商行政管理部门设立商标评审委员会，负责处理商标争议事宜。

第三条　注册商标及其分类与保护

经商标局核准注册的商标为注册商标，包括商品商标、服务商标和集体商标、证明商标；商标注册人享有商标专用权，受法律保护。

本法所称集体商标，是指以团体、协会或者其他组织名义注册，供该组织成员在商事活动中使用，以表明使用者在该组织中的成员资格的标志。

本法所称证明商标，是指由对某种商品或者服务具有监督能力的组织所控制，而由该组织以外的单位或者个人使用于其商品或者服务，用以证明该商品或者服务的原产地、原料、制造方法、质量或者其他特定品质的标志。

---

① 条文主旨为编者所加，下同。

> 集体商标、证明商标注册和管理的特殊事项，由国务院工商行政管理部门规定。

● 部门规章及文件

《集体商标、证明商标注册和管理规定》①（2023年12月29日国家知识产权局令第79号）

第 1 条　为了规范集体商标、证明商标的注册和使用管理，加强商标权益保护，维护社会公共利益，促进特色产业发展，根据《中华人民共和国商标法》（以下简称商标法）、《中华人民共和国商标法实施条例》（以下简称实施条例）的规定，制定本规定。

第 2 条　本规定有关商品的规定，适用于服务。

第 3 条　申请集体商标注册的，应当附送主体资格证明文件、集体成员的名称、地址和使用管理规则。

申请以地理标志作为集体商标注册的团体、协会或者其他组织，其成员应当来自该地理标志标示的地区范围内。

第 4 条　申请证明商标注册的，应当附送主体资格证明文件、使用管理规则和证明其具有的或者其委托机构具有的专业技术人员、专业检测设备等情况的证明材料，以表明其具有监督该证明商标所证明的特定商品品质的能力。

第 5 条　申请以地理标志作为证明商标、集体商标注册的，应当附送管辖该地理标志所标示地区的县级以上人民政府或者主管部门的批准文件。

以地理标志作为证明商标、集体商标注册的，应当在申请书件中说明下列内容：

（一）该地理标志所标示的商品的特定质量、信誉或者其他

---

① 本书法律文件使用简称，以下不再标注。本书所标规范性文件的日期为该文件的通过、发布、修改后公布日期之一。以下不再标注。

特征；

（二）该商品的特定质量、信誉或者其他特征主要由该地理标志所标示地区的自然因素或者人文因素所决定；

（三）该地理标志所标示的地区的范围。

申请以地理标志作为证明商标、集体商标注册的，应当提交具有的或者其委托机构具有的专业技术人员、专业检测设备等情况的证明材料。

外国人或者外国企业申请以地理标志作为证明商标、集体商标注册的，申请人应当提供该地理标志以其名义在其原属国受法律保护的证明。

第6条 集体商标、证明商标的使用管理规则应当依法制定，对注册人、集体成员和使用人具有约束力，并包括下列内容：

（一）使用该集体商标或者证明商标的宗旨；

（二）使用该集体商标的商品的品质或者使用该证明商标证明的商品的原产地、原料、制造方法、质量或者其他特定品质等；

（三）使用该集体商标或者证明商标的手续；

（四）使用该集体商标或者证明商标的权利、义务；

（五）集体商标的集体成员或者证明商标的使用人违反其使用管理规则应当承担的责任；

（六）注册人对使用该集体商标或者证明商标商品的检验监督制度。

证明商标的使用管理规则还应当包括使用该证明商标的条件。

集体商标、证明商标使用管理规则应当进行公告。注册人修改使用管理规则的，应当提出变更申请，经国家知识产权局审查核准，并自公告之日起生效。

第7条 以地理标志作为证明商标、集体商标注册的，可以是该地理标志标示地区的名称，也可以是能够标示某商品来源于该地区的其他标志。

前款所称地区无需与该地区的现行行政区划名称、范围完全一致。

第8条 多个葡萄酒地理标志构成同音字或者同形字，但能够彼此区分且不误导公众的，每个地理标志都可以作为证明商标或者集体商标申请注册。

使用他人作为证明商标、集体商标注册的葡萄酒、烈性酒地理标志标示并非来源于该地理标志所标示地区的葡萄酒、烈性酒，即使同时标出了商品的真正来源地，或者使用的是翻译文字，或者伴有"种""型""式""类"以及其他类似表述的，适用商标法第十六条的规定。

第9条 县级以上行政区划的地名或者公众知晓的地名作为组成部分申请注册集体商标、证明商标的，标志应当具有显著特征，便于识别；标志中含有商品名称的，指定商品应当与商标中的商品名称一致或者密切相关；商品的信誉与地名密切关联。但是损害社会公共利益的标志，不得注册。

地理标志作为证明商标、集体商标注册的，还应当依据本规定的有关规定办理。

第10条 申请人在其申请注册的集体商标、证明商标核准注册前，可以向国家知识产权局申请撤回该集体商标、证明商标的注册申请。

申请人撤回集体商标、证明商标注册申请的，应当注明申请人和商标注册申请号。经审查符合规定的，准予撤回。申请人名称不一致，或者商标注册申请已核准注册，或者已作出不予受理、驳回或者不予注册决定的，撤回申请不予核准。

第11条 集体商标、证明商标注册人应当实施下列行为，履行商标管理职责，保证商品品质：

（一）按照使用管理规则准许集体成员使用集体商标，许可他人使用证明商标；

（二）及时公开集体成员、使用人信息、使用管理规则；

（三）检查集体成员、使用人的使用行为是否符合使用管理规则；

（四）检查使用集体商标、证明商标的商品是否符合使用管理规则的品质要求；

（五）及时取消不符合使用管理规则的集体成员、使用人的集体商标、证明商标使用资格，并履行变更、备案手续。

第12条 为管理和运用集体商标、证明商标的需要，注册人可以向集体成员、使用人收取合理费用，收费金额、缴纳方式、缴纳期限应当基于公平合理原则协商确定并予以公开。

第13条 集体商标注册人的成员发生变化的，注册人应当在3个月内向国家知识产权局申请变更注册事项，并由国家知识产权局公告。

证明商标注册人准许他人使用其商标的，注册人应当在许可后3个月内报国家知识产权局备案，并由国家知识产权局公告。

第14条 申请转让集体商标、证明商标的，受让人应当具备相应的主体资格，并符合商标法、实施条例和本规定的规定。

集体商标、证明商标发生移转的，权利继受人应当具备相应的主体资格，并符合商标法、实施条例和本规定的规定。

第15条 集体商标注册人的集体成员，在履行该集体商标使用管理规则规定的手续后，可以使用该集体商标。集体成员不得在不符合使用管理规则的商品上使用该集体商标。

集体商标注册人不得将该集体商标许可给非集体成员使用。

第16条 凡符合证明商标使用管理规则规定条件的，在履行该证明商标使用管理规则规定的手续后，可以使用该证明商标，注册人不得拒绝办理手续。使用人不得在不符合使用管理规则的商品上使用该证明商标。

证明商标注册人不得在自己提供的商品上使用该证明商标。

第17条　集体成员、使用人使用集体商标、证明商标时，应当保证使用的商品符合使用管理规则的品质要求。

集体成员、使用人可以将集体商标、证明商标与自己的注册商标同时使用。

地域范围外生产的商品不得使用作为证明商标、集体商标注册的地理标志。

第18条　集体商标、证明商标注册人应当促进和规范商标使用，提升商标价值，维护商标信誉，推动特色产业发展。

第19条　集体商标、证明商标注册人、集体成员、使用人应当加强品牌建设，履行下列职责：

（一）加强自律，建立产品溯源和监测机制，制定风险控制预案，维护商标品牌形象和信誉；

（二）鼓励采用或者制定满足市场需求的先进标准，树立良好的商标品牌形象；

（三）结合地方特色资源，挖掘商标品牌文化内涵，制定商标品牌建设发展计划，开展宣传推广，提升商标品牌价值。

第20条　地方人民政府或者行业主管部门应当根据地方经济发展需要，合理配置公共资源，通过集体商标、证明商标加强区域品牌建设，促进相关市场主体协同发展。

地方知识产权管理部门应当支持区域品牌获得法律保护，指导集体商标、证明商标注册，加强使用管理，实行严格保护，提供公共服务，促进高质量发展。

第21条　国家知识产权局应当完整、准确、及时公布集体商标、证明商标注册信息，向社会公众提供信息查询服务。

第22条　对下列正当使用集体商标、证明商标中含有的地名的行为，注册商标专用权人无权禁止：

（一）在企业名称字号中使用；

（二）在配料表、包装袋等使用表明产品及其原料的产地；

（三）在商品上使用表明产地或者地域来源；

（四）在互联网平台或者店铺的商品详情、商品属性中客观表明地域来源；

（五）其他正当使用地名的行为。

前款所述正当使用集体商标、证明商标中含有的地名，应当以事实描述为目的且符合商业惯例，不得违反其他法律规定。

第23条 他人以事实描述方式在特色小吃、菜肴、菜单、橱窗展示、互联网商品详情展示等使用涉及餐饮类的集体商标、证明商标中的地名、商品名称等文字的，并且未导致误导公众的，属于正当使用行为，注册商标专用权人无权禁止。

第24条 实施条例第四条第二款中的正当使用该地理标志是指正当使用作为集体商标注册的地理标志中的地名、商品名称或者商品的通用名称，但不得擅自使用该集体商标。

第25条 有本规定第二十二条至第二十四条所述正当使用行为的，行为人不得恶意或者贬损集体商标、证明商标的信誉，扰乱市场竞争秩序，损害其注册人合法权益。

第26条 注册人怠于行使权利导致集体商标、证明商标成为核定使用的商品的通用名称或者没有正当理由连续3年不使用的，任何人可以根据商标法第四十九条申请撤销该注册商标。

第27条 对从事集体商标、证明商标注册和管理工作的人员以及其他依法履行公职的人员玩忽职守、滥用职权、徇私舞弊、弄虚作假、违法违纪办理商标注册、管理、保护等事项，收受当事人财物，牟取不正当利益，依法依纪给予处分；构成犯罪的，依法追究刑事责任。

第28条 本规定自2024年2月1日起施行。

● 案例指引

1. **甲文化用品公司诉乙文化用品公司、国际企业公司商标使用许可合同纠纷案**（《最高人民法院公报》2017年第2期）

　　案例要旨：在后商标使用许可合同相对人明知商标权人和在先商标使用许可合同相对人未解除在先商标独占使用许可合同，仍和商标权人签订许可合同，导致先后两个独占许可合同的许可期间存在重叠的，在后合同并非无效，但在后商标使用许可合同相对人不属于善意第三人，不能依据在后合同获得商标的许可使用权，在先取得的独占许可使用权可以对抗在后的商标使用许可合同关系。

2. **甲贸易公司诉乙贸易公司、仇某侵害商标权纠纷案**（人民法院案例库2024-09-2-159-011）①

　　裁判摘要：企业高管通过使用与所在单位的注册商标相同的商标及与所在单位字号近似的字号等仿冒手段，将所在单位的特定业务"飞单"给他人的，其"仿冒"手段行为与"飞单"结果行为侵害了不同民事权利，应当对两者分别进行法律规制，即手段行为分别构成侵害商标权、侵害企业名称权，结果行为构成侵害经营秘密。

第四条　商标注册申请

　　自然人、法人或者其他组织在生产经营活动中，对其商品或者服务需要取得商标专用权的，应当向商标局申请商标注册。不以使用为目的的恶意商标注册申请，应当予以驳回。

　　本法有关商品商标的规定，适用于服务商标。

● 行政法规及文件

《商标法实施条例》（2014年4月29日）

　　第63条　使用注册商标，可以在商品、商品包装、说明书

---

① 参见人民法院案例库，https://rmfyalk.court.gov.cn/，2024年11月22日访问。

或者其他附着物上标明"注册商标"或者注册标记。

注册标记包括ⓜ和®。使用注册标记，应当标注在商标的右上角或者右下角。

第五条 注册商标共有

两个以上的自然人、法人或者其他组织可以共同向商标局申请注册同一商标，共同享有和行使该商标专用权。

● 法　律

1.《民法典》（2020年5月28日）

第297条　不动产或者动产可以由两个以上组织、个人共有。共有包括按份共有和共同共有。

第298条　按份共有人对共有的不动产或者动产按照其份额享有所有权。

第299条　共同共有人对共有的不动产或者动产共同享有所有权。

第300条　共有人按照约定管理共有的不动产或者动产；没有约定或者约定不明确的，各共有人都有管理的权利和义务。

第301条　处分共有的不动产或者动产以及对共有的不动产或者动产作重大修缮、变更性质或者用途的，应当经占份额三分之二以上的按份共有人或者全体共同共有人同意，但是共有人之间另有约定的除外。

第302条　共有人对共有物的管理费用以及其他负担，有约定的，按照其约定；没有约定或者约定不明确的，按份共有人按照其份额负担，共同共有人共同负担。

第303条　共有人约定不得分割共有的不动产或者动产，以维持共有关系的，应当按照约定，但是共有人有重大理由需要分割的，可以请求分割；没有约定或者约定不明确的，按份共有人可以随时请求分割，共同共有人在共有的基础丧失或者有重大理由需要分割时可以请求分割。因分割造成其他共有人损害的，应当给予赔偿。

第304条　共有人可以协商确定分割方式。达不成协议，共有的不动产或者动产可以分割且不会因分割减损价值的，应当对实物予以分割；难以分割或者因分割会减损价值的，应当对折价或者拍卖、变卖取得的价款予以分割。

共有人分割所得的不动产或者动产有瑕疵的，其他共有人应当分担损失。

第305条　按份共有人可以转让其享有的共有的不动产或者动产份额。其他共有人在同等条件下享有优先购买的权利。

第306条　按份共有人转让其享有的共有的不动产或者动产份额的，应当将转让条件及时通知其他共有人。其他共有人应当在合理期限内行使优先购买权。

两个以上其他共有人主张行使优先购买权的，协商确定各自的购买比例；协商不成的，按照转让时各自的共有份额比例行使优先购买权。

第307条　因共有的不动产或者动产产生的债权债务，在对外关系上，共有人享有连带债权、承担连带债务，但是法律另有规定或者第三人知道共有人不具有连带债权债务关系的除外；在共有人内部关系上，除共有人另有约定外，按份共有人按照份额享有债权、承担债务，共同共有人共同享有债权、承担债务。偿还债务超过自己应当承担份额的按份共有人，有权向其他共有人追偿。

第308条　共有人对共有的不动产或者动产没有约定为按份共有或者共同共有，或者约定不明确的，除共有人具有家庭关系等外，视为按份共有。

第309条　按份共有人对共有的不动产或者动产享有的份额，没有约定或者约定不明确的，按照出资额确定；不能确定出资额的，视为等额享有。

第310条　两个以上组织、个人共同享有用益物权、担保物权的，参照适用本章的有关规定。

● 行政法规及文件

2.《商标法实施条例》（2014年4月29日）

第16条 共同申请注册同一商标或者办理其他共有商标事宜的，应当在申请书中指定一个代表人；没有指定代表人的，以申请书中顺序排列的第一人为代表人。

商标局和商标评审委员会的文件应当送达代表人。

● 案例指引

张某恒与农机公司、朱某峰侵害商标权纠纷案（《最高人民法院公报》2017年第4期）

案例要旨：在商标权共有的情况下，商标权的许可使用应遵循当事人意思自治原则，由共有人协商一致行使；不能协商一致，又无正当理由的，任何一方共有人不得阻止其他共有人以普通许可的方式许可他人使用该商标。

第六条 商标强制注册

法律、行政法规规定必须使用注册商标的商品，必须申请商标注册，未经核准注册的，不得在市场销售。

● 法　律

《烟草专卖法》（2015年4月24日）

第19条 卷烟、雪茄烟和有包装的烟丝必须申请商标注册，未经核准注册的，不得生产、销售。

禁止生产、销售假冒他人注册商标的烟草制品。

第七条 诚实信用原则和商品质量

申请注册和使用商标，应当遵循诚实信用原则。

商标使用人应当对其使用商标的商品质量负责。各级工商行政管理部门应当通过商标管理，制止欺骗消费者的行为。

● 案例指引

材料公司、经贸公司诉建材公司侵害商标权及不正当竞争纠纷案
（人民法院案例库 2023-09-2-159-050）

裁判摘要： 被诉侵权人有意借由商品在区分表类别归属不明，在后于其他类别注册与权利人商标相近似的商标，并使用在权利人已具有市场影响力的同一种商品之上造成市场混淆，被诉侵权人的行为违背诚信原则构成权利滥用，其使用自有商标的抗辩不应得到司法支持，法院应当认定侵权成立。

第八条　商标的构成要素

任何能够将自然人、法人或者其他组织的商品与他人的商品区别开的标志，包括文字、图形、字母、数字、三维标志、颜色组合和声音等，以及上述要素的组合，均可以作为商标申请注册。

第九条　申请注册的商标应具备的条件

申请注册的商标，应当有显著特征，便于识别，并不得与他人在先取得的合法权利相冲突。

商标注册人有权标明"注册商标"或者注册标记。

● 行政法规及文件

1. **《商标法实施条例》**（2014年4月29日）

第63条　使用注册商标，可以在商品、商品包装、说明书或者其他附着物上标明"注册商标"或者注册标记。

注册标记包括㊟和Ⓡ。使用注册标记，应当标注在商标的右上角或者右下角。

● **司法解释及文件**

2.《最高人民法院关于审理注册商标、企业名称与在先权利冲突的民事纠纷案件若干问题的规定》（2020年12月29日　法释〔2020〕19号）

为正确审理注册商标、企业名称与在先权利冲突的民事纠纷案件，根据《中华人民共和国民法典》《中华人民共和国商标法》《中华人民共和国反不正当竞争法》和《中华人民共和国民事诉讼法》等法律的规定，结合审判实践，制定本规定。

第1条　原告以他人注册商标使用的文字、图形等侵犯其著作权、外观设计专利权、企业名称权等在先权利为由提起诉讼，符合民事诉讼法第一百一十九条规定的，人民法院应当受理。

原告以他人使用在核定商品上的注册商标与其在先的注册商标相同或者近似为由提起诉讼的，人民法院应当根据民事诉讼法第一百二十四条第（三）项的规定，告知原告向有关行政主管机关申请解决。但原告以他人超出核定商品的范围或者以改变显著特征、拆分、组合等方式使用的注册商标，与其注册商标相同或者近似为由提起诉讼的，人民法院应当受理。

第2条　原告以他人企业名称与其在先的企业名称相同或者近似，足以使相关公众对其商品的来源产生混淆，违反反不正当竞争法第六条第（二）项的规定为由提起诉讼，符合民事诉讼法第一百一十九条规定的，人民法院应当受理。

第3条　人民法院应当根据原告的诉讼请求和争议民事法律关系的性质，按照民事案件案由规定，确定注册商标或者企业名称与在先权利冲突的民事纠纷案件的案由，并适用相应的法律。

第4条 被诉企业名称侵犯注册商标专用权或者构成不正当竞争的，人民法院可以根据原告的诉讼请求和案件具体情况，确定被告承担停止使用、规范使用等民事责任。

第十条 禁止作为商标使用的标志

下列标志不得作为商标使用：

（一）同中华人民共和国的国家名称、国旗、国徽、国歌、军旗、军徽、军歌、勋章等相同或者近似的，以及同中央国家机关的名称、标志、所在地特定地点的名称或者标志性建筑物的名称、图形相同的；

（二）同外国的国家名称、国旗、国徽、军旗等相同或者近似的，但经该国政府同意的除外；

（三）同政府间国际组织的名称、旗帜、徽记等相同或者近似的，但经该组织同意或者不易误导公众的除外；

（四）与表明实施控制、予以保证的官方标志、检验印记相同或者近似的，但经授权的除外；

（五）同"红十字"、"红新月"的名称、标志相同或者近似的；

（六）带有民族歧视性的；

（七）带有欺骗性，容易使公众对商品的质量等特点或者产地产生误认的；

（八）有害于社会主义道德风尚或者有其他不良影响的。

县级以上行政区划的地名或者公众知晓的外国地名，不得作为商标。但是，地名具有其他含义或者作为集体商标、证明商标组成部分的除外；已经注册的使用地名的商标继续有效。

● 案例指引

1. 某公司与商标评审委员会商标驳回复审行政纠纷案（《最高人民法院公报》2012 年第 4 期）

案例要旨：根据《商标法》的规定，同中华人民共和国的国家名称相同或者近似的标志不得作为商标使用。此处所称"同中华人民共和国的国家名称相同或者相似"，是指该标志作为整体同我国国家名称相同或者近似。如果该标志含有与我国国家名称相同或者近似的文字，但其与其他要素相结合，作为一个整体已不再与我国国家名称构成相同或者近似的，不宜认定为同中华人民共和国国家名称相同或者近似的标志。

2. 甲食品公司诉国家知识产权局乙食品公司等商标无效宣告行政纠纷案（人民法院案例库 2023-09-3-029-037）

裁判摘要：诉争商标申请注册时，由于同业经营者的大量使用导致相关公众已不能区别商品具体的生产、经营者，诉争商标已不能发挥商标应有的识别功能，构成《商标法》第 11 条第 1 款第 3 项其他缺乏显著特征的标志，不得作为商标注册。已注册的商标存在此情形的，应予以宣告无效。

3. 婚纱摄影公司诉国家知识产权局商标权无效宣告请求行政纠纷案（人民法院案例库 2023-09-3-029-006）

裁判摘要：《商标法》第 10 条第 2 款作为商标授权确权审查中的绝对理由条款，旨在避免含有地名的商标权人垄断公共资源，同时亦是为了避免含有地名的商标误导公众，而且也是为了维护商标的显著特征。基于此，如果诉争商标是由地名或地名与其他构成要素组成，应当从整体上对诉争商标是否构成地名的含义加以判断，不宜仅因含有"地名"的构成要素即直接援引《商标法》第 10 条第 2 款规定予以驳回或宣告无效。《商标法》第 10 条第 2 款中关于"地名具有其他含义"既包括标志本身固有含义之外具有其他含义，亦包括标志经过使用已经被公众认知获得"第二含义"的情形。

4. 龙某诉国家知识产权局及岳阳市某某金行有限公司商标无效宣告行政纠纷案（人民法院案例库 2023-09-3-029-036）

裁判摘要：商标带有欺骗性，容易使公众对商品的质量等特点或者产地产生误认，以及有其他不良影响的，不得作为商标使用。再审申请人以与商标权人达成和解为由申请撤回再审请求，但因案涉商标存在违反商标法禁止性规定、应予宣告无效情形，而原审判决未予认定，故再审申请人申请撤回再审请求，甚至无正当理由拒不参加再审开庭审理的，再审法院应不予准许，并应缺席审理后作出再审改判。

第十一条　不得作为商标注册的标志

下列标志不得作为商标注册：

（一）仅有本商品的通用名称、图形、型号的；

（二）仅直接表示商品的质量、主要原料、功能、用途、重量、数量及其他特点的；

（三）其他缺乏显著特征的。

前款所列标志经过使用取得显著特征，并便于识别的，可以作为商标注册。

● 司法解释及文件

《最高人民法院关于审理商标授权确权行政案件若干问题的规定》
（2020 年 12 月 29 日　法释〔2020〕19 号）

为正确审理商标授权确权行政案件，根据《中华人民共和国商标法》《中华人民共和国行政诉讼法》等法律规定，结合审判实践，制定本规定。

第 1 条　本规定所称商标授权确权行政案件，是指相对人或者利害关系人因不服国家知识产权局作出的商标驳回复审、商标不予注册复审、商标撤销复审、商标无效宣告及无效宣告复审等行政行为，向人民法院提起诉讼的案件。

第 2 条　人民法院对商标授权确权行政行为进行审查的范围，一般应根据原告的诉讼请求及理由确定。原告在诉讼中未提出主张，但国家知识产权局相关认定存在明显不当的，人民法院在各方当事人陈述意见后，可以对相关事由进行审查并作出裁判。

第 3 条　商标法第十条第一款第（一）项规定的同中华人民共和国的国家名称等"相同或者近似"，是指商标标志整体上与国家名称等相同或者近似。

对于含有中华人民共和国的国家名称等，但整体上并不相同或者不相近似的标志，如果该标志作为商标注册可能导致损害国家尊严的，人民法院可以认定属于商标法第十条第一款第（八）项规定的情形。

第 4 条　商标标志或者其构成要素带有欺骗性，容易使公众对商品的质量等特点或者产地产生误认，国家知识产权局认定其属于2001年修正的商标法第十条第一款第（七）项规定情形的，人民法院予以支持。

第 5 条　商标标志或者其构成要素可能对我国社会公共利益和公共秩序产生消极、负面影响的，人民法院可以认定其属于商标法第十条第一款第（八）项规定的"其他不良影响"。

将政治、经济、文化、宗教、民族等领域公众人物姓名等申请注册为商标，属于前款所指的"其他不良影响"。

第 6 条　商标标志由县级以上行政区划的地名或者公众知晓的外国地名和其他要素组成，如果整体上具有区别于地名的含义，人民法院应当认定其不属于商标法第十条第二款所指情形。

第 7 条　人民法院审查诉争商标是否具有显著特征，应当根据商标所指定使用商品的相关公众的通常认识，判断该商标整体上是否具有显著特征。商标标志中含有描述性要素，但不影响其整体具有显著特征的；或者描述性标志以独特方式加以表现，相关公众能够以其识别商品来源的，应当认定其具有显著特征。

第8条　诉争商标为外文标志时，人民法院应当根据中国境内相关公众的通常认识，对该外文商标是否具有显著特征进行审查判断。标志中外文的固有含义可能影响其在指定使用商品上的显著特征，但相关公众对该固有含义的认知程度较低，能够以该标志识别商品来源的，可以认定其具有显著特征。

第9条　仅以商品自身形状或者自身形状的一部分作为三维标志申请注册商标，相关公众一般情况下不易将其识别为指示商品来源标志的，该三维标志不具有作为商标的显著特征。

该形状系申请人所独创或者最早使用并不能当然导致其具有作为商标的显著特征。

第一款所称标志经过长期或者广泛使用，相关公众能够通过该标志识别商品来源的，可以认定该标志具有显著特征。

第10条　诉争商标属于法定的商品名称或者约定俗成的商品名称的，人民法院应当认定其属于商标法第十一条第一款第（一）项所指的通用名称。依据法律规定或者国家标准、行业标准属于商品通用名称的，应当认定为通用名称。相关公众普遍认为某一名称能够指代一类商品的，应当认定为约定俗成的通用名称。被专业工具书、辞典等列为商品名称的，可以作为认定约定俗成的通用名称的参考。

约定俗成的通用名称一般以全国范围内相关公众的通常认识为判断标准。对于由于历史传统、风土人情、地理环境等原因形成的相关市场固定的商品，在该相关市场内通用的称谓，人民法院可以认定为通用名称。

诉争商标申请人明知或者应知其申请注册的商标为部分区域内约定俗成的商品名称的，人民法院可以视其申请注册的商标为通用名称。

人民法院审查判断诉争商标是否属于通用名称，一般以商标申请日时的事实状态为准。核准注册时事实状态发生变化的，以核准注册时的事实状态判断其是否属于通用名称。

第 11 条　商标标志只是或者主要是描述、说明所使用商品的质量、主要原料、功能、用途、重量、数量、产地等的，人民法院应当认定其属于商标法第十一条第一款第（二）项规定的情形。商标标志或者其构成要素暗示商品的特点，但不影响其识别商品来源功能的，不属于该项所规定的情形。

第 12 条　当事人依据商标法第十三条第二款主张诉争商标构成对其未注册的驰名商标的复制、摹仿或者翻译而不应予以注册或者应予无效的，人民法院应当综合考量如下因素以及因素之间的相互影响，认定是否容易导致混淆：

（一）商标标志的近似程度；
（二）商品的类似程度；
（三）请求保护商标的显著性和知名程度；
（四）相关公众的注意程度；
（五）其他相关因素。

商标申请人的主观意图以及实际混淆的证据可以作为判断混淆可能性的参考因素。

第 13 条　当事人依据商标法第十三条第三款主张诉争商标构成对其已注册的驰名商标的复制、摹仿或者翻译而不应予以注册或者应予无效的，人民法院应当综合考虑如下因素，以认定诉争商标的使用是否足以使相关公众认为其与驰名商标具有相当程度的联系，从而误导公众，致使驰名商标注册人的利益可能受到损害：

（一）引证商标的显著性和知名程度；
（二）商标标志是否足够近似；
（三）指定使用的商品情况；
（四）相关公众的重合程度及注意程度；
（五）与引证商标近似的标志被其他市场主体合法使用的情

况或者其他相关因素。

第14条 当事人主张诉争商标构成对其已注册的驰名商标的复制、摹仿或者翻译而不应予以注册或者应予无效，国家知识产权局依据商标法第三十条规定裁决支持其主张的，如果诉争商标注册未满五年，人民法院在当事人陈述意见之后，可以按照商标法第三十条规定进行审理；如果诉争商标注册已满五年，应当适用商标法第十三条第三款进行审理。

第15条 商标代理人、代表人或者经销、代理等销售代理关系意义上的代理人、代表人未经授权，以自己的名义将与被代理人或者被代表人的商标相同或者近似的商标在相同或者类似商品上申请注册的，人民法院适用商标法第十五条第一款的规定进行审理。

在为建立代理或者代表关系的磋商阶段，前款规定的代理人或者代表人将被代理人或者被代表人的商标申请注册的，人民法院适用商标法第十五条第一款的规定进行审理。

商标申请人与代理人或者代表人之间存在亲属关系等特定身份关系的，可以推定其商标注册行为系与该代理人或者代表人恶意串通，人民法院适用商标法第十五条第一款的规定进行审理。

第16条 以下情形可以认定为商标法第十五条第二款中规定的"其他关系"：

（一）商标申请人与在先使用人之间具有亲属关系；

（二）商标申请人与在先使用人之间具有劳动关系；

（三）商标申请人与在先使用人营业地址邻近；

（四）商标申请人与在先使用人曾就达成代理、代表关系进行过磋商，但未形成代理、代表关系；

（五）商标申请人与在先使用人曾就达成合同、业务往来关系进行过磋商，但未达成合同、业务往来关系。

第17条 地理标志利害关系人依据商标法第十六条主张他

人商标不应予以注册或者应予无效,如果诉争商标指定使用的商品与地理标志产品并非相同商品,而地理标志利害关系人能够证明诉争商标使用在该产品上仍然容易导致相关公众误认为该产品来源于该地区并因此具有特定的质量、信誉或者其他特征的,人民法院予以支持。

如果该地理标志已经注册为集体商标或者证明商标,集体商标或者证明商标的权利人或者利害关系人可选择依据该条或者另行依据商标法第十三条、第三十条等主张权利。

第18条 商标法第三十二条规定的在先权利,包括当事人在诉争商标申请日之前享有的民事权利或者其他应予保护的合法权益。诉争商标核准注册时在先权利已不存在的,不影响诉争商标的注册。

第19条 当事人主张诉争商标损害其在先著作权的,人民法院应当依照著作权法等相关规定,对所主张的客体是否构成作品、当事人是否为著作权人或者其他有权主张著作权的利害关系人以及诉争商标是否构成对著作权的侵害等进行审查。

商标标志构成受著作权法保护的作品的,当事人提供的涉及商标标志的设计底稿、原件、取得权利的合同、诉争商标申请日之前的著作权登记证书等,均可以作为证明著作权归属的初步证据。

商标公告、商标注册证等可以作为确定商标申请人为有权主张商标标志著作权的利害关系人的初步证据。

第20条 当事人主张诉争商标损害其姓名权,如果相关公众认为该商标标志指代了该自然人,容易认为标记有该商标的商品系经过该自然人许可或者与该自然人存在特定联系的,人民法院应当认定该商标损害了该自然人的姓名权。

当事人以其笔名、艺名、译名等特定名称主张姓名权,该特定名称具有一定的知名度,与该自然人建立了稳定的对应关系,相关公众以其指代该自然人的，人民法院予以支持。

第 21 条　当事人主张的字号具有一定的市场知名度，他人未经许可申请注册与该字号相同或者近似的商标，容易导致相关公众对商品来源产生混淆，当事人以此主张构成在先权益的，人民法院予以支持。

当事人以具有一定市场知名度并已与企业建立稳定对应关系的企业名称的简称为依据提出主张的，适用前款规定。

第 22 条　当事人主张诉争商标损害角色形象著作权的，人民法院按照本规定第十九条进行审查。

对于著作权保护期限内的作品，如果作品名称、作品中的角色名称等具有较高知名度，将其作为商标使用在相关商品上容易导致相关公众误认为其经过权利人的许可或者与权利人存在特定联系，当事人以此主张构成在先权益的，人民法院予以支持。

第 23 条　在先使用人主张商标申请人以不正当手段抢先注册其在先使用并有一定影响的商标的，如果在先使用商标已经有一定影响，而商标申请人明知或者应知该商标，即可推定其构成"以不正当手段抢先注册"。但商标申请人举证证明其没有利用在先使用商标商誉的恶意的除外。

在先使用人举证证明其在先商标有一定的持续使用时间、区域、销售量或者广告宣传的，人民法院可以认定为有一定影响。

在先使用人主张商标申请人在与其不相类似的商品上申请注册其在先使用并有一定影响的商标，违反商标法第三十二条规定的，人民法院不予支持。

第 24 条　以欺骗手段以外的其他方式扰乱商标注册秩序、损害公共利益、不正当占用公共资源或者谋取不正当利益的，人民法院可以认定其属于商标法第四十四条第一款规定的"其他不正当手段"。

第 25 条　人民法院判断诉争商标申请人是否"恶意注册"

他人驰名商标，应综合考虑引证商标的知名度、诉争商标申请人申请诉争商标的理由以及使用诉争商标的具体情形来判断其主观意图。引证商标知名度高、诉争商标申请人没有正当理由的，人民法院可以推定其注册构成商标法第四十五条第一款所指的"恶意注册"。

第26条 商标权人自行使用、他人经许可使用以及其他不违背商标权人意志的使用，均可认定为商标法第四十九条第二款所称的使用。

实际使用的商标标志与核准注册的商标标志有细微差别，但未改变其显著特征的，可以视为注册商标的使用。

没有实际使用注册商标，仅有转让或者许可行为；或者仅是公布商标注册信息、声明享有注册商标专用权的，不认定为商标使用。

商标权人有真实使用商标的意图，并且有实际使用的必要准备，但因其他客观原因尚未实际使用注册商标的，人民法院可以认定其有正当理由。

第27条 当事人主张国家知识产权局下列情形属于行政诉讼法第七十条第（三）项规定的"违反法定程序"的，人民法院予以支持：

（一）遗漏当事人提出的评审理由，对当事人权利产生实际影响的；

（二）评审程序中未告知合议组成员，经审查确有应当回避事由而未回避的；

（三）未通知适格当事人参加评审，该方当事人明确提出异议的；

（四）其他违反法定程序的情形。

第28条 人民法院审理商标授权确权行政案件的过程中，国家知识产权局对诉争商标予以驳回、不予核准注册或者予以无效宣告的事由不复存在的,人民法院可以依据新的事实撤销国家知识产权局相关裁决,并判令其根据变更后的事实重新作出裁决。

第29条 当事人依据在原行政行为之后新发现的证据,或者在原行政程序中因客观原因无法取得或在规定的期限内不能提供的证据,或者新的法律依据提出的评审申请,不属于"以相同的事实和理由"再次提出评审申请。

在商标驳回复审程序中,国家知识产权局以申请商标与引证商标不构成使用在同一种或者类似商品上的相同或者近似商标为由准予申请商标初步审定公告后,以下情形不视为"以相同的事实和理由"再次提出评审申请:

(一)引证商标所有人或者利害关系人依据该引证商标提出异议,国家知识产权局予以支持,被异议商标申请人申请复审的;

(二)引证商标所有人或者利害关系人在申请商标获准注册后依据该引证商标申请宣告其无效的。

第30条 人民法院生效裁判对于相关事实和法律适用已作出明确认定,相对人或者利害关系人对于国家知识产权局依据该生效裁判重新作出的裁决提起诉讼的,人民法院依法裁定不予受理;已经受理的,裁定驳回起诉。

第31条 本规定自2017年3月1日起施行。人民法院依据2001年修正的商标法审理的商标授权确权行政案件可参照适用本规定。

● 案例指引

1. 防伪公司与国家知识产权局商标申请驳回复审行政纠纷案
(《最高人民法院公报》2024年第1期)

案例要旨: 判断申请商标注册的标志是否具有显著特征,首先应考虑其本身的含义、呼叫和外观构成的识别性,即一般公众是否可以将该标志作为指示商品或服务来源的标志加以识别对待，其次在具体情况下进一步结合申请指定使用商品或者服务所在领域的相关公众的认知习惯，以及所属行业的实际使用情况等，对标志是否可指示商品或服务来源进行具体、综合、整体判断。

2. 资产公司诉国家知识产权局商标申请驳回复审行政纠纷案（人民法院案例库 2023-09-3-029-014）

裁判摘要： 认定某个标志是否属于《商标法》第 11 条第 1 款第 2 项所指的标志，不具备显著性，应当符合下列条件：一是该标志是直接表示指定使用商品的质量、主要原料、功能、用途、重量、数量及其他特点的标志。直接表示是指商标直接说明或者描述了指定使用商品的质量、主要原料等特点，或者仅由对商品质量等特点具有直接说明性和描述性的标志构成。二是该标志仅仅包含直接说明或描述商品特点的标志，没有其他非用于指示说明商品特点的部分，或者只能作出指示说明商品特点的理解。三是该标志没有因为使用而获得显著性。

第十二条　三维标志申请注册商标的限制条件

以三维标志申请注册商标的，仅由商品自身的性质产生的形状、为获得技术效果而需有的商品形状或者使商品具有实质性价值的形状，不得注册。

● 案例指引

意大利某公司诉食品公司、行销公司不正当竞争纠纷案（最高人民法院指导案例 47 号）

案例要旨： 知名商品特有的包装、装潢，是指能够区别商品来源的盛装或者保护商品的容器等包装，以及在商品或者其包装上附加的文字、图案、色彩及其排列组合所构成的装潢。对他人能够区别商品来源的知名商品特有的包装、装潢，进行足以引起市场混淆、误认的全面模仿，属于不正当竞争行为。

第十三条　驰名商标的保护

为相关公众所熟知的商标，持有人认为其权利受到侵害时，可以依照本法规定请求驰名商标保护。

就相同或者类似商品申请注册的商标是复制、摹仿或者翻译他人未在中国注册的驰名商标，容易导致混淆的，不予注册并禁止使用。

就不相同或者不相类似商品申请注册的商标是复制、摹仿或者翻译他人已经在中国注册的驰名商标，误导公众，致使该驰名商标注册人的利益可能受到损害的，不予注册并禁止使用。

● **行政法规及文件**

1. 《商标法实施条例》（2014年4月29日）

第3条　商标持有人依照商标法第十三条规定请求驰名商标保护的，应当提交其商标构成驰名商标的证据材料。商标局、商标评审委员会应当依照商标法第十四条的规定，根据审查、处理案件的需要以及当事人提交的证据材料，对其商标驰名情况作出认定。

第5条　当事人委托商标代理机构申请商标注册或者办理其他商标事宜，应当提交代理委托书。代理委托书应当载明代理内容及权限；外国人或者外国企业的代理委托书还应当载明委托人的国籍。

外国人或者外国企业的代理委托书及与其有关的证明文件的公证、认证手续，按照对等原则办理。

申请商标注册或者转让商标，商标注册申请人或者商标转让受让人为外国人或者外国企业的，应当在申请书中指定中国境内接收人负责接收商标局、商标评审委员会后继商标业务的法律文件。商标局、商标评审委员会后继商标业务的法律文件向中国境内接收人送达。

商标法第十八条所称外国人或者外国企业，是指在中国没有经常居所或者营业所的外国人或者外国企业。

第 45 条　对指定中国的领土延伸申请，自世界知识产权组织《国际商标公告》出版的次月 1 日起 3 个月内，符合商标法第三十三条规定条件的异议人可以向商标局提出异议申请。

商标局在驳回期限内将异议申请的有关情况以驳回决定的形式通知国际局。

被异议人可以自收到国际局转发的驳回通知书之日起 30 日内进行答辩，答辩书及相关证据材料应当通过依法设立的商标代理机构向商标局提交。

第 72 条　商标持有人依照商标法第十三条规定请求驰名商标保护的，可以向工商行政管理部门提出请求。经商标局依照商标法第十四条规定认定为驰名商标的，由工商行政管理部门责令停止违反商标法第十三条规定使用商标的行为，收缴、销毁违法使用的商标标识；商标标识与商品难以分离的，一并收缴、销毁。

● 部门规章及文件

2.《驰名商标认定和保护规定》（2014 年 7 月 3 日　国家工商行政管理总局令第 66 号）

第 2 条　驰名商标是在中国为相关公众所熟知的商标。

相关公众包括与使用商标所标示的某类商品或者服务有关的消费者，生产前述商品或者提供服务的其他经营者以及经销渠道中所涉及的销售者和相关人员等。

第 5 条　当事人依照商标法第三十三条规定向商标局提出异议，并依照商标法第十三条规定请求驰名商标保护的，可以向商标局提出驰名商标保护的书面请求并提交其商标构成驰名商标的证据材料。

● 司法解释及文件

3.《最高人民法院关于审理商标民事纠纷案件适用法律若干问题的解释》（2020年12月29日 法释〔2020〕19号）

第2条 依据商标法第十三条第二款的规定，复制、摹仿、翻译他人未在中国注册的驰名商标或其主要部分，在相同或者类似商品上作为商标使用，容易导致混淆的，应当承担停止侵害的民事法律责任。

4.《最高人民法院关于审理涉及驰名商标保护的民事纠纷案件应用法律若干问题的解释》（2020年12月29日 法释〔2020〕19号）

为在审理侵犯商标权等民事纠纷案件中依法保护驰名商标，根据《中华人民共和国商标法》《中华人民共和国反不正当竞争法》《中华人民共和国民事诉讼法》等有关法律规定，结合审判实际，制定本解释。

第1条 本解释所称驰名商标，是指在中国境内为相关公众所熟知的商标。

第2条 在下列民事纠纷案件中，当事人以商标驰名作为事实根据，人民法院根据案件具体情况，认为确有必要的，对所涉商标是否驰名作出认定：

（一）以违反商标法第十三条的规定为由，提起的侵犯商标权诉讼；

（二）以企业名称与其驰名商标相同或者近似为由，提起的侵犯商标权或者不正当竞争诉讼；

（三）符合本解释第六条规定的抗辩或者反诉的诉讼。

第3条 在下列民事纠纷案件中，人民法院对所涉商标是否驰名不予审查：

（一）被诉侵犯商标权或者不正当竞争行为的成立不以商标驰名为事实根据的；

（二）被诉侵犯商标权或者不正当竞争行为因不具备法律规定的其他要件而不成立的。

原告以被告注册、使用的域名与其注册商标相同或者近似，并通过该域名进行相关商品交易的电子商务，足以造成相关公众误认为由，提起的侵权诉讼，按照前款第（一）项的规定处理。

第4条　人民法院认定商标是否驰名，应当以证明其驰名的事实为依据，综合考虑商标法第十四条第一款规定的各项因素，但是根据案件具体情况无需考虑该条规定的全部因素即足以认定商标驰名的情形除外。

第5条　当事人主张商标驰名的，应当根据案件具体情况，提供下列证据，证明被诉侵犯商标权或者不正当竞争行为发生时，其商标已属驰名：

（一）使用该商标的商品的市场份额、销售区域、利税等；

（二）该商标的持续使用时间；

（三）该商标的宣传或者促销活动的方式、持续时间、程度、资金投入和地域范围；

（四）该商标曾被作为驰名商标受保护的记录；

（五）该商标享有的市场声誉；

（六）证明该商标已属驰名的其他事实。

前款所涉及的商标使用的时间、范围、方式等，包括其核准注册前持续使用的情形。

对于商标使用时间长短、行业排名、市场调查报告、市场价值评估报告、是否曾被认定为著名商标等证据，人民法院应当结合认定商标驰名的其他证据，客观、全面地进行审查。

第6条　原告以被诉商标的使用侵犯其注册商标专用权为由提起民事诉讼，被告以原告的注册商标复制、摹仿或者翻译其在先未注册驰名商标为由提出抗辩或者提起反诉的，应当对其在先未注册商标驰名的事实负举证责任。

第7条 被诉侵犯商标权或者不正当竞争行为发生前,曾被人民法院或者行政管理部门认定驰名的商标,被告对该商标驰名的事实不持异议的,人民法院应当予以认定。被告提出异议的,原告仍应当对该商标驰名的事实负举证责任。

除本解释另有规定外,人民法院对于商标驰名的事实,不适用民事诉讼证据的自认规则。

第8条 对于在中国境内为社会公众所熟知的商标,原告已提供其商标驰名的基本证据,或者被告不持异议的,人民法院对该商标驰名的事实予以认定。

第9条 足以使相关公众对使用驰名商标和被诉商标的商品来源产生误认,或者足以使相关公众认为使用驰名商标和被诉商标的经营者之间具有许可使用、关联企业关系等特定联系的,属于商标法第十三条第二款规定的"容易导致混淆"。

足以使相关公众认为被诉商标与驰名商标具有相当程度的联系,而减弱驰名商标的显著性、贬损驰名商标的市场声誉,或者不正当利用驰名商标的市场声誉的,属于商标法第十三条第三款规定的"误导公众,致使该驰名商标注册人的利益可能受到损害"。

第10条 原告请求禁止被告在不相类似商品上使用与原告驰名的注册商标相同或者近似的商标或者企业名称的,人民法院应当根据案件具体情况,综合考虑以下因素后作出裁判:

(一)该驰名商标的显著程度;

(二)该驰名商标在使用被诉商标或者企业名称的商品的相关公众中的知晓程度;

(三)使用驰名商标的商品与使用被诉商标或者企业名称的商品之间的关联程度;

(四)其他相关因素。

第11条 被告使用的注册商标违反商标法第十三条的规定,

复制、摹仿或者翻译原告驰名商标,构成侵犯商标权的,人民法院应当根据原告的请求,依法判决禁止被告使用该商标,但被告的注册商标有下列情形之一的,人民法院对原告的请求不予支持:

(一)已经超过商标法第四十五条第一款规定的请求宣告无效期限的;

(二)被告提出注册申请时,原告的商标并不驰名的。

第12条 当事人请求保护的未注册驰名商标,属于商标法第十条、第十一条、第十二条规定不得作为商标使用或者注册情形的,人民法院不予支持。

第13条 在涉及驰名商标保护的民事纠纷案件中,人民法院对于商标驰名的认定,仅作为案件事实和判决理由,不写入判决主文;以调解方式审结的,在调解书中对商标驰名的事实不予认定。

第14条 本院以前有关司法解释与本解释不一致的,以本解释为准。

5.《最高人民法院关于审理商标授权确权行政案件若干问题的规定》(2020年12月29日 法释〔2020〕19号)

为正确审理商标授权确权行政案件,根据《中华人民共和国商标法》《中华人民共和国行政诉讼法》等法律规定,结合审判实践,制定本规定。

第1条 本规定所称商标授权确权行政案件,是指相对人或者利害关系人因不服国家知识产权局作出的商标驳回复审、商标不予注册复审、商标撤销复审、商标无效宣告及无效宣告复审等行政行为,向人民法院提起诉讼的案件。

第2条 人民法院对商标授权确权行政行为进行审查的范围,一般应根据原告的诉讼请求及理由确定。原告在诉讼中未提出主张,但国家知识产权局相关认定存在明显不当的,人民法院在各方当事人陈述意见后,可以对相关事由进行审查并作出裁判。

第3条 商标法第十条第一款第(一)项规定的同中华人民共和国的国家名称等"相同或者近似",是指商标标志整体上与国家名称等相同或者近似。

对于含有中华人民共和国的国家名称等,但整体上并不相同或者不相近似的标志,如果该标志作为商标注册可能导致损害国家尊严的,人民法院可以认定属于商标法第十条第一款第(八)项规定的情形。

第4条 商标标志或者其构成要素带有欺骗性,容易使公众对商品的质量等特点或者产地产生误认,国家知识产权局认定其属于2001年修正的商标法第十条第一款第(七)项规定情形的,人民法院予以支持。

第5条 商标标志或者其构成要素可能对我国社会公共利益和公共秩序产生消极、负面影响的,人民法院可以认定其属于商标法第十条第一款第(八)项规定的"其他不良影响"。

将政治、经济、文化、宗教、民族等领域公众人物姓名等申请注册为商标,属于前款所指的"其他不良影响"。

第6条 商标标志由县级以上行政区划的地名或者公众知晓的外国地名和其他要素组成,如果整体上具有区别于地名的含义,人民法院应当认定其不属于商标法第十条第二款所指情形。

第7条 人民法院审查诉争商标是否具有显著特征,应当根据商标所指定使用商品的相关公众的通常认识,判断该商标整体上是否具有显著特征。商标标志中含有描述性要素,但不影响其整体具有显著特征的;或者描述性标志以独特方式加以表现,相关公众能够以其识别商品来源的,应当认定其具有显著特征。

第8条 诉争商标为外文标志时,人民法院应当根据中国境内相关公众的通常认识,对该外文商标是否具有显著特征进行审查判断。标志中外文的固有含义可能影响其在指定使用商品上的显著特征，但相关公众对该固有含义的认知程度较低，能够以该标志识别商品来源的，可以认定其具有显著特征。

第9条　仅以商品自身形状或者自身形状的一部分作为三维标志申请注册商标，相关公众一般情况下不易将其识别为指示商品来源标志的，该三维标志不具有作为商标的显著特征。

该形状系申请人所独创或者最早使用并不能当然导致其具有作为商标的显著特征。

第一款所称标志经过长期或者广泛使用，相关公众能够通过该标志识别商品来源的，可以认定该标志具有显著特征。

第10条　诉争商标属于法定的商品名称或者约定俗成的商品名称的，人民法院应当认定其属于商标法第十一条第一款第（一）项所指的通用名称。依据法律规定或者国家标准、行业标准属于商品通用名称的，应当认定为通用名称。相关公众普遍认为某一名称能够指代一类商品的，应当认定为约定俗成的通用名称。被专业工具书、辞典等列为商品名称的，可以作为认定约定俗成的通用名称的参考。

约定俗成的通用名称一般以全国范围内相关公众的通常认识为判断标准。对于由于历史传统、风土人情、地理环境等原因形成的相关市场固定的商品，在该相关市场内通用的称谓，人民法院可以认定为通用名称。

诉争商标申请人明知或者应知其申请注册的商标为部分区域内约定俗成的商品名称的，人民法院可以视其申请注册的商标为通用名称。

人民法院审查判断诉争商标是否属于通用名称，一般以商标申请日时的事实状态为准。核准注册时事实状态发生变化的，以核准注册时的事实状态判断其是否属于通用名称。

第11条　商标标志只是或者主要是描述、说明所使用商品的质量、主要原料、功能、用途、重量、数量、产地等的，人民法院应当认定其属于商标法第十一条第一款第（二）项规定的情形。商标标志或者其构成要素暗示商品的特点，但不影响其识别商品来源功能的，不属于该项所规定的情形。

第12条 当事人依据商标法第十三条第二款主张诉争商标构成对其未注册的驰名商标的复制、摹仿或者翻译而不应予以注册或者应予无效的，人民法院应当综合考量如下因素以及因素之间的相互影响，认定是否容易导致混淆：

（一）商标标志的近似程度；

（二）商品的类似程度；

（三）请求保护商标的显著性和知名程度；

（四）相关公众的注意程度；

（五）其他相关因素。

商标申请人的主观意图以及实际混淆的证据可以作为判断混淆可能性的参考因素。

第13条 当事人依据商标法第十三条第三款主张诉争商标构成对其已注册的驰名商标的复制、摹仿或者翻译而不应予以注册或者应予无效的，人民法院应当综合考虑如下因素，以认定诉争商标的使用是否足以使相关公众认为其与驰名商标具有相当程度的联系，从而误导公众，致使驰名商标注册人的利益可能受到损害：

（一）引证商标的显著性和知名程度；

（二）商标标志是否足够近似；

（三）指定使用的商品情况；

（四）相关公众的重合程度及注意程度；

（五）与引证商标近似的标志被其他市场主体合法使用的情况或者其他相关因素。

第14条 当事人主张诉争商标构成对其已注册的驰名商标的复制、摹仿或者翻译而不应予以注册或者应予无效，国家知识产权局依据商标法第三十条规定裁决支持其主张的，如果诉争商标注册未满五年，人民法院在当事人陈述意见之后，可以按照商标法第三十条规定进行审理；如果诉争商标注册已满五年，应当适用商标法第十三条第三款进行审理。

第 15 条　商标代理人、代表人或者经销、代理等销售代理关系意义上的代理人、代表人未经授权，以自己的名义将与被代理人或者被代表人的商标相同或者近似的商标在相同或者类似商品上申请注册的，人民法院适用商标法第十五条第一款的规定进行审理。

在为建立代理或者代表关系的磋商阶段，前款规定的代理人或者代表人将被代理人或者被代表人的商标申请注册的，人民法院适用商标法第十五条第一款的规定进行审理。

商标申请人与代理人或者代表人之间存在亲属关系等特定身份关系的，可以推定其商标注册行为系与该代理人或者代表人恶意串通，人民法院适用商标法第十五条第一款的规定进行审理。

第 16 条　以下情形可以认定为商标法第十五条第二款中规定的"其他关系"：

（一）商标申请人与在先使用人之间具有亲属关系；

（二）商标申请人与在先使用人之间具有劳动关系；

（三）商标申请人与在先使用人营业地址邻近；

（四）商标申请人与在先使用人曾就达成代理、代表关系进行过磋商，但未形成代理、代表关系；

（五）商标申请人与在先使用人曾就达成合同、业务往来关系进行过磋商，但未达成合同、业务往来关系。

第 17 条　地理标志利害关系人依据商标法第十六条主张他人商标不应予以注册或者应予无效，如果诉争商标指定使用的商品与地理标志产品并非相同商品，而地理标志利害关系人能够证明诉争商标使用在该产品上仍然容易导致相关公众误认为该产品来源于该地区并因此具有特定的质量、信誉或者其他特征的，人民法院予以支持。

如果该地理标志已经注册为集体商标或者证明商标，集体商标或者证明商标的权利人或者利害关系人可选择依据该条或者另行依据商标法第十三条、第三十条等主张权利。

第18条　商标法第三十二条规定的在先权利，包括当事人在诉争商标申请日之前享有的民事权利或者其他应予保护的合法权益。诉争商标核准注册时在先权利已不存在的，不影响诉争商标的注册。

第19条　当事人主张诉争商标损害其在先著作权的，人民法院应当依照著作权法等相关规定，对所主张的客体是否构成作品、当事人是否为著作权人或者其他有权主张著作权的利害关系人以及诉争商标是否构成对著作权的侵害等进行审查。

商标标志构成受著作权法保护的作品的，当事人提供的涉及商标标志的设计底稿、原件、取得权利的合同、诉争商标申请日之前的著作权登记证书等，均可以作为证明著作权归属的初步证据。

商标公告、商标注册证等可以作为确定商标申请人为有权主张商标标志著作权的利害关系人的初步证据。

第20条　当事人主张诉争商标损害其姓名权，如果相关公众认为该商标标志指代了该自然人，容易认为标记有该商标的商品系经过该自然人许可或者与该自然人存在特定联系的，人民法院应当认定该商标损害了该自然人的姓名权。

当事人以其笔名、艺名、译名等特定名称主张姓名权，该特定名称具有一定的知名度，与该自然人建立了稳定的对应关系，相关公众以其指代该自然人的，人民法院予以支持。

第21条　当事人主张的字号具有一定的市场知名度，他人未经许可申请注册与该字号相同或者近似的商标，容易导致相关公众对商品来源产生混淆，当事人以此主张构成在先权益的，人民法院予以支持。

当事人以具有一定市场知名度并已与企业建立稳定对应关系的企业名称的简称为依据提出主张的，适用前款规定。

第22条 当事人主张诉争商标损害角色形象著作权的，人民法院按照本规定第十九条进行审查。

对于著作权保护期限内的作品，如果作品名称、作品中的角色名称等具有较高知名度，将其作为商标使用在相关商品上容易导致相关公众误认为其经过权利人的许可或者与权利人存在特定联系，当事人以此主张构成在先权益的，人民法院予以支持。

第23条 在先使用人主张商标申请人以不正当手段抢先注册其在先使用并有一定影响的商标的，如果在先使用商标已经有一定影响，而商标申请人明知或者应知该商标，即可推定其构成"以不正当手段抢先注册"。但商标申请人举证证明其没有利用在先使用商标商誉的恶意的除外。

在先使用人举证证明其在先商标有一定的持续使用时间、区域、销售量或者广告宣传的，人民法院可以认定为有一定影响。

在先使用人主张商标申请人在与其不相类似的商品上申请注册其在先使用并有一定影响的商标，违反商标法第三十二条规定的，人民法院不予支持。

第24条 以欺骗手段以外的其他方式扰乱商标注册秩序、损害公共利益、不正当占用公共资源或者谋取不正当利益的，人民法院可以认定其属于商标法第四十四条第一款规定的"其他不正当手段"。

第25条 人民法院判断诉争商标申请人是否"恶意注册"他人驰名商标，应综合考虑引证商标的知名度、诉争商标申请人申请诉争商标的理由以及使用诉争商标的具体情形来判断其主观意图。引证商标知名度高、诉争商标申请人没有正当理由的，人民法院可以推定其注册构成商标法第四十五条第一款所指的"恶意注册"。

第26条 商标权人自行使用、他人经许可使用以及其他不违背商标权人意志的使用，均可认定为商标法第四十九条第二款所称的使用。

实际使用的商标标志与核准注册的商标标志有细微差别，但未改变其显著特征的，可以视为注册商标的使用。

没有实际使用注册商标，仅有转让或者许可行为；或者仅是公布商标注册信息、声明享有注册商标专用权的，不认定为商标使用。

商标权人有真实使用商标的意图，并且有实际使用的必要准备，但因其他客观原因尚未实际使用注册商标的，人民法院可以认定其有正当理由。

第27条 当事人主张国家知识产权局下列情形属于行政诉讼法第七十条第（三）项规定的"违反法定程序"的，人民法院予以支持：

（一）遗漏当事人提出的评审理由，对当事人权利产生实际影响的；

（二）评审程序中未告知合议组成员，经审查确有应当回避事由而未回避的；

（三）未通知适格当事人参加评审，该方当事人明确提出异议的；

（四）其他违反法定程序的情形。

第28条 人民法院审理商标授权确权行政案件的过程中，国家知识产权局对诉争商标予以驳回、不予核准注册或者予以无效宣告的事由不复存在的，人民法院可以依据新的事实撤销国家知识产权局相关裁决，并判令其根据变更后的事实重新作出裁决。

第29条 当事人依据在原行政行为之后新发现的证据，或者在原行政程序中因客观原因无法取得或在规定的期限内不能提供的证据，或者新的法律依据提出的评审申请，不属于"以相同的事实和理由"再次提出评审申请。

在商标驳回复审程序中，国家知识产权局以申请商标与引证商标不构成使用在同一种或者类似商品上的相同或者近似商标为由准予申请商标初步审定公告后，以下情形不视为"以相同的事实和理由"再次提出评审申请：

（一）引证商标所有人或者利害关系人依据该引证商标提出异议，国家知识产权局予以支持，被异议商标申请人申请复审的；

（二）引证商标所有人或者利害关系人在申请商标获准注册后依据该引证商标申请宣告其无效的。

第30条 人民法院生效裁判对于相关事实和法律适用已作出明确认定，相对人或者利害关系人对于国家知识产权局依据该生效裁判重新作出的裁决提起诉讼的，人民法院依法裁定不予受理；已经受理的，裁定驳回起诉。

第31条 本规定自2017年3月1日起施行。人民法院依据2001年修正的商标法审理的商标授权确权行政案件可参照适用本规定。

6.《最高人民法院关于审理涉及计算机网络域名民事纠纷案件适用法律若干问题的解释》（2020年12月29日 法释〔2020〕19号）

第4条 人民法院审理域名纠纷案件，对符合以下各项条件的，应当认定被告注册、使用域名等行为构成侵权或者不正当竞争：

（一）原告请求保护的民事权益合法有效；

（二）被告域名或其主要部分构成对原告驰名商标的复制、模仿、翻译或音译；或者与原告的注册商标、域名等相同或近似，足以造成相关公众的误认；

（三）被告对该域名或其主要部分不享有权益，也无注册、使用该域名的正当理由；

（四）被告对该域名的注册、使用具有恶意。

第5条 被告的行为被证明具有下列情形之一的，人民法院应当认定其具有恶意：

（一）为商业目的将他人驰名商标注册为域名的；

（二）为商业目的注册、使用与原告的注册商标、域名等相同或近似的域名，故意造成与原告提供的产品、服务或者原告网站的混淆，误导网络用户访问其网站或其他在线站点的；

（三）曾要约高价出售、出租或者以其他方式转让该域名获取不正当利益的；

（四）注册域名后自己并不使用也未准备使用，而有意阻止权利人注册该域名的；

（五）具有其他恶意情形的。

被告举证证明在纠纷发生前其所持有的域名已经获得一定的知名度，且能与原告的注册商标、域名等相区别，或者具有其他情形足以证明其不具有恶意的，人民法院可以不认定被告具有恶意。

第6条 人民法院审理域名纠纷案件，根据当事人的请求以及案件的具体情况，可以对涉及的注册商标是否驰名依法作出认定。

● 案例指引

1. 某公司诉服饰公司、某集团、周某琴侵害商标权及不正当竞争纠纷案（《最高人民法院公报》2019年第9期）

案例要旨：被控侵权标识包含多个相近标识，且在权利商标驰名前后分别注册的，判断在后注册的被控侵权标识是否应被禁止使用时，应考虑如下因素：被控侵权人的主观意态；该被控侵权标识与之前注册的被控侵权标识是否存在商誉上的传承关系；该被控侵权标识是否构成对驰名商标复制、摹仿，是否会误导公众并可能致使驰名商标注册人的利益受到损害等。

2. 某集团诉餐饮管理公司等商标侵权及不正当竞争案（人民法院案例库 2024-09-2-159-001）

  裁判摘要：驰名商标制度上规定的"翻译"，是指被诉商标将他人驰名商标以不同的语言文字予以表达，且该语言文字已与他人驰名商标建立对应关系，并为相关公众所熟知或习惯使用，或者易使相关公众误认为该语言文字与他人驰名商标具有相当程度的联系。在判断相关语言是否具有翻译关系时，不仅需要考虑相应语言习惯、地域差异，还要尊重市场现状，平衡市场主体之间的利益，保护消费者免受来源混淆的合法权益。

3. 甲科技公司诉乙科技公司侵害商标权纠纷案（人民法院案例库 2024-09-2-159-013）

  裁判摘要：《最高人民法院关于审理商标民事纠纷案件适用法律若干问题的解释》是关于审理商标民事纠纷案件的特殊规定，应当优先适用。在确定侵犯注册商标专用权纠纷案件的管辖法院时，应当适用《最高人民法院关于审理商标民事纠纷案件适用法律若干问题的解释》第6条而非《最高人民法院关于适用〈中华人民共和国民事诉讼法〉的解释》第25条。

4. 某集团、知识产权管理公司与某灯饰商店商标权权属、侵权及不正当竞争纠纷案（人民法院案例库 2023-09-2-159-019）

  裁判摘要：在商标侵权案件中认定服务是否构成类似，应当以相关公众的一般注意力为标准，综合考虑经营主体的经营范围、经营模式、服务对象等因素。商业主体将自身所代理或购进的商品进行归类，以方便消费者选购的批发或零售等销售模式统一销售产品，与区分表第35类"推销（替他人）"服务存在交叉和重合，应当认定二者构成类似服务。公民享有其合法的姓名权，有权合理使用自己的姓名，但应当遵循诚信原则并遵守相关法律、法规的规定，对姓名进行商业使用时不得侵害他人的合法在先权利。在他人已经在先将相同或近似的文字注册为商标，并经过长期使用已经具有较高知名度的情况下，该公民再将与上述注册商标相同或近似的文字使用在相同或类似服务上，容易造成相关公众混淆误认的，即使与其自身姓名存在关联，亦构成对注册商标权的侵害。

第十四条　驰名商标的认定

驰名商标应当根据当事人的请求，作为处理涉及商标案件需要认定的事实进行认定。认定驰名商标应当考虑下列因素：

（一）相关公众对该商标的知晓程度；

（二）该商标使用的持续时间；

（三）该商标的任何宣传工作的持续时间、程度和地理范围；

（四）该商标作为驰名商标受保护的记录；

（五）该商标驰名的其他因素。

在商标注册审查、工商行政管理部门查处商标违法案件过程中，当事人依照本法第十三条规定主张权利的，商标局根据审查、处理案件的需要，可以对商标驰名情况作出认定。

在商标争议处理过程中，当事人依照本法第十三条规定主张权利的，商标评审委员会根据处理案件的需要，可以对商标驰名情况作出认定。

在商标民事、行政案件审理过程中，当事人依照本法第十三条规定主张权利的，最高人民法院指定的人民法院根据审理案件的需要，可以对商标驰名情况作出认定。

生产、经营者不得将"驰名商标"字样用于商品、商品包装或者容器上，或者用于广告宣传、展览以及其他商业活动中。

● **行政法规及文件**

1. 《商标法实施条例》(2014年4月29日)

　　第3条　商标持有人依照商标法第十三条规定请求驰名商标保护的,应当提交其商标构成驰名商标的证据材料。商标局、商标评审委员会应当依照商标法第十四条的规定,根据审查、处理案件的需要以及当事人提交的证据材料,对其商标驰名情况作出认定。

　　第72条　商标持有人依照商标法第十三条规定请求驰名商标保护的,可以向工商行政管理部门提出请求。经商标局依照商标法第十四条规定认定为驰名商标的,由工商行政管理部门责令停止违反商标法第十三条规定使用商标的行为,收缴、销毁违法使用的商标标识;商标标识与商品难以分离的,一并收缴、销毁。

● **部门规章及文件**

2. 《驰名商标认定和保护规定》(2014年7月3日　国家工商行政管理总局令第66号)

　　第1条　为规范驰名商标认定工作,保护驰名商标持有人的合法权益,根据《中华人民共和国商标法》(以下简称商标法)、《中华人民共和国商标法实施条例》(以下简称实施条例),制定本规定。

　　第2条　驰名商标是在中国为相关公众所熟知的商标。

　　相关公众包括与使用商标所标示的某类商品或者服务有关的消费者,生产前述商品或者提供服务的其他经营者以及经销渠道中所涉及的销售者和相关人员等。

　　第3条　商标局、商标评审委员会根据当事人请求和审查、处理案件的需要,负责在商标注册审查、商标争议处理和工商行政管理部门查处商标违法案件过程中认定和保护驰名商标。

第4条 驰名商标认定遵循个案认定、被动保护的原则。

第5条 当事人依照商标法第三十三条规定向商标局提出异议,并依照商标法第十三条规定请求驰名商标保护的,可以向商标局提出驰名商标保护的书面请求并提交其商标构成驰名商标的证据材料。

第6条 当事人在商标不予注册复审案件和请求无效宣告案件中,依照商标法第十三条规定请求驰名商标保护的,可以向商标评审委员会提出驰名商标保护的书面请求并提交其商标构成驰名商标的证据材料。

第7条 涉及驰名商标保护的商标违法案件由市(地、州)级以上工商行政管理部门管辖。当事人请求工商行政管理部门查处商标违法行为,并依照商标法第十三条规定请求驰名商标保护的,可以向违法行为发生地的市(地、州)级以上工商行政管理部门进行投诉,并提出驰名商标保护的书面请求,提交证明其商标构成驰名商标的证据材料。

第8条 当事人请求驰名商标保护应当遵循诚实信用原则,并对事实及所提交的证据材料的真实性负责。

第9条 以下材料可以作为证明符合商标法第十四条第一款规定的证据材料:

(一)证明相关公众对该商标知晓程度的材料。

(二)证明该商标使用持续时间的材料,如该商标使用、注册的历史和范围的材料。该商标为未注册商标的,应当提供证明其使用持续时间不少于五年的材料。该商标为注册商标的,应当提供证明其注册时间不少于三年或者持续使用时间不少于五年的材料。

(三)证明该商标的任何宣传工作的持续时间、程度和地理范围的材料,如近三年广告宣传和促销活动的方式、地域范围、宣传媒体的种类以及广告投放量等材料。

(四)证明该商标曾在中国或者其他国家和地区作为驰名商标受保护的材料。

(五)证明该商标驰名的其他证据材料,如使用该商标的主要商品在近三年的销售收入、市场占有率、净利润、纳税额、销售区域等材料。

前款所称"三年"、"五年",是指被提出异议的商标注册申请日期、被提出无效宣告请求的商标注册申请日期之前的三年、五年,以及在查处商标违法案件中提出驰名商标保护请求日期之前的三年、五年。

第10条 当事人依照本规定第五条、第六条规定提出驰名商标保护请求的,商标局、商标评审委员会应当在商标法第三十五条、第三十七条、第四十五条规定的期限内及时作出处理。

第11条 当事人依照本规定第七条规定请求工商行政管理部门查处商标违法行为的,工商行政管理部门应当对投诉材料予以核查,依照《工商行政管理机关行政处罚程序规定》的有关规定决定是否立案。决定立案的,工商行政管理部门应当对当事人提交的驰名商标保护请求及相关证据材料是否符合商标法第十三条、第十四条、实施条例第三条和本规定第九条规定进行初步核实和审查。经初步核查符合规定的,应当自立案之日起三十日内将驰名商标认定请示、案件材料副本一并报送上级工商行政管理部门。经审查不符合规定的,应当依照《工商行政管理机关行政处罚程序规定》的规定及时作出处理。

第12条 省(自治区、直辖市)工商行政管理部门应当对本辖区内市(地、州)级工商行政管理部门报送的驰名商标认定相关材料是否符合商标法第十三条、第十四条、实施条例第三条和本规定第九条规定进行核实和审查。经核查符合规定的,应当自收到驰名商标认定相关材料之日起三十日内,将驰名商标认定请示、案件材料副本一并报送商标局。经审查不符合规定的,应当将有关材料退回原立案机关，由其依照《工商行政管理机关行政处罚程序规定》的规定及时作出处理。

第13条　商标局、商标评审委员会在认定驰名商标时，应当综合考虑商标法第十四条第一款和本规定第九条所列各项因素，但不以满足全部因素为前提。

商标局、商标评审委员会在认定驰名商标时，需要地方工商行政管理部门核实有关情况的，相关地方工商行政管理部门应当予以协助。

第14条　商标局经对省（自治区、直辖市）工商行政管理部门报送的驰名商标认定相关材料进行审查，认定构成驰名商标的，应当向报送请示的省（自治区、直辖市）工商行政管理部门作出批复。

立案的工商行政管理部门应当自商标局作出认定批复后六十日内依法予以处理，并将行政处罚决定书抄报所在省（自治区、直辖市）工商行政管理部门。省（自治区、直辖市）工商行政管理部门应当自收到抄报的行政处罚决定书之日起三十日内将案件处理情况及行政处罚决定书副本报送商标局。

第15条　各级工商行政管理部门在商标注册和管理工作中应当加强对驰名商标的保护，维护权利人和消费者合法权益。商标违法行为涉嫌犯罪的，应当将案件及时移送司法机关。

第16条　商标注册审查、商标争议处理和工商行政管理部门查处商标违法案件过程中，当事人依照商标法第十三条规定请求驰名商标保护时，可以提供该商标曾在我国作为驰名商标受保护的记录。

当事人请求驰名商标保护的范围与已被作为驰名商标予以保护的范围基本相同，且对方当事人对该商标驰名无异议，或者虽有异议，但异议理由和提供的证据明显不足以支持该异议的，商标局、商标评审委员会、商标违法案件立案部门可以根据该保护记录，结合相关证据，给予该商标驰名商标保护。

第17条 在商标违法案件中，当事人通过弄虚作假或者提供虚假证据材料等不正当手段骗取驰名商标保护的，由商标局撤销对涉案商标已作出的认定，并通知报送驰名商标认定请示的省（自治区、直辖市）工商行政管理部门。

第18条 地方工商行政管理部门违反本规定第十一条、第十二条规定未履行对驰名商标认定相关材料进行核实和审查职责，或者违反本规定第十三条第二款规定未予以协助或者未履行核实职责，或者违反本规定第十四条第二款规定逾期未对商标违法案件作出处理或者逾期未报送处理情况的，由上一级工商行政管理部门予以通报，并责令其整改。

第19条 各级工商行政管理部门应当建立健全驰名商标认定工作监督检查制度。

第20条 参与驰名商标认定与保护相关工作的人员，玩忽职守、滥用职权、徇私舞弊，违法办理驰名商标认定有关事项，收受当事人财物，牟取不正当利益的，依照有关规定予以处理。

第21条 本规定自公布之日起30日后施行。2003年4月17日国家工商行政管理总局公布的《驰名商标认定和保护规定》同时废止。

● 司法解释及文件

3.《最高人民法院关于审理商标民事纠纷案件适用法律若干问题的解释》（2020年12月29日 法释〔2020〕19号）

第8条 商标法所称相关公众，是指与商标所标识的某类商品或者服务有关的消费者和与前述商品或者服务的营销有密切关系的其他经营者。

第22条 人民法院在审理商标纠纷案件中，根据当事人的请求和案件的具体情况，可以对涉及的注册商标是否驰名依法作出认定。

认定驰名商标，应当依照商标法第十四条的规定进行。

当事人对曾经被行政主管机关或者人民法院认定的驰名商标请求保护的，对方当事人对涉及的商标驰名不持异议，人民法院不再审查。提出异议的，人民法院依照商标法第十四条的规定审查。

4.《最高人民法院关于审理涉及驰名商标保护的民事纠纷案件应用法律若干问题的解释》（2020年12月29日　法释〔2020〕19号）

为在审理侵犯商标权等民事纠纷案件中依法保护驰名商标，根据《中华人民共和国商标法》《中华人民共和国反不正当竞争法》《中华人民共和国民事诉讼法》等有关法律规定，结合审判实际，制定本解释。

第1条　本解释所称驰名商标，是指在中国境内为相关公众所熟知的商标。

第2条　在下列民事纠纷案件中，当事人以商标驰名作为事实根据，人民法院根据案件具体情况，认为确有必要的，对所涉商标是否驰名作出认定：

（一）以违反商标法第十三条的规定为由，提起的侵犯商标权诉讼；

（二）以企业名称与其驰名商标相同或者近似为由，提起的侵犯商标权或者不正当竞争诉讼；

（三）符合本解释第六条规定的抗辩或者反诉的诉讼。

第3条　在下列民事纠纷案件中，人民法院对于所涉商标是否驰名不予审查：

（一）被诉侵犯商标权或者不正当竞争行为的成立不以商标驰名为事实根据的；

（二）被诉侵犯商标权或者不正当竞争行为因不具备法律规

定的其他要件而不成立的。

原告以被告注册、使用的域名与其注册商标相同或者近似，并通过该域名进行相关商品交易的电子商务，足以造成相关公众误认为由，提起的侵权诉讼，按照前款第（一）项的规定处理。

第4条　人民法院认定商标是否驰名，应当以证明其驰名的事实为依据，综合考虑商标法第十四条第一款规定的各项因素，但是根据案件具体情况无需考虑该条规定的全部因素即足以认定商标驰名的情形除外。

第5条　当事人主张商标驰名的，应当根据案件具体情况，提供下列证据，证明被诉侵犯商标权或者不正当竞争行为发生时，其商标已属驰名：

（一）使用该商标的商品的市场份额、销售区域、利税等；

（二）该商标的持续使用时间；

（三）该商标的宣传或者促销活动的方式、持续时间、程度、资金投入和地域范围；

（四）该商标曾被作为驰名商标受保护的记录；

（五）该商标享有的市场声誉；

（六）证明该商标已属驰名的其他事实。

前款所涉及的商标使用的时间、范围、方式等，包括其核准注册前持续使用的情形。

对于商标使用时间长短、行业排名、市场调查报告、市场价值评估报告、是否曾被认定为著名商标等证据，人民法院应当结合认定商标驰名的其他证据，客观、全面地进行审查。

第6条　原告以被诉商标的使用侵犯其注册商标专用权为由提起民事诉讼，被告以原告的注册商标复制、摹仿或者翻译其在先未注册驰名商标为由提出抗辩或者提起反诉的，应当对其在先未注册商标驰名的事实负举证责任。

第7条　被诉侵犯商标权或者不正当竞争行为发生前，曾被人民法院或者行政管理部门认定驰名的商标，被告对该商标驰名的事实不持异议的，人民法院应当予以认定。被告提出异议的，原告仍应当对该商标驰名的事实负举证责任。

除本解释另有规定外，人民法院对于商标驰名的事实，不适用民事诉讼证据的自认规则。

第8条　对于在中国境内为社会公众所熟知的商标，原告已提供其商标驰名的基本证据，或者被告不持异议的，人民法院对该商标驰名的事实予以认定。

第9条　足以使相关公众对使用驰名商标和被诉商标的商品来源产生误认，或者足以使相关公众认为使用驰名商标和被诉商标的经营者之间具有许可使用、关联企业关系等特定联系的，属于商标法第十三条第二款规定的"容易导致混淆"。

足以使相关公众认为被诉商标与驰名商标具有相当程度的联系，而减弱驰名商标的显著性、贬损驰名商标的市场声誉，或者不正当利用驰名商标的市场声誉的，属于商标法第十三条第三款规定的"误导公众，致使该驰名商标注册人的利益可能受到损害"。

第10条　原告请求禁止被告在不相类似商品上使用与原告驰名的注册商标相同或者近似的商标或者企业名称的，人民法院应当根据案件具体情况，综合考虑以下因素后作出裁判：

（一）该驰名商标的显著程度；

（二）该驰名商标在使用被诉商标或者企业名称的商品的相关公众中的知晓程度；

（三）使用驰名商标的商品与使用被诉商标或者企业名称的商品之间的关联程度；

（四）其他相关因素。

第11条　被告使用的注册商标违反商标法第十三条的规定，复制、摹仿或者翻译原告驰名商标，构成侵犯商标权的，人民法院应当根据原告的请求，依法判决禁止被告使用该商标，但被告的注册商标有下列情形之一的，人民法院对原告的请求不予支持：

（一）已经超过商标法第四十五条第一款规定的请求宣告无效期限的；

（二）被告提出注册申请时，原告的商标并不驰名的。

第12条 当事人请求保护的未注册驰名商标，属于商标法第十条、第十一条、第十二条规定不得作为商标使用或者注册情形的，人民法院不予支持。

第13条 在涉及驰名商标保护的民事纠纷案件中，人民法院对于商标驰名的认定，仅作为案件事实和判决理由，不写入判决主文；以调解方式审结的，在调解书中对商标驰名的事实不予认定。

第14条 本院以前有关司法解释与本解释不一致的，以本解释为准。

● 案例指引

1. 澳大利亚某公司诉酿酒公司、贸易公司商标权权属、侵权纠纷案（人民法院案例库 2024-09-2-159-004）

裁判摘要：对于相关公众广为知晓但因他人抢注而未能核准注册的商标，人民法院可以根据当事人请求，在商标侵权案件中结合该商标使用持续时间、宣传投入、范围、程度以及受保护记录等因素，依法认定为未注册驰名商标并予以保护。行为人违反诚信原则，对于明知是他人未在中国注册的驰名商标，利用商标注册先申请原则，抢先申请注册或受让与该未注册驰名商标相同或近似的商标，并使用在相同或者类似商品上，获得不当利益，给权利人造成损害的，人民法院可以根据权利人请求，判决行为人停止使用并赔偿损失。

2. 某公司甲诉服饰公司等商标权权属、侵权纠纷案（人民法院案例库 2023-09-2-159-051）

裁判摘要：摹仿他人注册的驰名商标在不相同的商品上作为商

标使用，误导公众，致使该驰名商标注册人的利益受到损害的，属于《商标法》第57条第7项规定的给他人注册商标专用权造成其他损害的行为，构成侵犯商标权。将与他人驰名商标、企业名称中具有较高知名度的字号相同的文字组合登记为企业名称中的字号进行商业使用，有意误导公众，攀附他人商业信誉，非法牟利，具有明显的主观恶意，属于典型的不正当竞争行为，依法应当予以禁止。故意为侵犯他人注册商标专用权及不正当竞争行为提供仓储、运输、邮寄、隐匿等便利条件，帮助他人实施侵权行为的人，为共同侵权人，应当承担连带民事责任。

第十五条　恶意注册他人商标

未经授权，代理人或者代表人以自己的名义将被代理人或者被代表人的商标进行注册，被代理人或者被代表人提出异议的，不予注册并禁止使用。

就同一种商品或者类似商品申请注册的商标与他人在先使用的未注册商标相同或者近似，申请人与该他人具有前款规定以外的合同、业务往来关系或者其他关系而明知该他人商标存在，该他人提出异议的，不予注册。

● 案例指引

酒业公司诉国家知识产权局商标权无效宣告行政纠纷案（最高人民法院指导案例162号）

案例要旨：当事人双方同时签订了销售合同和定制产品销售合同，虽然存在经销关系，但诉争商标图样、产品设计等均由代理人一方提出，且定制产品销售合同明确约定被代理人未经代理人授权不得使用定制产品的产品概念、广告用语等，在被代理人没有在先使用行为的情况下，不能认定诉争商标为《商标法》所指的"被代理人的商标"。

第十六条 地理标志

商标中有商品的地理标志,而该商品并非来源于该标志所标示的地区,误导公众的,不予注册并禁止使用;但是,已经善意取得注册的继续有效。

前款所称地理标志,是指标示某商品来源于某地区,该商品的特定质量、信誉或者其他特征,主要由该地区的自然因素或者人文因素所决定的标志。

● **行政法规及文件**

1. 《商标法实施条例》(2014年4月29日)

第4条 申请集体商标注册的,应当附送主体资格证明文件并应当详细说明该集体组织成员的名称和地址;以地理标志作为集体商标申请注册的,应当附送主体资格证明文件并应当详细说明其所具有的或者其委托的机构具有的专业技术人员、专业检测设备等情况,以表明其具有监督使用该地理标志商品的特定品质的能力。

申请以地理标志作为集体商标注册的团体、协会或者其他组织,应当由来自该地理标志标示的地区范围内的成员组成。

● **部门规章及文件**

2. 《地理标志产品保护办法》(2023年12月29日 国家知识产权局令第80号)

第一章 总 则

第1条 为了有效保护我国的地理标志产品,规范地理标志产品名称和地理标志专用标志的使用,保证地理标志产品的质量和特色,根据《中华人民共和国民法典》《中华人民共和国商标法》《中华人民共和国产品质量法》《中华人民共和国标准化法》《中华人民共和国反不正当竞争法》等有关规定,制定本办法。

第2条 本办法所称地理标志产品，是指产自特定地域，所具有的质量、声誉或者其他特性本质上取决于该产地的自然因素、人文因素的产品。地理标志产品包括：

（一）来自本地区的种植、养殖产品；

（二）原材料全部来自本地区或者部分来自其他地区，并在本地区按照特定工艺生产和加工的产品。

第3条 地理标志产品应当具备真实性、地域性、特异性和关联性。

真实性是地理标志产品的名称经过长期持续使用，被公众普遍知晓。地域性是地理标志产品的全部生产环节或者主要生产环节应当发生在限定的地域范围内。特异性是产品具有较明显的质量特色、特定声誉或者其他特性。关联性是产品的特异性由特定地域的自然因素和人文因素所决定。

第4条 本办法适用于地理标志产品的保护申请、审查认定、撤销、变更以及专用标志的使用管理等。

第5条 国家知识产权局负责全国地理标志产品以及专用标志的管理和保护工作；统一受理和审查地理标志产品保护申请，依法认定地理标志产品。

地方知识产权管理部门负责本行政区域内的地理标志产品以及专用标志的管理和保护工作。

第6条 地理标志产品保护遵循申请自愿、认定公开的原则。

申请地理标志产品保护、使用地理标志产品名称和专用标志应当遵循诚实信用原则。

第7条 获得地理标志产品保护的，应当规范使用地理标志产品名称和专用标志。

地理标志产品名称可以是由具有地理指示功能的名称和反映产品真实属性的通用名称构成的组合名称，也可以是具有长久使用历史的约定俗成的名称。

第 8 条 有下列情形之一，不给予地理标志产品认定：

（一）产品或者产品名称违反法律、违背公序良俗或者妨害公共利益的；

（二）产品名称仅为产品的通用名称的；

（三）产品名称为他人注册商标、未注册的驰名商标，误导公众的；

（四）产品名称与已受保护的地理标志产品名称相同，导致公众对产品的地理来源产生误认的；

（五）产品名称与国家审定的植物品种或者动物育种名称相同，导致公众对产品的地理来源产生误认的；

（六）产品或者特定工艺违反安全、卫生、环保要求，对环境、生态、资源可能产生危害的。

第二章　申　　请

第 9 条　地理标志产品保护申请，由提出产地范围的县级以上人民政府或者其指定的具有代表性的社会团体、保护申请机构（以下简称申请人）提出。

第 10 条　申请保护的产品产地在县域范围内的，由县级以上人民政府提出产地范围的建议；跨县域范围的，由共同的上级地方人民政府提出产地范围的建议；跨地市范围的，由有关省级人民政府提出产地范围的建议；跨省域范围的，由有关省级人民政府共同提出产地范围的建议。

第 11 条　地理标志产品的保护申请材料应当向省级知识产权管理部门提交。

申请材料包括：

（一）有关地方人民政府关于划定地理标志产品产地范围的建议；

（二）有关地方人民政府关于地理标志产品申请、保护机制的文件；

（三）地理标志产品的相关材料，包括：

1. 地理标志产品保护申请书；

2. 地理标志产品保护要求，包括产品名称、产品类别；申请人信息；产地范围；产品描述；产品的理化、感官等质量特色、特定声誉或者其他特性及其与产地的自然因素和人文因素之间关系的说明；作为专用标志使用管理机构的地方知识产权管理部门信息；

3. 产品质量检验检测报告；

4. 拟申请保护的地理标志产品的技术标准；

5. 产品名称长期持续使用的文献记载等材料；

6. 产品的知名度，产品生产、销售情况的说明；

7. 地理标志产品特色质量检验检测机构信息。

（四）其他说明材料或者证明材料。

第12条 省级知识产权管理部门应当自收到申请之日起3个月内提出初审意见。审查合格的，将初审意见和申请材料报送国家知识产权局；审查不合格的，书面通知申请人。

第三章 审查及认定

第13条 国家知识产权局对收到的申请进行形式审查。审查合格的，予以受理并书面通知申请人；审查不合格的，书面通知申请人，申请人应当自收到书面通知之日起4个月内答复，期满未答复或者审查仍然不合格的，不予受理并书面通知申请人。

第14条 对受理的地理标志产品保护申请，国家知识产权局组织开展技术审查。技术审查由国家知识产权局设立的地理标志产品专家审查委员会负责。

技术审查包括会议审查和必要的产地核查，申请人应当予以配合。

技术审查合格的，国家知识产权局发布初步认定公告；技术审查不合格的，驳回申请并书面通知申请人。

第15条 有关单位或者个人对初步认定公告的地理标志产品有异议的，应当自初步认定公告之日起2个月内向国家知识产权局提出，提交请求书，说明理由，并附具有关证据材料。

期满无异议的，国家知识产权局发布认定公告。

异议请求有下列情形之一，国家知识产权局不予受理并书面通知异议人：

（一）未在法定期限内提出的；

（二）未具体说明异议理由的。

第16条 国家知识产权局受理异议请求后，及时通知被异议人，并组织双方协商。协商不成的，国家知识产权局组织地理标志产品专家审查委员会审议后裁决。

异议成立的，国家知识产权局作出不予认定决定，并书面通知异议人和被异议人；异议不成立的，驳回异议请求，并书面通知异议人和被异议人，国家知识产权局发布认定公告。

第四章 地理标志产品保护体系及专用标志使用

第17条 地理标志产品所在地人民政府规划并实施标准体系、检测体系和质量保证体系等保护体系建设。

第18条 地理标志产品获得保护后，根据产品产地范围、类别、知名度等方面的因素，申请人应当配合制定地理标志产品有关国家标准、地方标准、团体标准，根据产品类别研制国家标准样品。

标准不得改变保护要求中认定的名称、产品类型、产地范围、质量特色等强制性规定。

第19条 地理标志产品特色质量检验检测工作由具备相关资质条件的检验检测机构承担。必要时由国家知识产权局组织检验检测机构进行复检。

第20条 地理标志产品产地范围内的生产者使用专用标志，应当向产地知识产权管理部门提出申请，并提交以下材料：

（一）地理标志专用标志使用申请书；

（二）地理标志产品特色质量检验检测报告。

产地知识产权管理部门对申请使用专用标志的生产者的产地进行核验。上述申请经所在地省级知识产权管理部门审核，并经国家知识产权局审查合格注册登记后，发布公告，生产者即可在其产品上使用地理标志专用标志。

国家知识产权局也可以委托符合条件的省级知识产权管理部门进行审查，审查合格的，由国家知识产权局注册登记后发布公告。

第21条 在研讨会、展览、展会等公益性活动中使用地理标志专用标志的，应当向所在地省级知识产权管理部门提出备案申请，并提交以下材料：

（一）地理标志专用标志使用登记备案表；

（二）地理标志专用标志使用设计图样。

所在地省级知识产权管理部门对上述备案申请进行审查，审查合格后报国家知识产权局备案。国家知识产权局备案后，有关主体可以在公益性活动中使用地理标志专用标志。

第22条 地理标志专用标志合法使用人应当在国家知识产权局官方网站下载基本图案矢量图。地理标志专用标志矢量图可按照比例缩放，标注应当清晰可识，不得更改专用标志的图案形状、构成、文字字体、图文比例、色值等。

第23条 地理标志产品生产者应当按照相应标准组织生产。其他单位或者个人不得擅自使用受保护的地理标志产品名称或者专用标志。

地理标志产品获得保护后，申请人应当采取措施对地理标志产品名称和专用标志的使用、产品特色质量等进行管理。

第24条 地方知识产权管理部门负责对本行政区域内受保护地理标志产品的产地范围、名称、质量特色、标准符合性、专用标志使用等方面进行日常监管。

省级知识产权管理部门应当定期向国家知识产权局报送地理标志产品以及专用标志监管信息和保护体系运行情况。

第 25 条 本办法所称地理标志产品名称或者专用标志的使用，是指将地理标志产品名称或者专用标志用于产品、产品包装或者容器以及产品交易文书上，或者将地理标志产品名称或者专用标志用于广告宣传、展览以及其他商业活动中，用以识别产品产地来源或者受保护地理标志产品的行为。

第五章 变更和撤销

第 26 条 地理标志产品保护要求需要变更的，应当向国家知识产权局提出变更申请。

（一）对保护要求的更新、完善，但不改变质量特色和产品形态，不涉及产品名称、产地范围变更的，国家知识产权局收到省级知识产权管理部门初审意见后，组织开展地理标志产品保护要求变更申请审查，审查合格的，国家知识产权局发布变更公告；审查不合格的，书面通知申请人。

（二）对地理标志产品名称、产地范围、质量特色和产品形态等主要内容变更的，国家知识产权局收到省级知识产权管理部门初审意见后，组织地理标志产品专家审查委员会开展技术审查。审查合格的，国家知识产权局发布初步变更公告，公告之日起 2 个月无异议或者有异议但异议不成立的，国家知识产权局发布变更公告；审查不合格的，书面通知申请人。

第 27 条 有下列情形之一，自国家知识产权局发布认定公告之日起，任何单位或者个人可以请求国家知识产权局撤销地理标志产品保护，说明理由，并附具有关证据材料：

（一）产品名称演变为通用名称的；

（二）连续 3 年未在生产销售中使用地理标志产品名称的；

（三）自然因素或者人文因素的改变致使地理标志产品质量

特色不再能够得到保证，且难以恢复的；

（四）产品或者产品名称违反法律、违背公序良俗或者妨害公共利益的；

（五）产品或者特定工艺违反安全、卫生、环保要求，对环境、生态、资源可能产生危害的；

（六）以欺骗手段或者其他不正当手段取得保护的。

第28条 撤销请求未具体说明撤销理由的，国家知识产权局不予受理，并书面通知请求人。

第29条 国家知识产权局对撤销请求进行审查，作出决定并书面通知当事人。

国家知识产权局决定撤销地理标志产品保护的，发布撤销公告。

当事人对撤销决定不服的，可以自收到通知之日起6个月内向人民法院起诉。

第六章 保护和监督

第30条 有下列行为之一，依据相关法律法规处理：

（一）在产地范围外的相同或者类似产品上使用受保护的地理标志产品名称的；

（二）在产地范围外的相同或者类似产品上使用与受保护的地理标志产品名称相似的名称，误导公众的；

（三）将受保护的地理标志产品名称用于产地范围外的相同或者类似产品上，即使已标明真实产地，或者使用翻译名称，或者伴有如"种""型""式""类""风格"等之类表述的；

（四）在产地范围内的不符合地理标志产品标准和管理规范要求的产品上使用受保护的地理标志产品名称的；

（五）在产品上冒用地理标志专用标志的；

（六）在产品上使用与地理标志专用标志近似或者可能误导消费者的文字或者图案标志，误导公众的；

（七）销售上述产品的；

（八）伪造地理标志专用标志的；

（九）其他不符合相关法律法规规定的。

第31条 获准使用地理标志专用标志的生产者，营业执照已注销或者被吊销的，或者相关生产许可证已注销或者被吊销的，或者已迁出地理标志产品产地范围的，或者不再从事该地理标志产品生产的，或者未按相应标准组织生产且限期未改正的，或者在2年内未在受保护的地理标志产品上使用专用标志且限期未改正的，国家知识产权局注销其地理标志专用标志使用注册登记，停止其使用地理标志专用标志并发布公告。

第32条 地理标志产品生产者违反有关产品质量、标准方面规定的，依据《中华人民共和国产品质量法》《中华人民共和国标准化法》等有关法律予以行政处罚。

第33条 将受保护的地理标志产品名称作为企业名称中的字号使用，误导公众，构成不正当竞争行为的，依据《中华人民共和国反不正当竞争法》处理。

第34条 对从事地理标志产品管理和保护工作以及其他依法履行公职的人员玩忽职守、滥用职权、徇私舞弊、弄虚作假、违法违纪办理地理标志产品管理和保护事项，收受当事人财物，牟取不正当利益的，依法依纪给予处分；构成犯罪的，依法追究刑事责任。

第七章 附　　则

第35条 国外地理标志产品在中华人民共和国的申请、审查、专用标志使用、监督管理等特殊事项，由国家知识产权局另行规定。

第36条 本办法自2024年2月1日起施行。

● **案例指引**

1. 甲食品公司诉乙食品公司、某火腿厂商标侵权纠纷案（《最高人民法院公报》2007年第11期）

案例要旨：对于因历史原因形成的、含有地名的注册商标，虽然商标权人根据《商标法》享有商标专用权，但是如果该地名经国家专门行政机关批准实施原产地域产品保护，则被获准使用的民事主体可以在法定范围内使用该原产地域专用标志。商标权人以行为人合法使用的原产地域专用标志侵犯自己的商标专用权为由诉至人民法院，请求侵权损害赔偿的，人民法院不予支持。

2. 某苹果协会诉某水果商行商标权权属、侵权纠纷案（人民法院案例库2023-09-2-159-048）

裁判摘要：在同种商品上使用与地理标志证明商标相似的商标，足以使相关公众误认为被诉侵权商品的原产地为该地理标志指向的地区且具有该产区特有的品质，或者误认为其与该地理标志证明商标具有关联，引起相关公众对产地和品质的混淆误认，构成侵犯该地理标志证明商标的商标专用权。对地名的正当使用应当以产地相符为必要条件，若被告无法提供充分证据证明被诉侵权商品来源于涉案地理标志指向的地区且使用方式符合商业惯例的不属于对地名的正当使用。

3. 某行业协会诉乐器公司等侵害商标权及不正当竞争纠纷案（人民法院案例库2023-09-2-159-027）

裁判摘要：未经地理标志证明商标权利人许可，擅自在相同或类似商品上使用与地理标志证明商标相同或近似的商标，且未提交证据证明该商品来源于地理标志证明商标所标示的地区，符合相关产地、制作工艺等相应特点，容易导致相关公众对该商品来源及其产地、品质等产生混淆误认的，构成对该地理标志证明商标权的侵害。

第十七条　外国人在中国申请商标注册

外国人或者外国企业在中国申请商标注册的，应当按其所属国和中华人民共和国签订的协议或者共同参加的国际条约办理，或者按对等原则办理。

● 行政法规及文件

《商标法实施条例》（2014年4月29日）

第5条　申请证明商标注册的，应当附送主体资格证明文件并应当详细说明其所具有的或者其委托的机构具有的专业技术人员、专业检测设备等情况，以表明其具有监督该证明商标所证明的特定商品品质的能力。

第十八条　商标代理机构

申请商标注册或者办理其他商标事宜，可以自行办理，也可以委托依法设立的商标代理机构办理。

外国人或者外国企业在中国申请商标注册和办理其他商标事宜的，应当委托依法设立的商标代理机构办理。

● 部门规章及文件

《律师事务所从事商标代理业务管理办法》（2012年11月6日工商标字〔2012〕192号）

第一章　总　　则

第1条　为了规范律师事务所及其律师从事商标代理的执业行为，维护商标代理法律服务秩序，保障委托人的合法权益，根据《中华人民共和国商标法》、《中华人民共和国律师法》等法律、法规、规章的规定，制定本办法。

第2条　律师事务所及其律师从事商标代理业务，适用本办法。

本办法所称律师事务所，是指律师的执业机构。

本办法所称律师，是指依法取得律师执业证书，受律师事务所指派为当事人提供法律服务的执业人员。

第3条 律师事务所及其律师从事商标代理业务，应当依法、诚信、尽责执业，恪守律师职业道德和执业纪律，接受当事人和社会的监督。

第4条 工商行政管理机关和司法行政机关依法对律师事务所及其律师从事商标代理业务活动进行监督管理。

第二章 业务范围及备案

第5条 律师事务所可以接受当事人委托，指派律师办理下列商标代理业务：

（一）代理商标注册申请、变更、续展、转让、补证、质权登记、许可合同备案、异议、注销、撤销以及马德里国际注册等国家工商行政管理总局商标局（以下简称商标局）主管的有关商标事宜；

（二）代理商标注册驳回复审、异议复审、撤销复审及注册商标争议案件等国家工商行政管理总局商标评审委员会（以下简称商评委）主管的有关商标事宜；

（三）代理其他商标国际注册有关事宜；

（四）代理商标侵权证据调查、商标侵权投诉；

（五）代理商标行政复议、诉讼案件；

（六）代理参加商标纠纷调解、仲裁等活动；

（七）担任商标法律顾问，提供商标法律咨询，代写商标法律事务文书；

（八）代理其他商标法律事务。

律师事务所从事前款第一项、第二项商标代理业务，应当向商标局办理备案。

第6条 律师事务所办理备案，应当向商标局提交下列材料：

（一）备案申请书，其中应当载明律师事务所名称、住所、组织形式、负责人、电话、传真、电子邮箱、邮政编码等信息；

（二）加盖本所印章的律师事务所执业许可证复印件。

申请材料齐备的，商标局应当自收到申请之日起 15 日内完成备案并予以公告；申请材料不齐备的，应当通知申请人补正后予以备案。

第 7 条 律师事务所名称、住所、负责人、联系方式等备案事项变更的，应当在变更后 30 日内向商标局办理变更备案。办理变更备案，应当提交下列材料：

（一）变更备案事项申请书；

（二）律师事务所所在地司法行政机关出具的该所变更事项证明文件；

（三）加盖本所印章的律师事务所执业许可证复印件。

变更除名称、住所、负责人以外备案事项的，可以不提交前款第二项规定的材料。

第 8 条 办理商标代理业务备案的律师事务所终止的，应当向商标局申请结算和注销备案。申请结算，应当提交下列材料（一式两份）：

（一）结算申请书，载明申请事项、开户银行、账号、收款人、经办人及联系方式等；

（二）该所已上报商标局和商评委的商标代理业务清单；

（三）该所出具的授权经办人办理结算手续的证明文件。

商标局应当自收到申请之日起 3 个月内办结律师事务所结算手续，出具结算证明，注销其从事商标代理业务的备案并予以公告。

第三章 业务规则

第 9 条 律师承办商标代理业务，应当由律师事务所统一接受委托,与委托人签订书面委托合同,按照国家规定统一收取费用并如实入账。

律师事务所受理商标代理业务,应该依照有关规定进行利益冲突审查,不得违反规定受理与本所承办的法律事务及其委托人有利益冲突的商标代理业务。

第10条 律师承办商标代理业务,应当按照委托合同约定,严格履行代理职责,及时向委托人通报委托事项办理进展情况,无正当理由不得拖延、拒绝代理。

委托事项违法,委托人利用律师提供的服务从事违法活动,委托人故意隐瞒重要事实、隐匿证据或者提供虚假、伪造证据的,律师有权拒绝代理。

第11条 律师就商标代理出具的法律意见、提供的相关文件,应当符合有关法律、法规、规章的规定,符合商标局、商评委和地方工商行政管理机关的要求,应当真实、准确、完整,并经律师事务所审查无误后盖章出具。

第12条 向商标局办理备案的律师事务所,应当按规定将商标规费预付款汇至商标局账户。

商标规费预付款余额不足的,由商标局或者商评委按照《商标法实施条例》第十八条第一款的规定,对律师事务所代理的商标申请不予受理。

第13条 律师事务所及其律师承办商标代理业务,不得委托其他单位或者个人代为办理,不得与非法律服务机构、非商标代理组织合作办理。

第14条 律师只能在一个律师事务所执业,不得同时在其他商标代理组织从事商标代理业务。

第15条 律师事务所及其律师承办商标代理业务,应当遵守律师执业保密规定。未经委托人同意,不得将代理事项及相关信息泄露给其他单位或者个人。

第 16 条　律师事务所及其律师不得以诋毁其他律师事务所和律师、商标代理组织和商标代理人或者支付介绍费等不正当手段承揽商标代理业务。

第 17 条　律师事务所及其律师承办商标代理业务，不得利用提供法律服务的便利牟取当事人争议的权益，不得接受对方当事人的财物或者其他利益，不得与对方当事人或者第三人恶意串通，侵害委托人权益。

第 18 条　律师事务所在终止事由发生后，有未办结的商标代理业务的，应当及时与委托人协商终止委托代理关系，或者告知委托人办理变更委托代理手续；委托人为外国人或者外国企业的，应当协助其办理变更委托代理手续。

律师变更执业机构、终止执业或者受到停止执业处罚的，应当在律师事务所安排下，及时办妥其承办但尚未办结的商标代理业务的交接手续。

第 19 条　律师事务所应当加强对律师从事商标代理业务的监督，及时纠正律师在商标代理执业活动中的违法违规行为，调处律师在执业中与委托人之间的纠纷。

律师事务所应当组织律师参加商标业务培训，开展经验交流和业务研讨，提高律师商标代理业务水平。

第四章　监督管理

第 20 条　律师事务所及其律师从事商标代理业务有违反法律、法规和规章行为，需要给予警告、罚款处罚的，由受理投诉、发现问题的工商行政管理机关、司法行政机关分别依据有关法律、法规和规章的规定实施处罚；需要对律师事务所给予停业整顿或者吊销执业许可证书处罚、对律师给予停止执业或者吊销律师执业证书处罚的，由司法行政机关依法实施处罚；有违反律师行业规范行为的，由律师协会给予相应的行业惩戒。

律师和律师事务所从事商标代理业务的违法行为涉嫌犯罪

的，应当移送司法机关处理。

第21条 律师事务所及其律师违反本办法第七条、第八条、第十八条的规定，导致商标局或者商评委发出的文件无法按规定时限送达的，其法律后果由律师事务所及其律师承担。

律师事务所及其律师违反本办法第七条、第八条、第十八条的规定，导致送达文件被退回或者被委托人投诉的，经查实，商标局可以按照规定予以公开通报。

第22条 律师事务所依法受到停业整顿处罚的，在其停业整顿期间，商标局或者商评委可以暂停受理该律师事务所新的商标代理业务。

向商标局办理备案的律师事务所受到停业整顿处罚的，应当及时将受到处罚的情况及处罚期限报告商标局和商评委。

第23条 工商行政管理机关和司法行政机关在查处律师事务所和律师从事商标代理业务违法行为的工作中，应当相互配合，互通情况，建立协调协商机制。对于依法应当由对方实施处罚的，及时移送对方处理；一方实施处罚后，应当将处罚结果书面告知另一方。

第五章 附 则

第24条 本办法由国家工商行政管理总局和司法部负责解释。

第25条 本办法自2013年1月1日起施行。

第十九条 商标代理机构的行为规范

商标代理机构应当遵循诚实信用原则，遵守法律、行政法规，按照被代理人的委托办理商标注册申请或者其他商标事宜；对在代理过程中知悉的被代理人的商业秘密，负有保密义务。

委托人申请注册的商标可能存在本法规定不得注册情形的，商标代理机构应当明确告知委托人。

商标代理机构知道或者应当知道委托人申请注册的商标属于本法第四条、第十五条和第三十二条规定情形的，不得接受其委托。

商标代理机构除对其代理服务申请商标注册外，不得申请注册其他商标。

● 案例指引

旅游公司诉科技公司不正当竞争纠纷案（人民法院案例库2023-09-2-488-009）

裁判摘要：被告明知其获准注册的商标具有重大权利瑕疵，仍以攫取不正当商业利益、损害他人合法权益为主要目的，通过工商投诉侵权等方式行使权利，上述行为名为"维权"，实则严重违反诚信原则，构成不正当竞争行为。法院应紧密围绕商标法立法目的，从权利取得是否正当、权利人是否具有主观恶意、行使权利是否造成损害后果等方面综合考察，刺破形式合法实质违法的"权利"面纱，为商标权的取得和行使划定了正当合理的界限。

第二十条 商标代理行业组织对会员的管理

商标代理行业组织应当按照章程规定，严格执行吸纳会员的条件，对违反行业自律规范的会员实行惩戒。商标代理行业组织对其吸纳的会员和对会员的惩戒情况，应当及时向社会公布。

第二十一条 商标国际注册

商标国际注册遵循中华人民共和国缔结或者参加的有关国际条约确立的制度，具体办法由国务院规定。

● **行政法规及文件**

《商标法实施条例》（2014 年 4 月 29 日）

第 34 条 商标法第二十一条规定的商标国际注册，是指根据《商标国际注册马德里协定》（以下简称马德里协定）、《商标国际注册马德里协定有关议定书》（以下简称马德里议定书）及《商标国际注册马德里协定及该协定有关议定书的共同实施细则》的规定办理的马德里商标国际注册。

马德里商标国际注册申请包括以中国为原属国的商标国际注册申请、指定中国的领土延伸申请及其他有关的申请。

第 35 条 以中国为原属国申请商标国际注册的，应当在中国设有真实有效的营业所，或者在中国有住所，或者拥有中国国籍。

第 36 条 符合本条例第三十五条规定的申请人，其商标已在商标局获得注册的，可以根据马德里协定申请办理该商标的国际注册。

符合本条例第三十五条规定的申请人，其商标已在商标局获得注册，或者已向商标局提出商标注册申请并被受理的，可以根据马德里议定书申请办理该商标的国际注册。

第 37 条 以中国为原属国申请商标国际注册的，应当通过商标局向世界知识产权组织国际局（以下简称国际局）申请办理。

以中国为原属国的，与马德里协定有关的商标国际注册的后期指定、放弃、注销，应当通过商标局向国际局申请办理；与马德里协定有关的商标国际注册的转让、删减、变更、续展，可以通过商标局向国际局申请办理，也可以直接向国际局申请办理。

以中国为原属国的，与马德里议定书有关的商标国际注册的后期指定、转让、删减、放弃、注销、变更、续展，可以通过商标局向国际局申请办理，也可以直接向国际局申请办理。

第38条 通过商标局向国际局申请商标国际注册及办理其他有关申请的,应当提交符合国际局和商标局要求的申请书和相关材料。

第39条 商标国际注册申请指定的商品或者服务不得超出国内基础申请或者基础注册的商品或者服务的范围。

第40条 商标国际注册申请手续不齐备或者未按照规定填写申请书的,商标局不予受理,申请日不予保留。

申请手续基本齐备或者申请书基本符合规定,但需要补正的,申请人应当自收到补正通知书之日起30日内予以补正,逾期未补正的,商标局不予受理,书面通知申请人。

第41条 通过商标局向国际局申请商标国际注册及办理其他有关申请的,应当按照规定缴纳费用。

申请人应当自收到商标局缴费通知单之日起15日内,向商标局缴纳费用。期满未缴纳的,商标局不受理其申请,书面通知申请人。

第42条 商标局在马德里协定或者马德里议定书规定的驳回期限（以下简称驳回期限）内,依照商标法和本条例的有关规定对指定中国的领土延伸申请进行审查,作出决定,并通知国际局。商标局在驳回期限内未发出驳回或者部分驳回通知的,该领土延伸申请视为核准。

第43条 指定中国的领土延伸申请人,要求将三维标志、颜色组合、声音标志作为商标保护或者要求保护集体商标、证明商标的,自该商标在国际局国际注册簿登记之日起3个月内,应当通过依法设立的商标代理机构,向商标局提交本条例第十三条规定的相关材料。未在上述期限内提交相关材料的,商标局驳回该领土延伸申请。

第44条 世界知识产权组织对商标国际注册有关事项进行公告,商标局不再另行公告。

第45条　对指定中国的领土延伸申请，自世界知识产权组织《国际商标公告》出版的次月1日起3个月内，符合商标法第三十三条规定条件的异议人可以向商标局提出异议申请。

商标局在驳回期限内将异议申请的有关情况以驳回决定的形式通知国际局。

被异议人可以自收到国际局转发的驳回通知书之日起30日内进行答辩，答辩书及相关证据材料应当通过依法设立的商标代理机构向商标局提交。

第46条　在中国获得保护的国际注册商标，有效期自国际注册日或者后期指定日起算。在有效期届满前，注册人可以向国际局申请续展，在有效期内未申请续展的，可以给予6个月的宽展期。商标局收到国际局的续展通知后，依法进行审查。国际局通知未续展的，注销该国际注册商标。

第47条　指定中国的领土延伸申请办理转让的，受让人应当在缔约方境内有真实有效的营业所，或者在缔约方境内有住所，或者是缔约方国民。

转让人未将其在相同或者类似商品或者服务上的相同或者近似商标一并转让的，商标局通知注册人自发出通知之日起3个月内改正；期满未改正或者转让容易引起混淆或者有其他不良影响的，商标局作出该转让在中国无效的决定，并向国际局作出声明。

第48条　指定中国的领土延伸申请办理删减，删减后的商品或者服务不符合中国有关商品或者服务分类要求或者超出原指定商品或者服务范围的，商标局作出该删减在中国无效的决定，并向国际局作出声明。

第49条　依照商标法第四十九条第二款规定申请撤销国际注册商标，应当自该商标国际注册申请的驳回期限届满之日起满3年后向商标局提出申请；驳回期限届满时仍处在驳回复审或者异议相关程序的，应当自商标局或者商标评审委员会作出的准予注册决定生效之日起满3年后向商标局提出申请。

依照商标法第四十四条第一款规定申请宣告国际注册商标无效的，应当自该商标国际注册申请的驳回期限届满后向商标评审委员会提出申请；驳回期限届满时仍处在驳回复审或者异议相关程序的，应当自商标局或者商标评审委员会作出的准予注册决定生效后向商标评审委员会提出申请。

依照商标法第四十五条第一款规定申请宣告国际注册商标无效的，应当自该商标国际注册申请的驳回期限届满之日起5年内向商标评审委员会提出申请；驳回期限届满时仍处在驳回复审或者异议相关程序的，应当自商标局或者商标评审委员会作出的准予注册决定生效之日起5年内向商标评审委员会提出申请。对恶意注册的，驰名商标所有人不受5年的时间限制。

第50条　商标法和本条例下列条款的规定不适用于办理商标国际注册相关事宜：

（一）商标法第二十八条、第三十五条第一款关于审查和审理期限的规定；

（二）本条例第二十二条、第三十条第二款；

（三）商标法第四十二条及本条例第三十一条关于商标转让由转让人和受让人共同申请并办理手续的规定。

● 案例指引

香料公司诉商标评审委员会商标申请驳回复审行政纠纷案（最高人民法院指导案例114号）

案例要旨：商标国际注册申请人完成了《商标国际注册马德里协定》及其议定书规定的申请商标的国际注册程序，申请商标国际注册信息中记载了申请商标指定的商标类型为三维立体商标的，应当视为申请人提出了申请商标为三维立体商标的声明。因国际注册商标的申请人无需在指定国家再次提出注册申请，故由世界知识产权组织国际局向中国商标局转送的申请商标信息，应当是中国商标局据以审查、决定申请商标指定中国的领土延伸保护申请能否获得支持的事实依据。在申请商标国际注册信息仅欠缺《商标法实施条例》规定的部分视图等形式要件的情况下，商标行政机关应当秉承积极履行国际公约义务的精神，给予申请人合理的补正机会。

第二章　商标注册的申请

第二十二条　商标注册申请的提出

商标注册申请人应当按规定的商品分类表填报使用商标的商品类别和商品名称，提出注册申请。

商标注册申请人可以通过一份申请就多个类别的商品申请注册同一商标。

商标注册申请等有关文件，可以以书面方式或者数据电文方式提出。

● 行政法规及文件

《商标法实施条例》（2014 年 4 月 29 日）

第 13 条　申请商标注册，应当按照公布的商品和服务分类表填报。每一件商标注册申请应当向商标局提交《商标注册申请书》1 份、商标图样 1 份；以颜色组合或者着色图样申请商标注册的，应当提交着色图样，并提交黑白稿 1 份；不指定颜色的，应当提交黑白图样。

商标图样应当清晰，便于粘贴，用光洁耐用的纸张印制或者用照片代替，长和宽应当不大于 10 厘米，不小于 5 厘米。

以三维标志申请商标注册的，应当在申请书中予以声明，说明商标的使用方式，并提交能够确定三维形状的图样，提交的商标图样应当至少包含三面视图。

以颜色组合申请商标注册的，应当在申请书中予以声明，说明商标的使用方式。

以声音标志申请商标注册的,应当在申请书中予以声明,提交符合要求的声音样本,对申请注册的声音商标进行描述,说明商标的使用方式。对声音商标进行描述,应当以五线谱或者简谱对申请用作商标的声音加以描述并附加文字说明;无法以五线谱或者简谱描述的,应当以文字加以描述;商标描述与声音样本应当一致。

申请注册集体商标、证明商标的,应当在申请书中予以声明,并提交主体资格证明文件和使用管理规则。

商标为外文或者包含外文的,应当说明含义。

第14条 申请商标注册的,申请人应当提交其身份证明文件。商标注册申请人的名义与所提交的证明文件应当一致。

前款关于申请人提交其身份证明文件的规定适用于向商标局提出的办理变更、转让、续展、异议、撤销等其他商标事宜。

第15条 商品或者服务项目名称应当按照商品和服务分类表中的类别号、名称填写;商品或者服务项目名称未列入商品和服务分类表的,应当附送对该商品或者服务的说明。

商标注册申请等有关文件以纸质方式提出的,应当打字或者印刷。

本条第二款规定适用于办理其他商标事宜。

第18条 商标注册的申请日期以商标局收到申请文件的日期为准。

商标注册申请手续齐备、按照规定填写申请文件并缴纳费用的,商标局予以受理并书面通知申请人;申请手续不齐备、未按照规定填写申请文件或者未缴纳费用的,商标局不予受理,书面通知申请人并说明理由。申请手续基本齐备或者申请文件基本符合规定,但是需要补正的,商标局通知申请人予以补正,限其自收到通知之日起30日内,按照指定内容补正并交回商标局。在规定期限内补正并交回商标局的，保留申请日期；期满未补正的或者不按照要求进行补正的，商标局不予受理并书面通知申请人。

本条第二款关于受理条件的规定适用于办理其他商标事宜。

第二十三条　注册申请的另行提出

注册商标需要在核定使用范围之外的商品上取得商标专用权的，应当另行提出注册申请。

第二十四条　注册申请的重新提出

注册商标需要改变其标志的，应当重新提出注册申请。

第二十五条　优先权及其手续

商标注册申请人自其商标在外国第一次提出商标注册申请之日起六个月内，又在中国就相同商品以同一商标提出商标注册申请的，依照该外国同中国签订的协议或者共同参加的国际条约，或者按照相互承认优先权的原则，可以享有优先权。

依照前款要求优先权的，应当在提出商标注册申请的时候提出书面声明，并且在三个月内提交第一次提出的商标注册申请文件的副本；未提出书面声明或者逾期未提交商标注册申请文件副本的，视为未要求优先权。

第二十六条　国际展览会中的临时保护

商标在中国政府主办的或者承认的国际展览会展出的商品上首次使用的，自该商品展出之日起六个月内，该商标的注册申请人可以享有优先权。

依照前款要求优先权的，应当在提出商标注册申请的时候提出书面声明，并且在三个月内提交展出其商品的展览会名称、在展出商品上使用该商标的证据、展出日期等证明文件；未提出书面声明或者逾期未提交证明文件的，视为未要求优先权。

第二十七条 申报事项和材料的真实、准确、完整

为申请商标注册所申报的事项和所提供的材料应当真实、准确、完整。

第三章 商标注册的审查和核准

第二十八条 初步审定并公告

对申请注册的商标，商标局应当自收到商标注册申请文件之日起九个月内审查完毕，符合本法有关规定的，予以初步审定公告。

第二十九条 商标注册申请内容的说明和修正

在审查过程中，商标局认为商标注册申请内容需要说明或者修正的，可以要求申请人做出说明或者修正。申请人未做出说明或者修正的，不影响商标局做出审查决定。

第三十条 商标注册申请的驳回

申请注册的商标，凡不符合本法有关规定或者同他人在同一种商品或者类似商品上已经注册的或者初步审定的商标相同或者近似的，由商标局驳回申请，不予公告。

● 案例指引

1. 科技公司与国家知识产权局、咨询公司商标权无效宣告请求行政纠纷案（《最高人民法院公报》2024 年第 11 期）

　　案例要旨：商标能否注册应当依据商标法的相关规定进行判断；商标注册申请人拥有的在先驰名商标，并不构成其申请注册的在后商标应予核准注册的当然理由；所谓在先商标权利的合理延伸，并无法律依据。

2. 国药公司诉国家知识产权局商标权无效宣告请求行政纠纷案（人民法院案例库 2023-09-3-029-010）

　　裁判摘要：在认定商品和服务是否类似时，需要结合国家为维持相关市场秩序对该类商品生产、销售及相关服务的管理规范进行认定，考虑此类规范对商品销售渠道、服务方式及消费群体等产生的影响。因此类规范而形成的长期稳定的市场秩序之情形，应当作为重要的考量因素。本案中，争议商标核定使用的服务包括药品零售或批发等服务，引证商标核定使用的商品为药品。药品不同于一般商品，因其用于预防、治疗、诊断人的疾病，直接涉及人体健康和生命安全，事关重大。国家为保护民众健康，对药品的经营采取严格管理的模式。长期以来，我国药品生产、经营方面的特殊规定使得药品和药品的零售或批发形成了相对稳定、清晰的市场格局，相关公众对药品生产者和零售、批发者能够有较为清楚的认知，二者不属于类似的商品和服务。

第三十一条　申请在先原则

　　两个或者两个以上的商标注册申请人，在同一种商品或者类似商品上，以相同或者近似的商标申请注册的，初步审定并公告申请在先的商标；同一天申请的，初步审定并公告使用在先的商标，驳回其他人的申请，不予公告。

● **案例指引**

布某诉国家知识产权局商标权无效宣告请求行政纠纷案（人民法院案例库 2023-09-3-029-011）

裁判摘要：国外自然人作为知名设计师，将其姓名作为产品的品牌进行使用推广。在争议商标申请注册前，其姓名在中国大陆地区的相关公众中具有一定知名度，争议商标完全包含了该自然人姓名，相关公众认为争议商标指代了该自然人，或者认为标记有争议商标的商品系经过该自然人许可或者与该自然人存在特定联系的，争议商标的注册损害了该自然人的姓名权。

第三十二条　在先权利与恶意抢注

申请商标注册不得损害他人现有的在先权利，也不得以不正当手段抢先注册他人已经使用并有一定影响的商标。

● **案例指引**

1. 乔丹与商标评审委员会、体育公司"乔丹"商标争议行政纠纷案（最高人民法院指导案例113号）

案例要旨：姓名权是自然人对其姓名享有的人身权，姓名权可以构成商标法规定的在先权利。外国自然人外文姓名的中文译名符合条件的，可以依法主张作为特定名称按照姓名权的有关规定予以保护。外国自然人就特定名称主张姓名权保护的，该特定名称应当符合以下三项条件：（1）该特定名称在我国具有一定的知名度，为相关公众所知悉；（2）相关公众使用该特定名称指代该自然人；（3）该特定名称已经与该自然人之间建立了稳定的对应关系。使用是姓名权人享有的权利内容之一，并非姓名权人主张保护其姓名权的法定前提条件。特定名称按照姓名权受法律保护的，即使自然人并未主动使用，也不影响姓名权人按照商标法关于在先权利的规定主张权利。违反诚信原则，恶意申请注册商标，侵犯他人现有在先权利的"商标权人"，以该商标的宣传、使用、获奖、被保护等情况形成了"市场秩序"或者"商业成功"为由，主张该注册商标合法有效的，人民法院不予支持。

2. 传媒公司诉国家知识产权局及某公司商标异议复审行政纠纷案（人民法院案例库 2023-09-3-029-013）

　　裁判摘要：商标申请人举证证明其申请注册商标具有正当性，没有利用在先使用商标商誉恶意的，不构成《商标法》第 32 条规定的情形。我国《商标法》实行商标权注册取得制度，采取申请在先原则，并未规定只有在先使用商标才可申请注册，亦未规定因共同使用商标或共同对商标商誉作出贡献而成为共同商标权人。在缺乏法律明确规定及合同依据的情况下，不能采取财产共有的思路认定商标商誉可以共享、排除商标申请人在先申请的正当性，认定其构成以不正当手段抢先注册他人已经使用并有一定影响的商标。

3. 甲餐饮公司诉国家知识产权局、乙餐饮公司商标权无效宣告行政纠纷案（人民法院案例库 2023-09-3-029-059）

　　裁判摘要：对于具有历史渊源关系的商标近似性的判断，除按照相关公众对商标的一般识别和对文字、图形等商标组成部分的理解，考虑商标标志整体的近似程度、相关商标的显著性和知名度、商标申请注册意图外，亦应充分考虑商标在市场的实际使用情况，将是否容易导致混淆作为判断标准。

第三十三条　商标异议和核准注册

　　对初步审定公告的商标，自公告之日起三个月内，在先权利人、利害关系人认为违反本法第十三条第二款和第三款、第十五条、第十六条第一款、第三十条、第三十一条、第三十二条规定的，或者任何人认为违反本法第四条、第十条、第十一条、第十二条、第十九条第四款规定的，可以向商标局提出异议。公告期满无异议的，予以核准注册，发给商标注册证，并予公告。

● **行政法规及文件**

1. 《**商标法实施条例**》（2014年4月29日）

　　第22条　商标局对一件商标注册申请在部分指定商品上予以驳回的，申请人可以将该申请中初步审定的部分申请分割成另一件申请，分割后的申请保留原申请的申请日期。

　　需要分割的，申请人应当自收到商标局《商标注册申请部分驳回通知书》之日起15日内，向商标局提出分割申请。

　　商标局收到分割申请后，应当将原申请分割为两件，对分割出来的初步审定申请生成新的申请号，并予以公告。

　　第24条　对商标局初步审定予以公告的商标提出异议的，异议人应当向商标局提交下列商标异议材料一式两份并标明正、副本：

　　（一）商标异议申请书；

　　（二）异议人的身份证明；

　　（三）以违反商标法第十三条第二款和第三款、第十五条、第十六条第一款、第三十条、第三十一条、第三十二条规定为由提出异议的，异议人作为在先权利人或者利害关系人的证明。

　　商标异议申请书应当有明确的请求和事实依据，并附送有关证据材料。

　　第38条　通过商标局向国际局申请商标国际注册及办理其他有关申请的，应当提交符合国际局和商标局要求的申请书和相关材料。

　　第48条　指定中国的领土延伸申请办理删减，删减后的商品或者服务不符合中国有关商品或者服务分类要求或者超出原指定商品或者服务范围的，商标局作出该删减在中国无效的决定，并向国际局作出声明。

● 部门规章及文件

2.《驰名商标认定和保护规定》（2014 年 7 月 3 日　国家工商行政管理总局令第 66 号）

第 4 条　驰名商标认定遵循个案认定、被动保护的原则。

第 5 条　当事人依照商标法第三十三条规定向商标局提出异议，并依照商标法第十三条规定请求驰名商标保护的，可以向商标局提出驰名商标保护的书面请求并提交其商标构成驰名商标的证据材料。

第三十四条　驳回商标申请的处理

对驳回申请、不予公告的商标，商标局应当书面通知商标注册申请人。商标注册申请人不服的，可以自收到通知之日起十五日内向商标评审委员会申请复审。商标评审委员会应当自收到申请之日起九个月内做出决定，并书面通知申请人。有特殊情况需要延长的，经国务院工商行政管理部门批准，可以延长三个月。当事人对商标评审委员会的决定不服的，可以自收到通知之日起三十日内向人民法院起诉。

● 行政法规及文件

《商标法实施条例》（2014 年 4 月 29 日）

第 21 条　商标局对受理的商标注册申请，依照商标法及本条例的有关规定进行审查，对符合规定或者在部分指定商品上使用商标的注册申请符合规定的，予以初步审定，并予以公告；对不符合规定或者在部分指定商品上使用商标的注册申请不符合规定的，予以驳回或者驳回在部分指定商品上使用商标的注册申请，书面通知申请人并说明理由。

第三十五条　商标异议的处理

对初步审定公告的商标提出异议的，商标局应当听取异议人和被异议人陈述事实和理由，经调查核实后，自公告期满之日起十二个月内做出是否准予注册的决定，并书面通知异议人和被异议人。有特殊情况需要延长的，经国务院工商行政管理部门批准，可以延长六个月。

商标局做出准予注册决定的，发给商标注册证，并予公告。异议人不服的，可以依照本法第四十四条、第四十五条的规定向商标评审委员会请求宣告该注册商标无效。

商标局做出不予注册决定，被异议人不服的，可以自收到通知之日起十五日内向商标评审委员会申请复审。商标评审委员会应当自收到申请之日起十二个月内做出复审决定，并书面通知异议人和被异议人。有特殊情况需要延长的，经国务院工商行政管理部门批准，可以延长六个月。被异议人对商标评审委员会的决定不服的，可以自收到通知之日起三十日内向人民法院起诉。人民法院应当通知异议人作为第三人参加诉讼。

商标评审委员会在依照前款规定进行复审的过程中，所涉及的在先权利的确定必须以人民法院正在审理或者行政机关正在处理的另一案件的结果为依据的，可以中止审查。中止原因消除后，应当恢复审查程序。

第三十六条　有关决定的生效及效力

法定期限届满，当事人对商标局做出的驳回申请决定、不予注册决定不申请复审或者对商标评审委员会做出的复审决定不向人民法院起诉的，驳回申请决定、不予注册决定或者复审决定生效。

经审查异议不成立而准予注册的商标，商标注册申请人取得商标专用权的时间自初步审定公告三个月期满之日起计算。自该商标公告期满之日起至准予注册决定做出前，对他人在同一种或者类似商品上使用与该商标相同或者近似的标志的行为不具有追溯力；但是，因该使用人的恶意给商标注册人造成的损失，应当给予赔偿。

● 行政法规及文件

《商标法实施条例》（2014 年 4 月 29 日）

第 9 条 除本条例第十八条规定的情形外，当事人向商标局或者商标评审委员会提交文件或者材料的日期，直接递交的，以递交日为准；邮寄的，以寄出的邮戳日为准；邮戳日不清晰或者没有邮戳的，以商标局或者商标评审委员会实际收到日为准，但是当事人能够提出实际邮戳日证据的除外。通过邮政企业以外的快递企业递交的，以快递企业收寄日为准；收寄日不明确的，以商标局或者商标评审委员会实际收到日为准，但是当事人能够提出实际收寄日证据的除外。以数据电文方式提交的，以进入商标局或者商标评审委员会电子系统的日期为准。

当事人向商标局或者商标评审委员会邮寄文件，应当使用给据邮件。

当事人向商标局或者商标评审委员会提交文件，以书面方式提交的，以商标局或者商标评审委员会所存档案记录为准；以数据电文方式提交的，以商标局或者商标评审委员会数据库记录为准，但是当事人确有证据证明商标局或者商标评审委员会档案、数据库记录有错误的除外。

第 11 条 下列期间不计入商标审查、审理期限：

（一）商标局、商标评审委员会文件公告送达的期间；

（二）当事人需要补充证据或者补正文件的期间以及因当事

人更换需要重新答辩的期间；

（三）同日申请提交使用证据及协商、抽签需要的期间；

（四）需要等待优先权确定的期间；

（五）审查、审理过程中，依案件申请人的请求等待在先权利案件审理结果的期间。

第21条 商标局对受理的商标注册申请，依照商标法及本条例的有关规定进行审查，对符合规定或者在部分指定商品上使用商标的注册申请符合规定的，予以初步审定，并予以公告；对不符合规定或者在部分指定商品上使用商标的注册申请不符合规定的，予以驳回或者驳回在部分指定商品上使用商标的注册申请，书面通知申请人并说明理由。

第22条 商标局对一件商标注册申请在部分指定商品上予以驳回的，申请人可以将该申请中初步审定的部分申请分割成另一件申请，分割后的申请保留原申请的申请日期。

需要分割的，申请人应当自收到商标局《商标注册申请部分驳回通知书》之日起15日内，向商标局提出分割申请。

商标局收到分割申请后，应当将原申请分割为两件，对分割出来的初步审定申请生成新的申请号，并予以公告。

第23条 依照商标法第二十九条规定，商标局认为对商标注册申请内容需要说明或者修正的，申请人应当自收到商标局通知之日起15日内作出说明或者修正。

第24条 对商标局初步审定予以公告的商标提出异议的，异议人应当向商标局提交下列商标异议材料一式两份并标明正、副本：

（一）商标异议申请书；

（二）异议人的身份证明；

（三）以违反商标法第十三条第二款和第三款、第十五条、第十六条第一款、第三十条、第三十一条、第三十二条规定为由提出异议的，异议人作为在先权利人或者利害关系人的证明。

商标异议申请书应当有明确的请求和事实依据，并附送有关证据材料。

第 25 条　商标局收到商标异议申请书后，经审查，符合受理条件的，予以受理，向申请人发出受理通知书。

第 26 条　商标异议申请有下列情形的，商标局不予受理，书面通知申请人并说明理由：

（一）未在法定期限内提出的；

（二）申请人主体资格、异议理由不符合商标法第三十三条规定的；

（三）无明确的异议理由、事实和法律依据的；

（四）同一异议人以相同的理由、事实和法律依据针对同一商标再次提出异议申请的。

第 27 条　商标局应当将商标异议材料副本及时送交被异议人，限其自收到商标异议材料副本之日起 30 日内答辩。被异议人不答辩的，不影响商标局作出决定。

当事人需要在提出异议申请或者答辩后补充有关证据材料的，应当在商标异议申请书或者答辩书中声明，并自提交商标异议申请书或者答辩书之日起 3 个月内提交；期满未提交的，视为当事人放弃补充有关证据材料。但是，在期满后生成或者当事人有其他正当理由未能在期满前提交的证据，在期满后提交的，商标局将证据交对方当事人并质证后可以采信。

第 28 条　商标法第三十五条第三款和第三十六条第一款所称不予注册决定，包括在部分指定商品上不予注册决定。

被异议商标在商标局作出准予注册决定或者不予注册决定前已经刊发注册公告的，撤销该注册公告。经审查异议不成立而准予注册的，在准予注册决定生效后重新公告。

第 29 条　商标注册申请人或者商标注册人依照商标法第三

十八条规定提出更正申请的，应当向商标局提交更正申请书。符合更正条件的，商标局核准后更正相关内容；不符合更正条件的，商标局不予核准，书面通知申请人并说明理由。

已经刊发初步审定公告或者注册公告的商标经更正的，刊发更正公告。

第三十七条　及时审查原则

对商标注册申请和商标复审申请应当及时进行审查。

● **部门规章及文件**

《商标注册申请快速审查办法（试行）》（2022年1月14日　国家知识产权局公告第467号）

第1条　为了服务国家高质量发展，落实知识产权领域"放管服"改革决策部署，依法快速审查涉及国家利益、社会公共利益或者重大区域发展战略的商标注册申请，根据《中华人民共和国商标法》和《中华人民共和国商标法实施条例》的有关规定，结合商标工作实际，制定本办法。

第2条　有下列情形之一的商标注册申请，可以请求快速审查：

（一）涉及国家或省级重大工程、重大项目、重大科技基础设施、重大赛事、重大展会等名称，且商标保护具有紧迫性的；

（二）在特别重大自然灾害、特别重大事故灾难、特别重大公共卫生事件、特别重大社会安全事件等突发公共事件期间，与应对该突发公共事件直接相关的；

（三）为服务经济社会高质量发展，推动知识产权强国建设纲要实施确有必要的；

（四）其他对维护国家利益、社会公共利益或者重大区域发展战略具有重大现实意义的。

第3条 请求快速审查的商标注册申请，应当同时符合以下条件：

（一）经全体申请人同意；

（二）采用电子申请方式；

（三）所申请注册的商标仅由文字构成；

（四）非集体商标、证明商标的注册申请；

（五）指定商品或服务项目与第二条所列情形密切相关，且为《类似商品和服务区分表》列出的标准名称；

（六）未提出优先权请求。

第4条 请求快速审查商标注册的申请，应当以纸件形式向国家知识产权局提交以下材料：

（一）商标注册申请快速审查请求书；

（二）符合本办法第二条规定的相关材料；

（三）中央和国家机关相关部门、省级人民政府或其办公厅出具的对快速审查请求的推荐意见；或者省级知识产权管理部门出具的对快速审查请求理由及相关材料真实性的审核意见。

第5条 国家知识产权局受理快速审查请求后，对符合本办法规定的，准予快速审查并依法作出审查决定。对不符合本办法规定的，不予快速审查，按照法律规定的一般程序审查。

第6条 国家知识产权局准予快速审查的，应当自同意之日起20个工作日内审查完毕。

第7条 在快速审查过程中，发现商标注册申请有下列情形之一的，可以终止快速审查程序，按法律规定的一般程序审查：

（一）商标注册申请依法应进行补正、说明或者修正，以及进行同日申请审查程序的；

（二）商标注册申请人提出快速审查请求后，又提出暂缓审查请求的；

（三）存在其他无法予以快速审查情形的。

第 8 条　快速审查的商标注册申请在依法作出审查决定后，依照法律有关规定，相关主体可以对初步审定公告的商标注册申请提出异议，对驳回或部分驳回的商标注册申请提出驳回复审。

第 9 条　国家知识产权局处理商标注册申请快速审查应当严格依法履职、秉公用权，接受纪检监察部门监督，确保快速审查工作在监督下规范透明运行。

第 10 条　易产生重大不良影响的商标注册申请的快速处置办法另行规定。

第 11 条　本办法由国家知识产权局负责解释。国家知识产权局商标局承担商标注册申请快速审查的具体工作。

第 12 条　本办法自发布之日起施行。其他有关商标注册申请快速审查的规定，凡与本办法相抵触的以本办法为准。

第三十八条　商标申请文件或注册文件错误的更正

商标注册申请人或者注册人发现商标申请文件或者注册文件有明显错误的，可以申请更正。商标局依法在其职权范围内作出更正，并通知当事人。

前款所称更正错误不涉及商标申请文件或者注册文件的实质性内容。

第四章　注册商标的续展、变更、转让和使用许可

第三十九条　注册商标的有效期限

注册商标的有效期为十年，自核准注册之日起计算。

第四十条　续展手续的办理

注册商标有效期满,需要继续使用的,商标注册人应当在期满前十二个月内按照规定办理续展手续;在此期间未能办理的,可以给予六个月的宽展期。每次续展注册的有效期为十年,自该商标上一届有效期满次日起计算。期满未办理续展手续的,注销其注册商标。

商标局应当对续展注册的商标予以公告。

第四十一条　注册商标的变更

注册商标需要变更注册人的名义、地址或者其他注册事项的,应当提出变更申请。

● **行政法规及文件**

《商标法实施条例》（2014年4月29日）

第17条　申请人变更其名义、地址、代理人、文件接收人或者删减指定的商品的,应当向商标局办理变更手续。

申请人转让其商标注册申请的,应当向商标局办理转让手续。

第30条　变更商标注册人名义、地址或者其他注册事项的,应当向商标局提交变更申请书。变更商标注册人名义的,还应当提交有关登记机关出具的变更证明文件。商标局核准的,发给商标注册人相应证明,并予以公告;不予核准的,应当书面通知申请人并说明理由。

变更商标注册人名义或者地址的,商标注册人应当将其全部注册商标一并变更;未一并变更的,由商标局通知其限期改正;期满未改正的,视为放弃变更申请,商标局应当书面通知申请人。

● **案例指引**

德国某公司、中国某公司与电器公司、龚某其等侵害商标权及不正当竞争纠纷案（《最高人民法院公报》2024 年第 9 期）

案例要旨：将与他人有一定影响的企业名称中的字号及他人的注册商标作为自身商标及字号使用，构成商标侵权及不正当竞争行为。在被诉侵权人拒不提交相关财务证据的情况下，可以参考权利人的主张和提供的证据判定赔偿数额；在案证据足以认定侵权人因侵权获得的利益明显超过反不正当竞争法规定的法定赔偿最高限额时，人民法院应当综合考虑被侵权人的知名度、侵权人的主观恶意程度、侵权行为的具体情节以及被侵权人为维权支出的合理费用等因素，在法定赔偿额以上确定赔偿数额。

第四十二条　注册商标的转让

转让注册商标的，转让人和受让人应当签订转让协议，并共同向商标局提出申请。受让人应当保证使用该注册商标的商品质量。

转让注册商标的，商标注册人对其在同一种商品上注册的近似的商标，或者在类似商品上注册的相同或者近似的商标，应当一并转让。

对容易导致混淆或者有其他不良影响的转让，商标局不予核准，书面通知申请人并说明理由。

转让注册商标经核准后，予以公告。受让人自公告之日起享有商标专用权。

● **案例指引**

某公司执行实施案（人民法院案例库 2024-17-5-102-009）

裁判摘要：根据《商标法》第 42 条第 2 款的规定，归属同一行业且文字、图形等要素均相同的近似商标具有整体价值，执行法院应当对近似商标予以整体拍卖。近似商标的判断具有专业性，执行部门应当听取当事人意见并征询商标行政主管部门意见，依法保护当事人的程序权利。整体拍卖的近似商标涉及不同执行案件的，应当分别评估确定各个商标的价值，原则上按照优先主义原则，根据各个案件的查封顺序、查封份额等向债权人分配拍卖款。但符合启动参与分配程序条件的，则应当按照优先权、普通债权比例等因素制作分配方案，按照参与分配制度执行。

第四十三条　注册商标的使用许可

商标注册人可以通过签订商标使用许可合同，许可他人使用其注册商标。许可人应当监督被许可人使用其注册商标的商品质量。被许可人应当保证使用该注册商标的商品质量。

经许可使用他人注册商标的，必须在使用该注册商标的商品上标明被许可人的名称和商品产地。

许可他人使用其注册商标的，许可人应当将其商标使用许可报商标局备案，由商标局公告。商标使用许可未经备案不得对抗善意第三人。

● 行政法规及文件

1.《商标法实施条例》（2014年4月29日）

第69条　许他人使用其注册商标的，许可人应当在许可合同有效期内向商标局备案并报送备案材料。备案材料应当说明注册商标使用许可人、被许可人、许可期限、许可使用的商品或者服务范围等事项。

● 司法解释及文件

2.《最高人民法院关于审理商标民事纠纷案件适用法律若干问题的解释》（2020年12月29日　法释〔2020〕19号）

第3条　商标法第四十三条规定的商标使用许可包括以下

三类：

（一）独占使用许可，是指商标注册人在约定的期间、地域和以约定的方式，将该注册商标仅许可一个被许可人使用，商标注册人依约定不得使用该注册商标；

（二）排他使用许可，是指商标注册人在约定的期间、地域和以约定的方式，将该注册商标仅许可一个被许可人使用，商标注册人依约定可以使用该注册商标但不得另行许可他人使用该注册商标；

（三）普通使用许可，是指商标注册人在约定的期间、地域和以约定的方式，许可他人使用其注册商标，并可自行使用该注册商标和许可他人使用其注册商标。

第五章　注册商标的无效宣告

第四十四条　注册不当商标的处理

已经注册的商标，违反本法第四条、第十条、第十一条、第十二条、第十九条第四款规定的，或者是以欺骗手段或者其他不正当手段取得注册的，由商标局宣告该注册商标无效；其他单位或者个人可以请求商标评审委员会宣告该注册商标无效。

商标局做出宣告注册商标无效的决定，应当书面通知当事人。当事人对商标局的决定不服的，可以自收到通知之日起十五日内向商标评审委员会申请复审。商标评审委员会应当自收到申请之日起九个月内做出决定，并书面通知当事人。有特殊情况需要延长的，经国务院工商行政管理部门批准，可以延长三个月。当事人对商标评审委员会的决定不服的，可以自收到通知之日起三十日内向人民法院起诉。

其他单位或者个人请求商标评审委员会宣告注册商标无效的，商标评审委员会收到申请后，应当书面通知有关当事人，并限期提出答辩。商标评审委员会应当自收到申请之日起九个月内做出维持注册商标或者宣告注册商标无效的裁定，并书面通知当事人。有特殊情况需要延长的，经国务院工商行政管理部门批准，可以延长三个月。当事人对商标评审委员会的裁定不服的，可以自收到通知之日起三十日内向人民法院起诉。人民法院应当通知商标裁定程序的对方当事人作为第三人参加诉讼。

第四十五条　对与他人在先权利相冲突的注册商标的处理

已经注册的商标，违反本法第十三条第二款和第三款、第十五条、第十六条第一款、第三十条、第三十一条、第三十二条规定的，自商标注册之日起五年内，在先权利人或者利害关系人可以请求商标评审委员会宣告该注册商标无效。对恶意注册的，驰名商标所有人不受五年的时间限制。

商标评审委员会收到宣告注册商标无效的申请后，应当书面通知有关当事人，并限期提出答辩。商标评审委员会应当自收到申请之日起十二个月内做出维持注册商标或者宣告注册商标无效的裁定，并书面通知当事人。有特殊情况需要延长的，经国务院工商行政管理部门批准，可以延长六个月。当事人对商标评审委员会的裁定不服的，可以自收到通知之日起三十日内向人民法院起诉。人民法院应当通知商标裁定程序的对方当事人作为第三人参加诉讼。

商标评审委员会在依照前款规定对无效宣告请求进行审查的过程中，所涉及的在先权利的确定必须以人民法院正在审理或者行政机关正在处理的另一案件的结果为依据的,可以中止审查。中止原因消除后,应当恢复审查程序。

● **案例指引**

线缆公司诉国家知识产权局、某公司商标权无效宣告请求行政纠纷案（人民法院案例库 2023-09-3-029-062）

裁判摘要：确定商标无效宣告请求五年期限的起算日时,应当区分不同的商标注册程序来确定。若商标申请注册过程中未经过商标异议程序,商标初审公告三个月期满之日,可以作为商标无效宣告请求五年期限的起算日。但商标申请注册过程中经过异议或异议复审程序,该商标最终是否能获得授权处于不确定状态,不宜一概将商标初审公告三个月期满之日视为"商标注册之日",对于异议经审查不成立的,可以将商标准许注册日作为商标无效宣告五年期限的起算日。

第四十六条 有关宣告注册商标无效或维持的决定、裁定生效

法定期限届满,当事人对商标局宣告注册商标无效的决定不申请复审或者对商标评审委员会的复审决定、维持注册商标或者宣告注册商标无效的裁定不向人民法院起诉的,商标局的决定或者商标评审委员会的复审决定、裁定生效。

● **案例指引**

装备库公司诉国家知识产权局、贸易公司商标无效宣告行政纠纷案（人民法院案例库 2023-09-3-029-050）

裁判摘要：在商标无效宣告请求案件中,审查判断商标的注册是否属于《商标法》第44条"以其他不正当手段取得注册"情形,要考虑其是否属于欺骗手段以外的扰乱商标注册秩序、损害公共利益、不正当占用公共资源或者以其他方式谋取不正当利益的手段。

申请注册商标，应具有使用的真实意图，申请商标的行为应具有合理性或正当性，超过正常生产经营需要，注册大量商标，无法证明注册目的正当性的，构成《商标法》第44条"以其他不正当手段取得注册"情形。

第四十七条　宣告注册商标无效的法律效力

依照本法第四十四条、第四十五条的规定宣告无效的注册商标，由商标局予以公告，该注册商标专用权视为自始即不存在。

宣告注册商标无效的决定或者裁定，对宣告无效前人民法院做出并已执行的商标侵权案件的判决、裁定、调解书和工商行政管理部门做出并已执行的商标侵权案件的处理决定以及已经履行的商标转让或者使用许可合同不具有追溯力。但是，因商标注册人的恶意给他人造成的损失，应当给予赔偿。

依照前款规定不返还商标侵权赔偿金、商标转让费、商标使用费，明显违反公平原则的，应当全部或者部分返还。

第六章　商标使用的管理

第四十八条　商标的使用

本法所称商标的使用，是指将商标用于商品、商品包装或者容器以及商品交易文书上，或者将商标用于广告宣传、展览以及其他商业活动中，用于识别商品来源的行为。

● 案例指引

1. **食品公司不服市工商局商标侵权行政处罚案**（《最高人民法院公报》2013年第10期）

案例要旨：判断商品上的标识是否属于商标性使用时，必须根据该标识的具体使用方式，看其是否具有识别商品或服务来源之功能；侵犯注册商标专用权意义上商标近似应当是混淆性近似，是否造成市场混淆是判断商标近似的重要因素之一。其中，是否造成市场混淆，通常情况下，不仅包括现实的混淆，也包括混淆的可能性；工商行政机关依法对行政相对人的商标侵权行为实施行政处罚时，应遵循过罚相当原则，综合考虑处罚相对人的主观过错程度、违法行为的情节、性质、后果及危害程度等因素行使自由裁量权。工商行政机关如果未考虑上述应当考虑的因素，违背过罚相当原则，导致行政处罚结果显失公正的，人民法院有权依法判决变更。

2. 国际贸易公司与管道系统公司等侵害商标权、虚假宣传纠纷案（《最高人民法院公报》2019 年第 3 期）

案例要旨：经营者为说明品牌代理销售商的变化，在善意、合理的限度内使用他人注册商标，属于商标正当使用，不构成商标侵权。在如实、详细告知消费者商品销售代理商及品牌变化的情况下，新代理商在宣传中使用原代理商注册商标不会导致相关公众产生误解，不构成虚假宣传。

第四十九条　违法使用注册商标

商标注册人在使用注册商标的过程中，自行改变注册商标、注册人名义、地址或者其他注册事项的，由地方工商行政管理部门责令限期改正；期满不改正的，由商标局撤销其注册商标。

注册商标成为其核定使用的商品的通用名称或者没有正当理由连续三年不使用的，任何单位或者个人可以向商标局申请撤销该注册商标。商标局应当自收到申请之日起九个月内做出决定。有特殊情况需要延长的，经国务院工商行政管理部门批准，可以延长三个月。

● **行政法规及文件**

《商标法实施条例》（2014年4月29日）

第39条 商标国际注册申请指定的商品或者服务不得超出国内基础申请或者基础注册的商品或者服务的范围。

第40条 商标国际注册申请手续不齐备或者未按照规定填写申请书的，商标局不予受理，申请日不予保留。

申请手续基本齐备或者申请书基本符合规定，但需要补正的，申请人应当自收到补正通知书之日起30日内予以补正，逾期未补正的，商标局不予受理，书面通知申请人。

第41条 通过商标局向国际局申请商标国际注册及办理其他有关申请的，应当按照规定缴纳费用。

申请人应当自收到商标局缴费通知单之日起15日内，向商标局缴纳费用。期满未缴纳的，商标局不受理其申请，书面通知申请人。

第65条 有商标法第四十九条规定的注册商标成为其核定使用的商品通用名称情形的，任何单位或者个人可以向商标局申请撤销该注册商标，提交申请时应当附送证据材料。商标局受理后应当通知商标注册人，限其自收到通知之日起2个月内答辩；期满未答辩的，不影响商标局作出决定。

第66条 有商标法第四十九条规定的注册商标无正当理由连续3年不使用情形的，任何单位或者个人可以向商标局申请撤销该注册商标，提交申请时应当说明有关情况。商标局受理后应当通知商标注册人，限其自收到通知之日起2个月内提交该商标在撤销申请提出前使用的证据材料或者说明不使用的正当理由；期满未提供使用的证据材料或者证据材料无效并没有正当理由的，由商标局撤销其注册商标。

前款所称使用的证据材料，包括商标注册人使用注册商标的证据材料和商标注册人许可他人使用注册商标的证据材料。

以无正当理由连续 3 年不使用为由申请撤销注册商标的,应当自该注册商标注册公告之日起满 3 年后提出申请。

第 67 条 下列情形属于商标法第四十九条规定的正当理由:
(一)不可抗力;
(二)政府政策性限制;
(三)破产清算;
(四)其他不可归责于商标注册人的正当事由。

● 案例指引

1. **材料公司诉国家知识产权局、某水泥厂商标权撤销复审行政纠纷案**(人民法院案例库 2023-09-3-029-040)

裁判摘要:商标三年不使用撤销制度的目的在于激励商标实际使用行为,清理"囤而不用"的注册商标。在商标权人具有明确使用目的且实际使用的情况下,对于商品分类的争议,应当考虑商标权人业已形成的合法利益。实际使用的商品不属于《类似商品和服务区分表》中的规范商品名称的,在认定具体商品所属类别时,应结合该商品功能、用途、生产部门、消费渠道、消费群体,并考虑消费习惯、生产模式、行业经验等市场因素综合认定。

2. **信息咨询公司诉国家知识产权局商标权撤销复审行政纠纷案**(人民法院案例库 2023-09-3-029-004)

裁判摘要:审查判断注册商标是否成为《商标法》第 49 条第 2 款中的通用名称,一般应以当事人向行政审查部门提出撤销申请时的事实状态为准。考虑到注册商标从成为通用名称到权利灭失存在时间差,时间差越长,对其他经营者越不公平,对竞争秩序的维护越不利,而采纳行政机关审查及法院审理过程中的事实,避免重新启动撤销程序,有利于缩短时间差,维护公平竞争的市场秩序。对于注册商标因通用化而失权,不以商标权利人在通用化的过程中存在主观过错为前提。《商标法》第 49 条第 2 款中因成为通用名称而予以撤销的商品应仅限于通用名称所指向的商品,而不包括类似商品。

3. 倪某诉国家知识产权局、实业公司商标撤销复审行政纠纷案
（人民法院案例库 2023-09-3-029-038）

裁判摘要：商标使用应当具有真实性和指向性，即商标使用是商标权人控制下的使用，该使用行为能够表达出该商标与特定商品或服务的关联性，能够使相关公众意识到该商标指向了特定的商品或服务。对于仅以或主要以维持注册效力为目的的"象征性"使用商标的行为，不应视为在商标法意义上的使用。

第五十条　对被撤销、宣告无效或者注销的商标的管理

注册商标被撤销、被宣告无效或者期满不再续展的，自撤销、宣告无效或者注销之日起一年内，商标局对与该商标相同或者近似的商标注册申请，不予核准。

● **行政法规及文件**

《商标法实施条例》（2014 年 4 月 29 日）

第 74 条　注册商标被撤销或者依照本条例第七十三条的规定被注销的，原《商标注册证》作废，并予以公告；撤销该商标在部分指定商品上的注册的，或者商标注册人申请注销其商标在部分指定商品上的注册的，重新核发《商标注册证》，并予以公告。

第五十一条　对强制注册商标的管理

违反本法第六条规定的，由地方工商行政管理部门责令限期申请注册，违法经营额五万元以上的，可以处违法经营额百分之二十以下的罚款，没有违法经营额或者违法经营额不足五万元的，可以处一万元以下的罚款。

● **法　律**

《商标法》（2019 年 4 月 23 日）

第 6 条　法律、行政法规规定必须使用注册商标的商品，必

须申请商标注册，未经核准注册的，不得在市场销售。

第五十二条　对未注册商标的管理

将未注册商标冒充注册商标使用的，或者使用未注册商标违反本法第十条规定的，由地方工商行政管理部门予以制止，限期改正，并可以予以通报，违法经营额五万元以上的，可以处违法经营额百分之二十以下的罚款，没有违法经营额或者违法经营额不足五万元的，可以处一万元以下的罚款。

● **案例指引**

王某永诉服饰公司、百货公司侵害商标权纠纷案（最高人民法院指导案例82号）

案例要旨：当事人违反诚信原则，损害他人合法权益，扰乱市场正当竞争秩序，恶意取得、行使商标权并主张他人侵权的，人民法院应当以构成权利滥用为由，判决对其诉讼请求不予支持。

第五十三条　违法使用驰名商标的责任

违反本法第十四条第五款规定的，由地方工商行政管理部门责令改正，处十万元罚款。

第五十四条　对撤销或不予撤销注册商标决定的复审

对商标局撤销或者不予撤销注册商标的决定，当事人不服的，可以自收到通知之日起十五日内向商标评审委员会申请复审。商标评审委员会应当自收到申请之日起九个月内做出决定，并书面通知当事人。有特殊情况需要延长的，经国务院工商行政管理部门批准，可以延长三个月。当事人对商标评审委员会的决定不服的，可以自收到通知之日起三十日内向人民法院起诉。

| 第五十五条 | 撤销注册商标决定的生效 |

　　法定期限届满，当事人对商标局做出的撤销注册商标的决定不申请复审或者对商标评审委员会做出的复审决定不向人民法院起诉的，撤销注册商标的决定、复审决定生效。

　　被撤销的注册商标，由商标局予以公告，该注册商标专用权自公告之日起终止。

第七章　注册商标专用权的保护

| 第五十六条 | 注册商标专用权的保护范围 |

　　注册商标的专用权，以核准注册的商标和核定使用的商品为限。

● 法　律

《商标法》（2019 年 4 月 23 日）

　　第 3 条　经商标局核准注册的商标为注册商标，包括商品商标、服务商标和集体商标、证明商标；商标注册人享有商标专用权，受法律保护。

　　本法所称集体商标，是指以团体、协会或者其他组织名义注册，供该组织成员在商事活动中使用，以表明使用者在该组织中的成员资格的标志。

　　本法所称证明商标，是指由对某种商品或者服务具有监督能力的组织所控制，而由该组织以外的单位或者个人使用于其商品或者服务，用以证明该商品或者服务的原产地、原料、制造方法、质量或者其他特定品质的标志。

　　集体商标、证明商标注册和管理的特殊事项，由国务院工商行政管理部门规定。

● **案例指引**

1. **某卤制品厂诉柏某娣商标侵权纠纷案**（《最高人民法院公报》2005年第8期）

  案例要旨：生产者在商品包装上标明的实际产地，虽然与相同或者类似商品的注册商标中含有的地名相同，但不会造成消费者对商品的混淆、误认的，属于《商标法实施条例》规定的正当使用。

2. **信息公司诉金融公司商标权权属、侵权纠纷案**（人民法院案例库2023-09-2-159-040）

  裁判摘要：互联网+模式下，互联网平台成为一种工具载体。APP（应用程序）作为提供服务的载体，不同于传统上将计算机软件作为销售对象直接将软件作为商品出售，应当区分互联网+下新型业态的商品或服务类别时，不能仅以其载体作为区分商品（服务）类别的依据，应根据所涉商品（服务）自身目的、功能、内容等，综合考虑商品或服务的本质特征，做出更符合行业实际的判断。对于依托互联网平台提供的金融理财服务，虽然通过移动终端上使用APP程序提供客户使用，但该APP程序只是实现服务的工具，其金融理财服务内容自身并未发生实质性变化，仍应归入金融服务。

第五十七条   **商标侵权行为**

  有下列行为之一的，均属侵犯注册商标专用权：

  （一）未经商标注册人的许可，在同一种商品上使用与其注册商标相同的商标的；

  （二）未经商标注册人的许可，在同一种商品上使用与其注册商标近似的商标，或者在类似商品上使用与其注册商标相同或者近似的商标，容易导致混淆的；

  （三）销售侵犯注册商标专用权的商品的；

  （四）伪造、擅自制造他人注册商标标识或者销售伪造、擅自制造的注册商标标识的；

（五）未经商标注册人同意，更换其注册商标并将该更换商标的商品又投入市场的；

（六）故意为侵犯他人商标专用权行为提供便利条件，帮助他人实施侵犯商标专用权行为的；

（七）给他人的注册商标专用权造成其他损害的。

● 法　律

1.《烟草专卖法》（2015年4月24日）

第19条　卷烟、雪茄烟和有包装的烟丝必须申请商标注册，未经核准注册的，不得生产、销售。

禁止生产、销售假冒他人注册商标的烟草制品。

第33条　生产、销售没有注册商标的卷烟、雪茄烟、有包装的烟丝的，由工商行政管理部门责令停止生产、销售，并处罚款。

生产、销售假冒他人注册商标的烟草制品的，由工商行政管理部门责令停止侵权行为，赔偿被侵权人的损失，可以并处罚款；构成犯罪的，依法追究刑事责任。

第34条　违反本法第二十条的规定，非法印制烟草制品商标标识的，由工商行政管理部门销毁印制的商标标识，没收违法所得，并处罚款。

● 行政法规及文件

2.《商标法实施条例》（2014年4月29日）

第75条　为侵犯他人商标专用权提供仓储、运输、邮寄、印制、隐匿、经营场所、网络商品交易平台等，属于商标法第五十七条第六项规定的提供便利条件。

第76条　在同一种商品或者类似商品上将与他人注册商标相同或者近似的标志作为商品名称或者商品装潢使用，误导公众的，属于商标法第五十七条第二项规定的侵犯注册商标专用权的行为。

● 司法解释及文件

3.《最高人民法院关于审理商标民事纠纷案件适用法律若干问题的解释》（2020年12月29日　法释〔2020〕19号）

第1条　下列行为属于商标法第五十七条第（七）项规定的给他人注册商标专用权造成其他损害的行为：

（一）将与他人注册商标相同或者相近似的文字作为企业的字号在相同或者类似商品上突出使用，容易使相关公众产生误认的；

（二）复制、摹仿、翻译他人注册的驰名商标或其主要部分在不相同或者不相类似商品上作为商标使用，误导公众，致使该驰名商标注册人的利益可能受到损害的；

（三）将与他人注册商标相同或者相近似的文字注册为域名，并且通过该域名进行相关商品交易的电子商务，容易使相关公众产生误认的。

第9条　商标法第五十七条第（一）（二）项规定的商标相同，是指被控侵权的商标与原告的注册商标相比较，二者在视觉上基本无差别。

商标法第五十七条第（二）项规定的商标近似，是指被控侵权的商标与原告的注册商标相比较，其文字的字形、读音、含义或者图形的构图及颜色，或者其各要素组合后的整体结构相似，或者其立体形状、颜色组合近似，易使相关公众对商品的来源产生误认或者认为其来源与原告注册商标的商品有特定的联系。

第10条　人民法院依据商标法第五十七条第（一）（二）项的规定，认定商标相同或者近似按照以下原则进行：

（一）以相关公众的一般注意力为标准；

（二）既要进行对商标的整体比对，又要进行对商标主要部分的比对，比对应当在比对对象隔离的状态下分别进行；

（三）判断商标是否近似，应当考虑请求保护注册商标的显著性和知名度。

第 11 条 商标法第五十七条第（二）项规定的类似商品，是指在功能、用途、生产部门、销售渠道、消费对象等方面相同，或者相关公众一般认为其存在特定联系、容易造成混淆的商品。

类似服务，是指在服务的目的、内容、方式、对象等方面相同，或者相关公众一般认为存在特定联系、容易造成混淆的服务。

商品与服务类似，是指商品和服务之间存在特定联系，容易使相关公众混淆。

第 12 条 人民法院依据商标法第五十七条第（二）项的规定，认定商品或者服务是否类似，应当以相关公众对商品或者服务的一般认识综合判断；《商标注册用商品和服务国际分类表》《类似商品和服务区分表》可以作为判断类似商品或者服务的参考。

第 18 条 侵犯注册商标专用权的诉讼时效为三年，自商标注册人或者利害权利人知道或者应当知道权利受到损害以及义务人之日起计算。商标注册人或者利害关系人超过三年起诉的，如果侵权行为在起诉时仍在持续，在该注册商标专用权有效期限内，人民法院应当判决被告停止侵权行为，侵权损害赔偿数额应当自权利人向人民法院起诉之日起向前推算三年计算。

● **案例指引**

1. 曹某冬与沱茶公司侵害商标权纠纷案（《最高人民法院公报》2018 年第 10 期）

案例要旨：注册商标权属于标识性民事权利，商标权人不仅有权禁止他人在相同类似商品上使用该注册商标标识，更有权使用注册商标标识其商品或者服务，在相关公众中建立该商标标识与其商品来源的联系。相关公众是否会混淆误认,既包括将使用被诉侵权标识的商品误认为商标权人的商品或者与商标权人有某种联系,也包括将商标权人的商品误认为被诉侵权人的商品或者误认商标权人与被诉侵权人有某种联系,妨碍商标权人行使其注册商标专用权,进而实质性妨碍该注册商标发挥识别作用。

2. **品牌管理公司诉投资管理公司侵害商标权及不正当竞争纠纷案**(《最高人民法院公报》2017年第8期)

  案例要旨:合法取得销售商品权利的经营者,可以在商品销售中对商标权人的商品商标进行指示性使用,但应当限于指示商品来源,如超出了指示商品来源所必需的范围,则会对相关的服务商标专用权构成侵害。商标使用行为可能导致相关公众误认为销售服务系商标权人提供或者与商标权人存在商标许可等关联关系的,应认定已经超出指示所销售商品来源所必要的范围而具备了指示、识别服务来源的功能。

3. **甲刀具公司诉乙刀具公司侵犯商标专用权纠纷案**(《最高人民法院公报》2014年第10期)

  案例要旨:未经许可擅自将他人所有的注册商标完全嵌入在自己未经注册的产品标识中,并使用在同类商品上,易使相关公众误认为涉案产品的来源与注册商标的商品具有特定的关联,应当被认定为商标近似侵权。

4. **甲桃片公司诉乙桃片公司、余某华侵害商标权及不正当竞争纠纷案**(最高人民法院指导案例58号)

  案例要旨:与"老字号"无历史渊源的个人或企业将"老字号"或与其近似的字号注册为商标后,以"老字号"的历史进行宣传,应认定为虚假宣传,构成不正当竞争。与"老字号"具有历史渊源的个人或企业在未违反诚实信用原则的前提下,将"老字号"注册为个体工商户字号或企业名称,未引人误认且未突出使用该字号的,不构成不正当竞争或侵犯注册商标专用权。

5. **某公司、甲咖啡馆诉乙咖啡馆、乙咖啡馆某分公司商标侵权及不正当竞争纠纷案**（《最高人民法院公报》2007年第6期）

　　案例要旨：将他人驰名商标作为自己的企业字号，足以造成相关公众对商标注册人与企业名称所有人产生误认或者误解的，属于《商标法》规定的"给他人的注册商标专用权造成其他损害的"行为，依法应当承担侵权责任。

6. **某集团诉某饭店侵犯商标专用权纠纷案**（《最高人民法院公报》2008年第2期）

　　案例要旨：服务商标又称为服务标志，是服务行业的经营者为了将自己提供的服务与他人提供的服务区别开来而使用的一种专用标志。行为人将与他人已注册的服务商标相同或近似的文字用作其商品名称，如果行为人对该商品名称的使用构成在先使用，且不属于违背商业道德，出于为争夺市场而利用他人已注册的服务商标声誉的主观恶意，故意实施侵权行为的，只要行为人规范使用该商品名称，即不存在侵犯他人已注册的服务商标专用权的问题。但是，如果行为人将该商品名称用于宣传牌匾、墙体广告和指示牌，突出使用该商品名称或将该商品名称与自己的字号割裂开来独立使用，容易使消费者产生误认的，则构成对他人已注册服务商标专用权的侵犯。

7. **酿酒公司诉酒业公司、酿造公司、某经销部商标权权属、侵权纠纷案**（人民法院案例库2023-09-2-159-061）

　　裁判摘要：认定被诉侵权标识是否侵害了他人注册商标专用权，应当结合注册商标的知名度、被诉侵权标识的使用方式等因素，以相关公众的通常认知为标准进行判断。在被诉侵权标识与注册商标高度近似、注册商标经使用具有较高知名度的情况下，即使被诉侵权商品上还同时标注被诉侵权人的注册商标或其他信息，亦不足以避免相关公众的混淆误认；该行为割裂注册商标与权利人的对应关系，实质性损害注册商标发挥识别商品来源的基本功能，应认定该行为对注册商标权构成侵害。

8. 瑞士某公司诉建设发展公司商标权权属、侵权纠纷案（人民法院案例库 2023-09-2-159-010）

  裁判摘要：市场管理者与市场内的商户之间并非仅是提供经营场地的租赁关系，其还对市场内的商户负有经营管理、引导、督促守法经营的权利和义务。市场管理者明知市场内存在销售涉案侵权产品的行为，未能采取有效充分的措施阻止侵权行为的再次发生，存在过错，客观上为销售侵权商品的行为提供了便利。根据《商标法》相关规定，属于侵犯他人注册商标专用权的行为。

9. 某集团诉房地产公司商标权权属、侵权及不正当竞争纠纷案（人民法院案例库 2023-09-2-159-020）

  裁判摘要：根据民法关于善意保护的原则，在物权等其他财产权与商标权等知识产权发生冲突时，应以其他财产权取得和行使是否善意作为权利界限和是否容忍的标准，同时应兼顾对公共利益的保护。在被诉侵权楼盘已经销售完毕，小区居民入住多年，被诉侵权标识已经相关政府部门批准命名为小区名称，且市政部门已将小区名称命名为相应公交站点等情况下，如果判令停止使用侵权名称，拆除相关标识，会导致商标权人与公共利益及小区居民利益的失衡。故不再判令停止使用该小区名称及拆除相关标识。

第五十八条　不正当竞争

  将他人注册商标、未注册的驰名商标作为企业名称中的字号使用，误导公众，构成不正当竞争行为的，依照《中华人民共和国反不正当竞争法》处理。

● 法　律

《反不正当竞争法》（2019 年 4 月 23 日）

  第 6 条　经营者不得实施下列混淆行为，引人误认为是他人商品或者与他人存在特定联系：

（一）擅自使用与他人有一定影响的商品名称、包装、装潢等相同或者近似的标识；

（二）擅自使用他人有一定影响的企业名称（包括简称、字号等）、社会组织名称（包括简称等）、姓名（包括笔名、艺名、译名等）；

（三）擅自使用他人有一定影响的域名主体部分、网站名称、网页等；

（四）其他足以引人误认为是他人商品或者与他人存在特定联系的混淆行为。

第 18 条　经营者违反本法第六条规定实施混淆行为的，由监督检查部门责令停止违法行为，没收违法商品。违法经营额五万元以上的，可以并处违法经营额五倍以下的罚款；没有违法经营额或者违法经营额不足五万元的，可以并处二十五万元以下的罚款。情节严重的，吊销营业执照。

经营者登记的企业名称违反本法第六条规定的，应当及时办理名称变更登记；名称变更前，由原企业登记机关以统一社会信用代码代替其名称。

● 案例指引

1. 某包子铺与餐饮管理公司侵害商标权与不正当竞争纠纷案（《最高人民法院公报》2018 年第 12 期）

案例要旨：《商标法》鼓励生产、经营者通过诚实经营保证商品和服务质量，建立与其自身商业信誉相符的知名度，不断提升商标的品牌价值，同时保障消费者和生产、经营者的利益。公民享有合法的姓名权，当然可以合理使用自己的姓名。但是，公民在将其姓名作为商标或企业字号进行商标使用时，不得违反诚信原则，不得侵害他人的在先权利。明知他人注册商标或字号具有较高的知名度和影响力，仍注册与他人字号相同的企业字号，在同类商品或服务上突出使用与他人注册商标相同或相近似的商标或字号，明显具有攀附他人注册商标或字号知名度的恶意，容易使相关公众产生误会，其行为不属于对姓名的合理使用，构成侵害他人注册商标专用权和不正当竞争。

2. 甲调味食品公司乙调味食品公司侵害商标权及不正当竞争纠纷案（最高人民法院公布八起知识产权司法保护典型案例之二）①

裁判摘要：不正当竞争行为的本质是通过非法或不合理手段利用他人的影响力提高自己产品的竞争力，或者通过不正当地贬低他人来提升自己的声誉或竞争力。因此，不正当竞争关键应当从两个方面进行认定：第一，实施的行为是否合法、合理，即是否具备正当性；第二，不正当行为是否造成了对其他经营者的不利影响，即是否存在危害后果。企业将他人注册商标中的字词登记为企业字号，且生产的商品与注册商标权人相同，在一定程度上表明具有攀附他人商标商誉的恶意，而该企业因产品质量问题被曝光进而影响注册商标权人声誉的，则进一步表明其行为导致了公众发生混淆或误认，最终对商标权人的商誉产生了实际损害，因此其行为构成不正当竞争行为。

第五十九条　注册商标专用权行使限制

> 注册商标中含有的本商品的通用名称、图形、型号，或者直接表示商品的质量、主要原料、功能、用途、重量、数量及其他特点，或者含有的地名，注册商标专用权人无权禁止他人正当使用。
>
> 三维标志注册商标中含有的商品自身的性质产生的形状、为获得技术效果而需有的商品形状或者使商品具有实质性价值的形状，注册商标专用权人无权禁止他人正当使用。

---

① 载最高人民法院网站，http://gongbao.court.gov.cn/Details/401f6fd5c5fa409f95bc27551cabd2.html，2024年11月22日访问，以下不再标注。

> 商标注册人申请商标注册前,他人已经在同一种商品或者类似商品上先于商标注册人使用与注册商标相同或者近似并有一定影响的商标的,注册商标专用权人无权禁止该使用人在原使用范围内继续使用该商标,但可以要求其附加适当区别标识。

● 请示答复

1. 《国家知识产权局关于〈商标法〉第五十九条第三款法律适用问题的批复》（2021年5月21日　国知发保函字〔2021〕77号）

上海市知识产权局：

《上海市知识产权局关于〈商标法〉第五十九条第三款相关法律适用问题的请示》（沪知局〔2020〕7号）收悉。经研究，现批复如下：

《商标法》第五十九条第三款规定"商标注册人申请商标注册前，他人已经在同一种商品或者类似商品上先于商标注册人使用与注册商标相同或者近似并有一定影响的商标的，注册商标专用权人无权禁止该使用人在原使用范围内继续使用该商标，但可以要求其附加适当区别标识。"

该款规定的目的在于平衡商标注册人和商标在先使用人之间的利益，在不损害商标权注册取得制度的基础上，维护在市场上已经具有一定影响但未注册商标的在先使用人的权益。我局认为适用该款规定，在先使用人须同时满足以下五个要件：一是在商标注册人申请商标注册前已经使用；二是先于商标注册人使用；三是在商标注册人申请商标注册前的使用达到"有一定影响"的程度；四是不得超出原经营商品或服务、原经营区域等原使用范围；五是商标注册人要求其附加适当区别标识的，在先使用人应当附加区别标识。

2. 《国家知识产权局关于商品形状与他人同类商品注册商标图形一致的行为是否构成侵犯注册商标专用权的批复》（2021年9月8日 国知发保函字〔2021〕137号）

四川省知识产权局：

《关于销售商品形状与他人同类商品注册商标图形一致的行为是否构成侵犯注册商标专用权的请示》（川知函〔2020〕16号）收悉。经研究，现批复如下：

一、权利人商标基本情况

香奈儿股份有限公司第768790号"CC"商标于1995年9月28日获准注册，核定使用商品为《商标注册用商品和服务国际分类》第14类"珠宝；首饰；项链；金银制艺术品"等商品，该商标经过多次续展，专用期限至2025年9月27日。

梵克雅宝有限公司第15395177号"❖"商标于2015年11月7日获准注册，核定使用商品为《商标注册用商品和服务国际分类》第14类"珍珠（珠宝）；珠宝首饰；宝石；未加工或半加工贵重金属；项链（首饰）；钟；表壳"等商品，专用期限至2025年11月6日。

二、批复意见

依据你局请示所附材料，前述两商标具有较高知名度和显著性，与权利人已形成唯一对应关系，相关消费者也已将商标与权利人紧密联系在一起。将该商标图样作为商品形状，实际上已经具备了识别商品来源作用，易使相关公众对商品来源产生误认，此种行为属于《商标法实施条例》第七十六条规定的"在同一种商品或者类似商品上将于他人注册商标相同或者近似的标志作为商品名称或者商品装潢使用，误导公众的，属于商标法第五十七条第二项规定的侵犯注册商标专用权的行为"。

请你局依据批复意见并结合具体案情指导相关部门依法依规办理该案件，结果及时报送我局知识产权保护司。

特此批复。

● 案例指引

1. 咨询公司诉制药公司等侵害商标权及不正当竞争纠纷案（人民法院案例库 2023-09-2-159-001）

裁判摘要：被告商品在先已经进行一定广告宣传，形成一定影响。在明知他人商品已存在于市场的情况下，恶意申请注册与他人商品包装近似的商标并行使权利，并以上述商标作为权利基础起诉他人侵权的，被诉侵权行为应当被认定属于《商标法》第 59 条第 3 款规定的商标权人无权禁止在先使用人在原使用范围内继续使用的情形。

2. 甲公司诉乙公司、某店侵害商标权及不正当竞争纠纷案（人民法院案例库 2023-09-2-159-028）

裁判摘要：认定是否构成商标先用权抗辩中的"在原使用范围内继续使用该商标"，应当考虑商标使用的地域范围和经营规模。商业主体虽在先使用商业标识，但在他人就该标识获得注册之后，该商业主体又在原经营范围之外开设新的分支机构，并在该分支机构的经营中使用与注册商标相同或近似标识的，不属于《商标法》第 59 条第 3 款规定的"在原使用范围内继续使用该商标"的情形。

第六十条　侵犯注册商标专用权的责任

有本法第五十七条所列侵犯注册商标专用权行为之一，引起纠纷的，由当事人协商解决；不愿协商或者协商不成的，商标注册人或者利害关系人可以向人民法院起诉，也可以请求工商行政管理部门处理。

工商行政管理部门处理时，认定侵权行为成立的，责令立即停止侵权行为，没收、销毁侵权商品和主要用于制造侵权商品、伪造注册商标标识的工具，违法经营额五万元以上的，可以处违法经营额五倍以下的罚款,没有违法经营额或者违法经营额不足五万元的,可以处二十五万元以下的罚款。对五年内实施两次以上商标侵权行为或者有其他严重情节的,应当从重处罚。销售不知道是侵犯注册商标专用权的商品,能证明该商品是自己合法取得并说明提供者的,由工商行政管理部门责令停止销售。

对侵犯商标专用权的赔偿数额的争议,当事人可以请求进行处理的工商行政管理部门调解,也可以依照《中华人民共和国民事诉讼法》向人民法院起诉。经工商行政管理部门调解,当事人未达成协议或者调解书生效后不履行的,当事人可以依照《中华人民共和国民事诉讼法》向人民法院起诉。

● 行政法规及文件

1. 《商标法实施条例》(2014年4月29日)

第78条 计算商标法第六十条规定的违法经营额,可以考虑下列因素:

(一)侵权商品的销售价格;

(二)未销售侵权商品的标价;

(三)已查清侵权商品实际销售的平均价格;

(四)被侵权商品的市场中间价格;

(五)侵权人因侵权所产生的营业收入;

(六)其他能够合理计算侵权商品价值的因素。

第79条 下列情形属于商标法第六十条规定的能证明该商品是自己合法取得的情形:

(一)有供货单位合法签章的供货清单和货款收据且经查证属实或者供货单位认可的;

(二)有供销双方签订的进货合同且经查证已真实履行的;

(三)有合法进货发票且发票记载事项与涉案商品对应的;

（四）其他能够证明合法取得涉案商品的情形。

● 部门规章及文件

2.《**商标侵权判断标准**》（2020 年 6 月 15 日　国知发保字〔2020〕23 号）

第 1 条　为加强商标执法指导工作，统一执法标准，提升执法水平，强化商标专用权保护，根据《中华人民共和国商标法》（以下简称商标法）、《中华人民共和国商标法实施条例》（以下简称商标法实施条例）以及相关法律法规、部门规章，制定本标准。

第 2 条　商标执法相关部门在处理、查处商标侵权案件时适用本标准。

第 3 条　判断是否构成商标侵权，一般需要判断涉嫌侵权行为是否构成商标法意义上的商标的使用。

商标的使用，是指将商标用于商品、商品包装、容器、服务场所以及交易文书上，或者将商标用于广告宣传、展览以及其他商业活动中，用以识别商品或者服务来源的行为。

第 4 条　商标用于商品、商品包装、容器以及商品交易文书上的具体表现形式包括但不限于：

（一）采取直接贴附、刻印、烙印或者编织等方式将商标附着在商品、商品包装、容器、标签等上，或者使用在商品附加标牌、产品说明书、介绍手册、价目表等上；

（二）商标使用在与商品销售有联系的交易文书上，包括商品销售合同、发票、票据、收据、商品进出口检验检疫证明、报关单据等。

第 5 条　商标用于服务场所以及服务交易文书上的具体表现形式包括但不限于：

（一）商标直接使用于服务场所，包括介绍手册、工作人员服饰、招贴、菜单、价目表、名片、奖券、办公文具、信笺以及其他提供服务所使用的相关物品上；

（二）商标使用于和服务有联系的文件资料上，如发票、票据、收据、汇款单据、服务协议、维修维护证明等。

第6条 商标用于广告宣传、展览以及其他商业活动中的具体表现形式包括但不限于：

（一）商标使用在广播、电视、电影、互联网等媒体中，或者使用在公开发行的出版物上，或者使用在广告牌、邮寄广告或者其他广告载体上；

（二）商标在展览会、博览会上使用，包括在展览会、博览会上提供的使用商标的印刷品、展台照片、参展证明及其他资料；

（三）商标使用在网站、即时通讯工具、社交网络平台、应用程序等载体上；

（四）商标使用在二维码等信息载体上；

（五）商标使用在店铺招牌、店堂装饰装潢上。

第7条 判断是否为商标的使用应当综合考虑使用人的主观意图、使用方式、宣传方式、行业惯例、消费者认知等因素。

第8条 未经商标注册人许可的情形包括未获得许可或者超出许可的商品或者服务的类别、期限、数量等。

第9条 同一种商品是指涉嫌侵权人实际生产销售的商品名称与他人注册商标核定使用的商品名称相同的商品，或者二者商品名称不同但在功能、用途、主要原料、生产部门、消费对象、销售渠道等方面相同或者基本相同，相关公众一般认为是同种商品。

同一种服务是指涉嫌侵权人实际提供的服务名称与他人注册商标核定使用的服务名称相同的服务，或者二者服务名称不同但在服务的目的、内容、方式、提供者、对象、场所等方面相同或者基本相同，相关公众一般认为是同种服务。

核定使用的商品或者服务名称是指国家知识产权局在商标注册工作中对商品或者服务使用的名称，包括《类似商品和服务区分表》（以下简称区分表）中列出的商品或者服务名称和未在区分表中列出但在商标注册中接受的商品或者服务名称。

第10条　类似商品是指在功能、用途、主要原料、生产部门、消费对象、销售渠道等方面具有一定共同性的商品。

类似服务是指在服务的目的、内容、方式、提供者、对象、场所等方面具有一定共同性的服务。

第11条　判断是否属于同一种商品或者同一种服务、类似商品或者类似服务，应当在权利人注册商标核定使用的商品或者服务与涉嫌侵权的商品或者服务之间进行比对。

第12条　判断涉嫌侵权的商品或者服务与他人注册商标核定使用的商品或者服务是否构成同一种商品或者同一种服务、类似商品或者类似服务，参照现行区分表进行认定。

对于区分表未涵盖的商品，应当基于相关公众的一般认识，综合考虑商品的功能、用途、主要原料、生产部门、消费对象、销售渠道等因素认定是否构成同一种或者类似商品；

对于区分表未涵盖的服务，应当基于相关公众的一般认识，综合考虑服务的目的、内容、方式、提供者、对象、场所等因素认定是否构成同一种或者类似服务。

第13条　与注册商标相同的商标是指涉嫌侵权的商标与他人注册商标完全相同，以及虽有不同但视觉效果或者声音商标的听觉感知基本无差别、相关公众难以分辨的商标。

第14条　涉嫌侵权的商标与他人注册商标相比较，可以认定与注册商标相同的情形包括：

（一）文字商标有下列情形之一的：

1. 文字构成、排列顺序均相同的；

2. 改变注册商标的字体、字母大小写、文字横竖排列，与注

册商标之间基本无差别的;

3. 改变注册商标的文字、字母、数字等之间的间距,与注册商标之间基本无差别的;

4. 改变注册商标颜色,不影响体现注册商标显著特征的;

5. 在注册商标上仅增加商品通用名称、图形、型号等缺乏显著特征内容,不影响体现注册商标显著特征的;

(二)图形商标在构图要素、表现形式等视觉上基本无差别的;

(三)文字图形组合商标的文字构成、图形外观及其排列组合方式相同,商标在整体视觉上基本无差别的;

(四)立体商标中的显著三维标志和显著平面要素相同,或者基本无差别的;

(五)颜色组合商标中组合的颜色和排列的方式相同,或者基本无差别的;

(六)声音商标的听觉感知和整体音乐形象相同,或者基本无差别的;

(七)其他与注册商标在视觉效果或者听觉感知上基本无差别的。

第15条 与注册商标近似的商标是指涉嫌侵权的商标与他人注册商标相比较,文字商标的字形、读音、含义近似,或者图形商标的构图、着色、外形近似,或者文字图形组合商标的整体排列组合方式和外形近似,或者立体商标的三维标志的形状和外形近似,或者颜色组合商标的颜色或者组合近似,或者声音商标的听觉感知或者整体音乐形象近似等。

第16条 涉嫌侵权的商标与他人注册商标是否构成近似,参照现行《商标审查及审理标准》关于商标近似的规定进行判断。

第17条 判断商标是否相同或者近似,应当在权利人的注册商标与涉嫌侵权商标之间进行比对。

第18条 判断与注册商标相同或者近似的商标时，应当以相关公众的一般注意力和认知力为标准，采用隔离观察、整体比对和主要部分比对的方法进行认定。

第19条 在商标侵权判断中，在同一种商品或者同一种服务上使用近似商标，或者在类似商品或者类似服务上使用相同、近似商标的情形下，还应当对是否容易导致混淆进行判断。

第20条 商标法规定的容易导致混淆包括以下情形：

（一）足以使相关公众认为涉案商品或者服务是由注册商标权利人生产或者提供；

（二）足以使相关公众认为涉案商品或者服务的提供者与注册商标权利人存在投资、许可、加盟或者合作等关系。

第21条 商标执法相关部门判断是否容易导致混淆，应当综合考量以下因素以及各因素之间的相互影响：

（一）商标的近似情况；

（二）商品或者服务的类似情况；

（三）注册商标的显著性和知名度；

（四）商品或者服务的特点及商标使用的方式；

（五）相关公众的注意和认知程度；

（六）其他相关因素。

第22条 自行改变注册商标或者将多件注册商标组合使用，与他人在同一种商品或者服务上的注册商标相同的，属于商标法第五十七条第一项规定的商标侵权行为。

自行改变注册商标或者将多件注册商标组合使用，与他人在同一种或者类似商品或者服务上的注册商标近似、容易导致混淆的，属于商标法第五十七条第二项规定的商标侵权行为。

第23条 在同一种商品或者服务上，将企业名称中的字号突出使用，与他人注册商标相同的，属于商标法第五十七条第一项规定的商标侵权行为。

在同一种或者类似商品或者服务上,将企业名称中的字号突出使用,与他人注册商标近似、容易导致混淆的,属于商标法第五十七条第二项规定的商标侵权行为。

第24条 不指定颜色的注册商标,可以自由附着颜色,但以攀附为目的附着颜色,与他人在同一种或者类似商品或者服务上的注册商标近似、容易导致混淆的,属于商标法第五十七条第二项规定的商标侵权行为。

注册商标知名度较高,涉嫌侵权人与注册商标权利人处于同一行业或者具有较大关联性的行业,且无正当理由使用与注册商标相同或者近似标志的,应当认定涉嫌侵权人具有攀附意图。

第25条 在包工包料的加工承揽经营活动中,承揽人使用侵犯注册商标专用权商品的,属于商标法第五十七条第三项规定的商标侵权行为。

第26条 经营者在销售商品时,附赠侵犯注册商标专用权商品的,属于商标法第五十七条第三项规定的商标侵权行为。

第27条 有下列情形之一的,不属于商标法第六十条第二款规定的"销售不知道是侵犯注册商标专用权的商品":

(一)进货渠道不符合商业惯例,且价格明显低于市场价格的;

(二)拒不提供账目、销售记录等会计凭证,或者会计凭证弄虚作假的;

(三)案发后转移、销毁物证,或者提供虚假证明、虚假情况的;

(四)类似违法情形受到处理后再犯的;

(五)其他可以认定当事人明知或者应知的。

第28条 商标法第六十条第二款规定的"说明提供者"是指涉嫌侵权人主动提供供货商的名称、经营地址、联系方式等准确信息或者线索。

对于因涉嫌侵权人提供虚假或者无法核实的信息导致不能找到提供者的，不视为"说明提供者"。

第29条 涉嫌侵权人属于商标法第六十条第二款规定的销售不知道是侵犯注册商标专用权的商品的，对其侵权商品责令停止销售，对供货商立案查处或者将案件线索移送具有管辖权的商标执法相关部门查处。

对责令停止销售的侵权商品，侵权人再次销售的，应当依法查处。

第30条 市场主办方、展会主办方、柜台出租人、电子商务平台等经营者怠于履行管理职责，明知或者应知市场内经营者、参展方、柜台承租人、平台内电子商务经营者实施商标侵权行为而不予制止的；或者虽然不知情，但经商标执法相关部门通知或者商标权利人持生效的行政、司法文书告知后，仍未采取必要措施制止商标侵权行为的，属于商标法第五十七条第六项规定的商标侵权行为。

第31条 将与他人注册商标相同或者相近似的文字注册为域名，并且通过该域名进行相关商品或者服务交易的电子商务，容易使相关公众产生误认的，属于商标法第五十七条第七项规定的商标侵权行为。

第32条 在查处商标侵权案件时，应当保护合法在先权利。以外观设计专利权、作品著作权抗辩他人注册商标专用权的，若注册商标的申请日先于外观设计专利申请日或者有证据证明的该著作权作品创作完成日，商标执法相关部门可以对商标侵权案件进行查处。

第33条 商标法第五十九条第三款规定的"有一定影响的商标"是指在国内在先使用并为一定范围内相关公众所知晓的未注册商标。

有一定影响的商标的认定，应当考虑该商标的持续使用时间、销售量、经营额、广告宣传等因素进行综合判断。

使用人有下列情形的，不视为在原使用范围内继续使用：

（一）增加该商标使用的具体商品或者服务；

（二）改变该商标的图形、文字、色彩、结构、书写方式等内容，但以与他人注册商标相区别为目的而进行的改变除外；

（三）超出原使用范围的其他情形。

第34条 商标法第六十条第二款规定的"五年内实施两次以上商标侵权行为"指同一当事人被商标执法相关部门、人民法院认定侵犯他人注册商标专用权的行政处罚或者判决生效之日起，五年内又实施商标侵权行为的。

第35条 正在国家知识产权局审理或者人民法院诉讼中的下列案件，可以适用商标法第六十二条第三款关于"中止"的规定：

（一）注册商标处于无效宣告中的；

（二）注册商标处于续展宽展期的；

（三）注册商标权属存在其他争议情形的。

第36条 在查处商标侵权案件过程中，商标执法相关部门可以要求权利人对涉案商品是否为权利人生产或者其许可生产的商品出具书面辨认意见。权利人应当对其辨认意见承担相应法律责任。

商标执法相关部门应当审查辨认人出具辨认意见的主体资格及辨认意见的真实性。涉嫌侵权人无相反证据推翻该辨认意见的，商标执法相关部门将该辨认意见作为证据予以采纳。

第37条 本标准由国家知识产权局负责解释。

第38条 本标准自公布之日起施行。

● 案例指引

1. **某公司诉市市场监督管理局行政处罚案**（人民法院案例库 2024-12-3-001-013）

裁判摘要：针对行政违法行为情节较为轻微，社会危害性较小等法律规定的从轻、减轻行政处罚的情形，人民法院本着处罚不是目的，而是手段，兼顾行政目的的最佳效果和对相对人的最小侵害等裁量因素，认为行政处罚金额明显过罚不当的，可依据《行政诉讼法》第77条第1款的规定，直接判决变更处罚数额。

2. **某店诉区市场监督管理局、市市场监督管理局罚款、没收非法财物及行政复议案**（人民法院案例库2024-12-3-001-009）

　　裁判摘要：司法判断面临的是利益交织、纷繁复杂的社会矛盾和价值取向，从不同的价值取向和行为路径出发，很可能会得出不同的结论。从理论上讲，将行政行为全面纳入司法审查是必要和可行的，司法机关对事实问题和法律问题都应拥有最终的判断权。法官在行使审判权时，应做到"听断以法""调处以情"。食品药品安全关系到人民群众的身体健康和生命安全，行政机关有义务"把最严谨的标准、最严格的监管、最严厉的处罚、最严肃的问责落到实处，确保人民群众用药安全、有效。"但在适用药品管理法的具体条文实施行政处罚时，仍应受到行政法基本原则的约束，并参酌整个行政实体法律规范体系、行政实体法的立法宗旨以及做出行政行为的目的、内容和性质，从整体进行判断。仍须审酌全案事实、性质、情节，社会危害程度及当事人生活状况、智识，违法手段及社会危害之程度，坚持处罚与教育相结合原则和过罚相当原则，以达到纠正违法行为的目的。因此，在行政实体法没有对从轻、减轻情节做出特别规定时，则应当适用行政处罚法关于从轻、减轻处罚的相关规定，兼顾公平与效率，进行慎重的权衡。

第六十一条　**对侵犯注册商标专用权的处理**

> 　　对侵犯注册商标专用权的行为，工商行政管理部门有权依法查处；涉嫌犯罪的，应当及时移送司法机关依法处理。

第六十二条　商标侵权行为的查处

县级以上工商行政管理部门根据已经取得的违法嫌疑证据或者举报，对涉嫌侵犯他人注册商标专用权的行为进行查处时，可以行使下列职权：

（一）询问有关当事人，调查与侵犯他人注册商标专用权有关的情况；

（二）查阅、复制当事人与侵权活动有关的合同、发票、账簿以及其他有关资料；

（三）对当事人涉嫌从事侵犯他人注册商标专用权活动的场所实施现场检查；

（四）检查与侵权活动有关的物品；对有证据证明是侵犯他人注册商标专用权的物品，可以查封或者扣押。

工商行政管理部门依法行使前款规定的职权时，当事人应当予以协助、配合，不得拒绝、阻挠。

在查处商标侵权案件过程中，对商标权属存在争议或者权利人同时向人民法院提起商标侵权诉讼的，工商行政管理部门可以中止案件的查处。中止原因消除后，应当恢复或者终结案件查处程序。

第六十三条　侵犯商标专用权的赔偿数额的确定

侵犯商标专用权的赔偿数额，按照权利人因被侵权所受到的实际损失确定；实际损失难以确定的，可以按照侵权人因侵权所获得的利益确定；权利人的损失或者侵权人获得的利益难以确定的，参照该商标许可使用费的倍数合理确定。对恶意侵犯商标专用权，情节严重的，可以在按照上述方法确定数额的一倍以上五倍以下确定赔偿数额。赔偿数额应当包括权利人为制止侵权行为所支付的合理开支。

人民法院为确定赔偿数额，在权利人已经尽力举证，而与侵权行为相关的账簿、资料主要由侵权人掌握的情况下，可以责令侵权人提供与侵权行为相关的账簿、资料；侵权人不提供或者提供虚假的账簿、资料的，人民法院可以参考权利人的主张和提供的证据判定赔偿数额。

权利人因被侵权所受到的实际损失、侵权人因侵权所获得的利益、注册商标许可使用费难以确定的，由人民法院根据侵权行为的情节判决给予五百万元以下的赔偿。

人民法院审理商标纠纷案件，应权利人请求，对属于假冒注册商标的商品，除特殊情况外，责令销毁；对主要用于制造假冒注册商标的商品的材料、工具，责令销毁，且不予补偿；或者在特殊情况下，责令禁止前述材料、工具进入商业渠道，且不予补偿。

假冒注册商标的商品不得在仅去除假冒注册商标后进入商业渠道。

● 司法解释及文件

1.《最高人民法院关于审理商标民事纠纷案件适用法律若干问题的解释》（2020年12月29日　法释〔2020〕19号）

第13条　人民法院依据商标法第六十三条第一款的规定确定侵权人的赔偿责任时，可以根据权利人选择的计算方法计算赔偿数额。

第14条　商标法第六十三条第一款规定的侵权所获得的利益，可以根据侵权商品销售量与该商品单位利润乘积计算；该商品单位利润无法查明的，按照注册商标商品的单位利润计算。

第15条　商标法第六十三条第一款规定的因被侵权所受到的损失，可以根据权利人因侵权所造成商品销售减少量或者侵权商品销售量与该注册商标商品的单位利润乘积计算。

第 16 条 权利人因被侵权所受到的实际损失、侵权人因侵权所获得的利益、注册商标使用许可费均难以确定的，人民法院可以根据当事人的请求或者依职权适用商标法第六十三条第三款的规定确定赔偿数额。

人民法院在适用商标法第六十三条第三款规定确定赔偿数额时，应当考虑侵权行为的性质、期间、后果，侵权人的主观过错程度，商标的声誉及制止侵权行为的合理开支等因素综合确定。

当事人按照本条第一款的规定就赔偿数额达成协议的，应当准许。

第 17 条 商标法第六十三条第一款规定的制止侵权行为所支付的合理开支，包括权利人或者委托代理人对侵权行为进行调查、取证的合理费用。

人民法院根据当事人的诉讼请求和案件具体情况，可以将符合国家有关部门规定的律师费用计算在赔偿范围内。

2.《最高人民法院关于审理侵害知识产权民事案件适用惩罚性赔偿的解释》（2021 年 3 月 2 日　法释〔2021〕4 号）

为正确实施知识产权惩罚性赔偿制度，依法惩处严重侵害知识产权行为，全面加强知识产权保护，根据《中华人民共和国民法典》《中华人民共和国著作权法》《中华人民共和国商标法》《中华人民共和国专利法》《中华人民共和国反不正当竞争法》《中华人民共和国种子法》《中华人民共和国民事诉讼法》等有关法律规定，结合审判实践，制定本解释。

第 1 条 原告主张被告故意侵害其依法享有的知识产权且情节严重，请求判令被告承担惩罚性赔偿责任的，人民法院应当依法审查处理。

本解释所称故意，包括商标法第六十三条第一款和反不正当竞争法第十七条第三款规定的恶意。

第 2 条 原告请求惩罚性赔偿的，应当在起诉时明确赔偿数额、计算方式以及所依据的事实和理由。

原告在一审法庭辩论终结前增加惩罚性赔偿请求的，人民法院应当准许；在二审中增加惩罚性赔偿请求的，人民法院可以根据当事人自愿的原则进行调解，调解不成的，告知当事人另行起诉。

第3条　对于侵害知识产权的故意的认定，人民法院应当综合考虑被侵害知识产权客体类型、权利状态和相关产品知名度、被告与原告或者利害关系人之间的关系等因素。

对于下列情形，人民法院可以初步认定被告具有侵害知识产权的故意：

（一）被告经原告或者利害关系人通知、警告后，仍继续实施侵权行为的；

（二）被告或其法定代表人、管理人是原告或者利害关系人的法定代表人、管理人、实际控制人的；

（三）被告与原告或者利害关系人之间存在劳动、劳务、合作、许可、经销、代理、代表等关系，且接触过被侵害的知识产权的；

（四）被告与原告或者利害关系人之间有业务往来或者为达成合同等进行过磋商，且接触过被侵害的知识产权的；

（五）被告实施盗版、假冒注册商标行为的；

（六）其他可以认定为故意的情形。

第4条　对于侵害知识产权情节严重的认定，人民法院应当综合考虑侵权手段、次数，侵权行为的持续时间、地域范围、规模、后果，侵权人在诉讼中的行为等因素。

被告有下列情形的，人民法院可以认定为情节严重：

（一）因侵权被行政处罚或者法院裁判承担责任后，再次实施相同或者类似侵权行为；

（二）以侵害知识产权为业；

（三）伪造、毁坏或者隐匿侵权证据；

（四）拒不履行保全裁定；

（五）侵权获利或者权利人受损巨大；

（六）侵权行为可能危害国家安全、公共利益或者人身健康；

（七）其他可以认定为情节严重的情形。

第5条　人民法院确定惩罚性赔偿数额时，应当分别依照相关法律，以原告实际损失数额、被告违法所得数额或者因侵权所获得的利益作为计算基数。该基数不包括原告为制止侵权所支付的合理开支；法律另有规定的，依照其规定。

前款所称实际损失数额、违法所得数额、因侵权所获得的利益均难以计算的，人民法院依法参照该权利许可使用费的倍数合理确定，并以此作为惩罚性赔偿数额的计算基数。

人民法院依法责令被告提供其掌握的与侵权行为相关的账簿、资料，被告无正当理由拒不提供或者提供虚假账簿、资料的，人民法院可以参考原告的主张和证据确定惩罚性赔偿数额的计算基数。构成民事诉讼法第一百一十一条规定情形的，依法追究法律责任。

第6条　人民法院依法确定惩罚性赔偿的倍数时，应当综合考虑被告主观过错程度、侵权行为的情节严重程度等因素。

因同一侵权行为已经被处以行政罚款或者刑事罚金且执行完毕，被告主张减免惩罚性赔偿责任的，人民法院不予支持，但在确定前款所称倍数时可以综合考虑。

第7条　本解释自2021年3月3日起施行。最高人民法院以前发布的相关司法解释与本解释不一致的，以本解释为准。

● 请示答复

3. 《国家知识产权局关于商标侵权案件中违法所得法律适用问题的批复》（2021年12月14日　国知发保函字〔2021〕206号）

湖南省知识产权局：

《关于请求明确商标侵权行政处罚案件中违法所得法律适用问题的请示》收悉。经研究，现批复如下：

一、关于商标侵权案件中"违法所得"法律适用问题

2021年7月15日施行的《中华人民共和国行政处罚法》（以下简称《行政处罚法》）第二十八条第二款规定："当事人有违法所得，除依法应当退赔的外，应当予以没收。……"。该规定适用于负责商标执法的部门查处商标侵权案件。对于商标侵权案件，商标法除了规定"没收、销毁侵权商品和主要用于制造商品、伪造注册商标标识的工具"外，同时规定了"罚款"的行政处罚，负责商标执法的部门应当遵循过罚相当原则，综合考虑具体案情，实施没收违法所得、罚款的处罚。

二、关于商标侵权案件中"违法所得计算方式"法律适用问题

《行政处罚法》第二十八条第二款规定："……。法律、行政法规、部门规章对违法所得的计算另有规定的，从其规定"。现行有效的《工商行政管理机关行政处罚案件违法所得认定办法》第二条规定："工商行政管理机关认定违法所得的基本原则是：以当事人违法生产、销售商品或者提供服务所获得的全部收入扣除当事人直接用于经营活动的适当的合理的支出，为违法所得"，该规定可以理解为对《行政处罚法》第二十八条关于计算方式的细化，适用于负责商标执法的部门在查处商标侵权案件中确定违法所得。

特此批复。

● 案例指引

1. 郭某升、郭某锋、孙某标假冒注册商标案（最高人民法院指导案例87号）

案例要旨：假冒注册商标犯罪的非法经营数额、违法所得数额，应当综合被告人供述、证人证言、被害人陈述、网络销售电子数据、

被告人银行账户往来记录、送货单、快递公司电脑系统记录、被告人等所作记账等证据认定。被告人辩解称网络销售记录存在刷信誉的不真实交易，但无证据证实的，对其辩解不予采纳。

2. **发动机株式会社与工业公司、摩托车销售公司等商标侵权纠纷案**（《最高人民法院公报》2007 年第 10 期）

　　案例要旨：对于商标侵权人违法所得的计算，可以参照《最高人民法院关于审理专利纠纷案件适用法律问题的若干规定》的规定，即对于侵权人因侵权所获得的利益一般按照侵权人的营业利润计算，对于完全以侵权为业的侵权人，可以按照销售利润计算。

3. **某株式会社与某门市部侵害商标权纠纷案**（《最高人民法院公报》2024 年第 3 期）

　　案例要旨：商标侵权案件中，被诉侵权人的合法来源抗辩成立应当具备主、客观两方面要件，客观要件为被诉侵权商品系由销售者合法取得，主观要件为销售者不知道或不应当知道被诉侵权商品构成侵权，主、客观要件相互联系，不可分割，并且客观要件的举证对于主观要件具有推定效果。人民法院在审查前述主、客观要件时，应当综合考虑销售者所处的市场地位、权利人维权成本以及市场交易习惯等因素，对销售者的举证责任作出合理要求；销售者的经营规模、专业程度、市场交易习惯等，可以作为确定其合理注意义务的证据，销售者提供的合法来源证据与其注意义务程度相当的，可以推定其主观上不知道所销售的系侵权商品。

4. **甲食品公司诉乙食品公司侵害商标权纠纷案**（人民法院案例库 2024-09-2-159-012）

　　裁判摘要：销售者未经商标权利人授权，自行印制标有与其注册商标相同的商标的包装盒的，构成商标侵权。销售者将其从商标权利人处购买大盒装的产品分装到其自行印制的小包装盒，并对外销售，虽包装盒内的产品系正品，但销售者的分装销售行为易使消费者误认为该产品是商标权利人的特定包装产品，且抢占了商标权利人包装产品的市场份额，该行为构成商标侵权。

5. 国际公司诉陶瓷公司等侵害商标权及不正当竞争纠纷案（人民法院案例库 2024-09-2-159-009）

  裁判摘要： 在网站、宣传手册以及销售凭证上使用与他人驰名商标近似的标识，会吸引公众的注意力，使相关公众产生误认，从而减弱他人驰名商标的显著性，使驰名商标权利人的利益可能受到损害，上述行为构成对他人驰名商标专用权的侵害。将他人驰名品牌与自己的产品相提并论的宣传方式，主观上具有借助他人商誉宣传自己产品并提高自身产品知名度的故意，违反了诚信原则以及公认的商业道德，构成不正当竞争。

第六十四条　商标侵权纠纷中的免责情形

  注册商标专用权人请求赔偿，被控侵权人以注册商标专用权人未使用注册商标提出抗辩的，人民法院可以要求注册商标专用权人提供此前三年内实际使用该注册商标的证据。注册商标专用权人不能证明此前三年内实际使用过该注册商标，也不能证明因侵权行为受到其他损失的，被控侵权人不承担赔偿责任。

  销售不知道是侵犯注册商标专用权的商品，能证明该商品是自己合法取得并说明提供者的，不承担赔偿责任。

● **案例指引**

品牌管理公司诉投资公司侵害商标权纠纷案（人民法院案例库 2024-09-2-159-006）

  裁判摘要： 合法取得商标权人售出商品之所有权的经营者，可以在商品销售中对商标权人的商品商标进行指示性使用，但应当限于指示商品来源，不得超出指示商品来源所必需的范围。商标使用行为可能导致相关公众误认为销售服务系商标权人提供或者与商标权人存在商标许可等关联关系的，应认定已经超出指示所销售商品来源所必要的范围而具备了指示、识别服务来源的功能，构成侵害服务商标专用权。

第六十五条　诉前临时保护措施

商标注册人或者利害关系人有证据证明他人正在实施或者即将实施侵犯其注册商标专用权的行为，如不及时制止将会使其合法权益受到难以弥补的损害的，可以依法在起诉前向人民法院申请采取责令停止有关行为和财产保全的措施。

● 行政法规及文件

1. 《知识产权海关保护条例》（2018年3月19日）

第23条　知识产权权利人在向海关提出采取保护措施的申请后，可以依照《中华人民共和国商标法》、《中华人民共和国著作权法》、《中华人民共和国专利法》或者其他有关法律的规定，就被扣留的侵权嫌疑货物向人民法院申请采取责令停止侵权行为或者财产保全的措施。

海关收到人民法院有关责令停止侵权行为或者财产保全的协助执行通知的，应当予以协助。

● 司法解释及文件

2. 《最高人民法院关于人民法院对注册商标权进行财产保全的解释》（2020年12月29日　法释〔2020〕19号）

为了正确实施对注册商标权的财产保全措施，避免重复保全，现就人民法院对注册商标权进行财产保全有关问题解释如下：

第1条　人民法院根据民事诉讼法有关规定采取财产保全措施时，需要对注册商标权进行保全的，应当向国家知识产权局商标局（以下简称商标局）发出协助执行通知书，载明要求商标局协助保全的注册商标的名称、注册人、注册证号码、保全期限以及协助执行保全的内容,包括禁止转让、注销注册商标、变更注册事项和办理商标权质押登记等事项。

第2条 对注册商标权保全的期限一次不得超过一年,自商标局收到协助执行通知书之日起计算。如果仍然需要对该注册商标权继续采取保全措施的,人民法院应当在保全期限届满前向商标局重新发出协助执行通知书,要求继续保全。否则,视为自动解除对该注册商标权的财产保全。

第3条 人民法院对已经进行保全的注册商标权,不得重复进行保全。

第六十六条 诉前证据保全

为制止侵权行为,在证据可能灭失或者以后难以取得的情况下,商标注册人或者利害关系人可以依法在起诉前向人民法院申请保全证据。

● 司法解释及文件

《最高人民法院关于知识产权民事诉讼证据的若干规定》(2020年11月16日 法释〔2020〕12号)

为保障和便利当事人依法行使诉讼权利,保证人民法院公正、及时审理知识产权民事案件,根据《中华人民共和国民事诉讼法》等有关法律规定,结合知识产权民事审判实际,制定本规定。

第1条 知识产权民事诉讼当事人应当遵循诚信原则,依照法律及司法解释的规定,积极、全面、正确、诚实地提供证据。

第2条 当事人对自己提出的主张,应当提供证据加以证明。根据案件审理情况,人民法院可以适用民事诉讼法第六十五条第二款的规定,根据当事人的主张及待证事实、当事人的证据持有情况、举证能力等,要求当事人提供有关证据。

第3条 专利方法制造的产品不属于新产品的,侵害专利权纠纷的原告应当举证证明下列事实:

(一)被告制造的产品与使用专利方法制造的产品属于相同产品;

(二)被告制造的产品经由专利方法制造的可能性较大;

(三)原告为证明被告使用了专利方法尽到合理努力。

原告完成前款举证后,人民法院可以要求被告举证证明其产品制造方法不同于专利方法。

第4条 被告依法主张合法来源抗辩的,应当举证证明合法取得被诉侵权产品、复制品的事实,包括合法的购货渠道、合理的价格和直接的供货方等。

被告提供的被诉侵权产品、复制品来源证据与其合理注意义务程度相当的,可以认定其完成前款所称举证,并推定其不知道被诉侵权产品、复制品侵害知识产权。被告的经营规模、专业程度、市场交易习惯等,可以作为确定其合理注意义务的证据。

第5条 提起确认不侵害知识产权之诉的原告应当举证证明下列事实:

(一)被告向原告发出侵权警告或者对原告进行侵权投诉;

(二)原告向被告发出诉权行使催告及催告时间、送达时间;

(三)被告未在合理期限内提起诉讼。

第6条 对于未在法定期限内提起行政诉讼的行政行为所认定的基本事实,或者行政行为认定的基本事实已为生效裁判所确认的部分,当事人在知识产权民事诉讼中无须再证明,但有相反证据足以推翻的除外。

第7条 权利人为发现或者证明知识产权侵权行为,自行或者委托他人以普通购买者的名义向被诉侵权人购买侵权物品所取得的实物、票据等可以作为起诉被诉侵权人侵权的证据。

被诉侵权人基于他人行为而实施侵害知识产权行为所形成的

证据，可以作为权利人起诉其侵权的证据，但被诉侵权人仅基于权利人的取证行为而实施侵害知识产权行为的除外。

第8条 中华人民共和国领域外形成的下列证据，当事人仅以该证据未办理公证、认证等证明手续为由提出异议的，人民法院不予支持：

（一）已为发生法律效力的人民法院裁判所确认的；

（二）已为仲裁机构生效裁决所确认的；

（三）能够从官方或者公开渠道获得的公开出版物、专利文献等；

（四）有其他证据能够证明真实性的。

第9条 中华人民共和国领域外形成的证据，存在下列情形之一的，当事人仅以该证据未办理认证手续为由提出异议的，人民法院不予支持：

（一）提出异议的当事人对证据的真实性明确认可的；

（二）对方当事人提供证人证言对证据的真实性予以确认，且证人明确表示如作伪证愿意接受处罚的。

前款第二项所称证人作伪证，构成民事诉讼法第一百一十一条规定情形的，人民法院依法处理。

第10条 在一审程序中已经根据民事诉讼法第五十九条、第二百六十四条的规定办理授权委托书公证、认证或者其他证明手续的，在后续诉讼程序中，人民法院可以不再要求办理该授权委托书的上述证明手续。

第11条 人民法院对于当事人或者利害关系人的证据保全申请，应当结合下列因素进行审查：

（一）申请人是否已就其主张提供初步证据；

（二）证据是否可以由申请人自行收集；

（三）证据灭失或者以后难以取得的可能性及其对证明待证事实的影响；

（四）可能采取的保全措施对证据持有人的影响。

第12条　人民法院进行证据保全，应当以有效固定证据为限，尽量减少对保全标的物价值的损害和对证据持有人正常生产经营的影响。

证据保全涉及技术方案的，可以采取制作现场勘验笔录、绘图、拍照、录音、录像、复制设计和生产图纸等保全措施。

第13条　当事人无正当理由拒不配合或者妨害证据保全，致使无法保全证据的，人民法院可以确定由其承担不利后果。构成民事诉讼法第一百一十一条规定情形的，人民法院依法处理。

第14条　对于人民法院已经采取保全措施的证据，当事人擅自拆装证据实物、篡改证据材料或者实施其他破坏证据的行为，致使证据不能使用的，人民法院可以确定由其承担不利后果。构成民事诉讼法第一百一十一条规定情形的，人民法院依法处理。

第15条　人民法院进行证据保全，可以要求当事人或者诉讼代理人到场，必要时可以根据当事人的申请通知有专门知识的人到场，也可以指派技术调查官参与证据保全。

证据为案外人持有的，人民法院可以对其持有的证据采取保全措施。

第16条　人民法院进行证据保全，应当制作笔录、保全证据清单，记录保全时间、地点、实施人、在场人、保全经过、保全标的物状态，由实施人、在场人签名或者盖章。有关人员拒绝签名或者盖章的，不影响保全的效力，人民法院可以在笔录上记明并拍照、录像。

第17条　被申请人对证据保全的范围、措施、必要性等提出异议并提供相关证据，人民法院经审查认为异议理由成立的，可以变更、终止、解除证据保全。

第18条　申请人放弃使用被保全证据，但被保全证据涉及案件基本事实查明或者其他当事人主张使用的，人民法院可以对该证据进行审查认定。

第19条 人民法院可以对下列待证事实的专门性问题委托鉴定：

（一）被诉侵权技术方案与专利技术方案、现有技术的对应技术特征在手段、功能、效果等方面的异同；

（二）被诉侵权作品与主张权利的作品的异同；

（三）当事人主张的商业秘密与所属领域已为公众所知悉的信息的异同、被诉侵权的信息与商业秘密的异同；

（四）被诉侵权物与授权品种在特征、特性方面的异同，其不同是否因非遗传变异所致；

（五）被诉侵权集成电路布图设计与请求保护的集成电路布图设计的异同；

（六）合同涉及的技术是否存在缺陷；

（七）电子数据的真实性、完整性；

（八）其他需要委托鉴定的专门性问题。

第20条 经人民法院准许或者双方当事人同意，鉴定人可以将鉴定所涉部分检测事项委托其他检测机构进行检测，鉴定人对根据检测结果出具的鉴定意见承担法律责任。

第21条 鉴定业务领域未实行鉴定人和鉴定机构统一登记管理制度的，人民法院可以依照《最高人民法院关于民事诉讼证据的若干规定》第三十二条规定的鉴定人选任程序，确定具有相应技术水平的专业机构、专业人员鉴定。

第22条 人民法院应当听取各方当事人意见，并结合当事人提出的证据确定鉴定范围。鉴定过程中，一方当事人申请变更鉴定范围，对方当事人无异议的，人民法院可以准许。

第23条 人民法院应当结合下列因素对鉴定意见进行审查：

（一）鉴定人是否具备相应资格；

（二）鉴定人是否具备解决相关专门性问题应有的知识、经验及技能；

（三）鉴定方法和鉴定程序是否规范，技术手段是否可靠；

（四）送检材料是否经过当事人质证且符合鉴定条件；

（五）鉴定意见的依据是否充分；

（六）鉴定人有无应当回避的法定事由；

（七）鉴定人在鉴定过程中有无徇私舞弊或者其他影响公正鉴定的情形。

第24条　承担举证责任的当事人书面申请人民法院责令控制证据的对方当事人提交证据，申请理由成立的，人民法院应当作出裁定，责令其提交。

第25条　人民法院依法要求当事人提交有关证据，其无正当理由拒不提交、提交虚假证据、毁灭证据或者实施其他致使证据不能使用行为的，人民法院可以推定对方当事人就该证据所涉证明事项的主张成立。

当事人实施前款所列行为，构成民事诉讼法第一百一十一条规定情形的，人民法院依法处理。

第26条　证据涉及商业秘密或者其他需要保密的商业信息的，人民法院应当在相关诉讼参与人接触该证据前，要求其签订保密协议、作出保密承诺，或者以裁定等法律文书责令其不得出于本案诉讼之外的任何目的披露、使用、允许他人使用在诉讼程序中接触到的秘密信息。

当事人申请对接触前款所称证据的人员范围作出限制，人民法院经审查认为确有必要的，应当准许。

第27条　证人应当出庭作证，接受审判人员及当事人的询问。

双方当事人同意并经人民法院准许，证人不出庭的，人民法院应当组织当事人对该证人证言进行质证。

第 28 条　当事人可以申请有专门知识的人出庭，就专业问题提出意见。经法庭准许，当事人可以对有专门知识的人进行询问。

第 29 条　人民法院指派技术调查官参与庭前会议、开庭审理的，技术调查官可以就案件所涉技术问题询问当事人、诉讼代理人、有专门知识的人、证人、鉴定人、勘验人等。

第 30 条　当事人对公证文书提出异议，并提供相反证据足以推翻的，人民法院对该公证文书不予采纳。

当事人对公证文书提出异议的理由成立的，人民法院可以要求公证机构出具说明或者补正，并结合其他相关证据对该公证文书进行审核认定。

第 31 条　当事人提供的财务账簿、会计凭证、销售合同、进出货单据、上市公司年报、招股说明书、网站或者宣传册等有关记载，设备系统存储的交易数据，第三方平台统计的商品流通数据，评估报告，知识产权许可使用合同以及市场监管、税务、金融部门的记录等，可以作为证据，用以证明当事人主张的侵害知识产权赔偿数额。

第 32 条　当事人主张参照知识产权许可使用费的合理倍数确定赔偿数额的，人民法院可以考量下列因素对许可使用费证据进行审核认定：

（一）许可使用费是否实际支付及支付方式，许可使用合同是否实际履行或者备案；

（二）许可使用的权利内容、方式、范围、期限；

（三）被许可人与许可人是否存在利害关系；

（四）行业许可的通常标准。

第 33 条　本规定自 2020 年 11 月 18 日起施行。本院以前发布的相关司法解释与本规定不一致的，以本规定为准。

第六十七条　刑事责任

未经商标注册人许可，在同一种商品上使用与其注册商标相同的商标，构成犯罪的，除赔偿被侵权人的损失外，依法追究刑事责任。

伪造、擅自制造他人注册商标标识或者销售伪造、擅自制造的注册商标标识，构成犯罪的，除赔偿被侵权人的损失外，依法追究刑事责任。

销售明知是假冒注册商标的商品，构成犯罪的，除赔偿被侵权人的损失外，依法追究刑事责任。

● 法　律

1.《刑法》（2023年12月29日）

第213条　未经注册商标所有人许可，在同一种商品、服务上使用与其注册商标相同的商标，情节严重的，处三年以下有期徒刑，并处或者单处罚金；情节特别严重的，处三年以上十年以下有期徒刑，并处罚金。[①]

第214条　销售明知是假冒注册商标的商品，违法所得数额较大或者有其他严重情节的，处三年以下有期徒刑，并处或者单处罚金；违法所得数额巨大或者有其他特别严重情节的，处三年以上十年以下有期徒刑，并处罚金。[②]

第215条　伪造、擅自制造他人注册商标标识或者销售伪

[①] 根据2020年12月26日《刑法修正案（十一）》修改。原条文为："未经注册商标所有人许可，在同一种商品上使用与其注册商标相同的商标，情节严重的，处三年以下有期徒刑或者拘役，并处或者单处罚金；情节特别严重的，处三年以上七年以下有期徒刑，并处罚金。"

[②] 根据2020年12月26日《刑法修正案（十一）》修改。原条文为："销售明知是假冒注册商标的商品，销售金额数额较大的，处三年以下有期徒刑或者拘役，并处或者单处罚金；销售金额数额巨大的，处三年以上七年以下有期徒刑，并处罚金。"

造、擅自制造的注册商标标识,情节严重的,处三年以下有期徒刑,并处或者单处罚金;情节特别严重的,处三年以上十年以下有期徒刑,并处罚金。①

● 司法解释及文件

2.《最高人民法院、最高人民检察院关于办理侵犯知识产权刑事案件具体应用法律若干问题的解释》(2004年12月8日 法释〔2004〕19号)

第1条 未经注册商标所有人许可,在同一种商品上使用与其注册商标相同的商标,具有下列情形之一的,属于刑法第二百一十三条规定的"情节严重",应当以假冒注册商标罪判处三年以下有期徒刑或者拘役,并处或者单处罚金:

(一)非法经营数额在五万元以上或者违法所得数额在三万元以上的;

(二)假冒两种以上注册商标,非法经营数额在三万元以上或者违法所得数额在二万元以上的;

(三)其他情节严重的情形。

具有下列情形之一的,属于刑法第二百一十三条规定的"情节特别严重",应当以假冒注册商标罪判处三年以上七年以下有期徒刑,并处罚金:

(一)非法经营数额在二十五万元以上或者违法所得数额在十五万元以上的;

(二)假冒两种以上注册商标,非法经营数额在十五万元以上或者违法所得数额在十万元以上的;

---

① 根据2020年12月26日《刑法修正案(十一)》修改。原条文为:"伪造、擅自制造他人注册商标标识或者销售伪造、擅自制造的注册商标标识,情节严重的,处三年以下有期徒刑、拘役或者管制,并处或者单处罚金;情节特别严重的,处三年以上七年以下有期徒刑,并处罚金。"

（三）其他情节特别严重的情形。

第2条　销售明知是假冒注册商标的商品，销售金额在五万元以上的，属于刑法第二百一十四条规定的"数额较大"，应当以销售假冒注册商标的商品罪判处三年以下有期徒刑或者拘役，并处或者单处罚金。

销售金额在二十五万元以上的，属于刑法第二百一十四条规定的"数额巨大"，应当以销售假冒注册商标的商品罪判处三年以上七年以下有期徒刑，并处罚金。

第3条　伪造、擅自制造他人注册商标标识或者销售伪造、擅自制造的注册商标标识，具有下列情形之一的，属于刑法第二百一十五条规定的"情节严重"，应当以非法制造、销售非法制造的注册商标标识罪判处三年以下有期徒刑、拘役或者管制，并处或者单处罚金：

（一）伪造、擅自制造或者销售伪造、擅自制造的注册商标标识数量在二万件以上，或者非法经营数额在五万元以上，或者违法所得数额在三万元以上的；

（二）伪造、擅自制造或者销售伪造、擅自制造两种以上注册商标标识数量在一万件以上，或者非法经营数额在三万元以上，或者违法所得数额在二万元以上的；

（三）其他情节严重的情形。

具有下列情形之一的，属于刑法第二百一十五条规定的"情节特别严重"，应当以非法制造、销售非法制造的注册商标标识罪判处三年以上七年以下有期徒刑，并处罚金：

（一）伪造、擅自制造或者销售伪造、擅自制造的注册商标标识数量在十万件以上，或者非法经营数额在二十五万元以上，或者违法所得数额在十五万元以上的；

（二）伪造、擅自制造或者销售伪造、擅自制造两种以上注册商标标识数量在五万件以上，或者非法经营数额在十五万元以上，或者违法所得数额在十万元以上的；

（三）其他情节特别严重的情形。

第8条 刑法第二百一十三条规定的"相同的商标"，是指与被假冒的注册商标完全相同，或者与被假冒的注册商标在视觉上基本无差别、足以对公众产生误导的商标。

刑法第二百一十三条规定的"使用"，是指将注册商标或者假冒的注册商标用于商品、商品包装或者容器以及产品说明书、商品交易文书，或者将注册商标或者假冒的注册商标用于广告宣传、展览以及其他商业活动等行为。

第9条 刑法第二百一十四条规定的"销售金额"，是指销售假冒注册商标的商品后所得和应得的全部违法收入。

具有下列情形之一的，应当认定为属于刑法第二百一十四条规定的"明知"：

（一）知道自己销售的商品上的注册商标被涂改、调换或者覆盖的；

（二）因销售假冒注册商标的商品受到过行政处罚或者承担过民事责任、又销售同一种假冒注册商标的商品的；

（三）伪造、涂改商标注册人授权文件或者知道该文件被伪造、涂改的；

（四）其他知道或者应当知道是假冒注册商标的商品的情形。

第12条 本解释所称"非法经营数额"，是指行为人在实施侵犯知识产权行为过程中，制造、储存、运输、销售侵权产品的价值。已销售的侵权产品的价值，按照实际销售的价格计算。制造、储存、运输和未销售的侵权产品的价值，按照标价或者已经查清的侵权产品的实际销售平均价格计算。侵权产品没有标价或者无法查清其实际销售价格的，按照被侵权产品的市场中间价格计算。

多次实施侵犯知识产权行为，未经行政处理或者刑事处罚的，非法经营数额、违法所得数额或者销售金额累计计算。

本解释第三条所规定的"件",是指标有完整商标图样的一份标识。

第 13 条　实施刑法第二百一十三条规定的假冒注册商标犯罪,又销售该假冒注册商标的商品,构成犯罪的,应当依照刑法第二百一十三条的规定,以假冒注册商标罪定罪处罚。

实施刑法第二百一十三条规定的假冒注册商标犯罪,又销售明知是他人的假冒注册商标的商品,构成犯罪的,应当实行数罪并罚。

第 15 条　单位实施刑法第二百一十三条至第二百一十九条规定的行为,按照本解释规定的相应个人犯罪的定罪量刑标准的三倍定罪量刑。

第 16 条　明知他人实施侵犯知识产权犯罪,而为其提供贷款、资金、账号、发票、证明、许可证件,或者提供生产、经营场所或者运输、储存、代理进出口等便利条件、帮助的,以侵犯知识产权犯罪的共犯论处。

3.《最高人民法院、最高人民检察院关于办理侵犯知识产权刑事案件具体应用法律若干问题的解释（三）》（2020 年 9 月 14 日　法释〔2020〕10 号）

第 1 条　具有下列情形之一的,可以认定为刑法第二百一十三条规定的"与其注册商标相同的商标":

（一）改变注册商标的字体、字母大小写或者文字横竖排列,与注册商标之间基本无差别的;

（二）改变注册商标的文字、字母、数字等之间的间距,与注册商标之间基本无差别的;

（三）改变注册商标颜色,不影响体现注册商标显著特征的;

（四）在注册商标上仅增加商品通用名称、型号等缺乏显著特征要素,不影响体现注册商标显著特征的;

（五）与立体注册商标的三维标志及平面要素基本无差别的;

（六）其他与注册商标基本无差别、足以对公众产生误导的商标。

● 案例指引

实业公司诉工艺品公司、家纺公司侵害商标权及不正当竞争纠纷案（最高人民法院指导案例 46 号）

案例要旨：判断具有地域性特点的商品通用名称，应当注意从以下方面综合分析：（1）该名称在某一地区或领域约定俗成，长期普遍使用并为相关公众认可；（2）该名称所指代的商品生产工艺经某一地区或领域群众长期共同劳动实践而形成；（3）该名称所指代的商品生产原料在某一地区或领域普遍生产。

第六十八条　商标代理机构的法律责任

商标代理机构有下列行为之一的，由工商行政管理部门责令限期改正，给予警告，处一万元以上十万元以下的罚款；对直接负责的主管人员和其他直接责任人员给予警告，处五千元以上五万元以下的罚款；构成犯罪的，依法追究刑事责任：

（一）办理商标事宜过程中，伪造、变造或者使用伪造、变造的法律文件、印章、签名的；

（二）以诋毁其他商标代理机构等手段招徕商标代理业务或者以其他不正当手段扰乱商标代理市场秩序的；

（三）违反本法第四条、第十九条第三款和第四款规定的。

商标代理机构有前款规定行为的，由工商行政管理部门记入信用档案；情节严重的，商标局、商标评审委员会并可以决定停止受理其办理商标代理业务，予以公告。

商标代理机构违反诚实信用原则，侵害委托人合法利益的，应当依法承担民事责任，并由商标代理行业组织按照章程规定予以惩戒。

对恶意申请商标注册的,根据情节给予警告、罚款等行政处罚;对恶意提起商标诉讼的,由人民法院依法给予处罚。

第六十九条　商标监管机构及其人员的行为要求

从事商标注册、管理和复审工作的国家机关工作人员必须秉公执法,廉洁自律,忠于职守,文明服务。

商标局、商标评审委员会以及从事商标注册、管理和复审工作的国家机关工作人员不得从事商标代理业务和商品生产经营活动。

第七十条　工商行政管理部门的内部监督

工商行政管理部门应当建立健全内部监督制度,对负责商标注册、管理和复审工作的国家机关工作人员执行法律、行政法规和遵守纪律的情况,进行监督检查。

第七十一条　相关工作人员的法律责任

从事商标注册、管理和复审工作的国家机关工作人员玩忽职守、滥用职权、徇私舞弊,违法办理商标注册、管理和复审事项,收受当事人财物,牟取不正当利益,构成犯罪的,依法追究刑事责任;尚不构成犯罪的,依法给予处分。

● 法　律

《刑法》(2023年12月29日)

第385条　国家工作人员利用职务上的便利,索取他人财物的,或者非法收受他人财物,为他人谋取利益的,是受贿罪。

国家工作人员在经济往来中,违反国家规定,收受各种名义的回扣、手续费,归个人所有的,以受贿论处。

第397条① 国家机关工作人员滥用职权或者玩忽职守，致使公共财产、国家和人民利益遭受重大损失的，处三年以下有期徒刑或者拘役；情节特别严重的，处三年以上七年以下有期徒刑。本法另有规定的，依照规定。

国家机关工作人员徇私舞弊，犯前款罪的，处五年以下有期徒刑或者拘役；情节特别严重的，处五年以上十年以下有期徒刑。本法另有规定的，依照规定。

第八章　附　　则

第七十二条　商标规费

申请商标注册和办理其他商标事宜的，应当缴纳费用，具体收费标准另定。

第七十三条　时间效力

本法自1983年3月1日起施行。1963年4月10日国务院公布的《商标管理条例》同时废止；其他有关商标管理的规定，凡与本法抵触的，同时失效。

本法施行前已经注册的商标继续有效。

---

① 根据1998年12月29日通过的《全国人民代表大会常务委员会关于惩治骗购外汇、逃汇和非法买卖外汇犯罪的决定》："六、海关、外汇管理部门的工作人员严重不负责任，造成大量外汇被骗购或者逃汇，致使国家利益遭受重大损失的，依照刑法第三百九十七条的规定定罪处罚。"

中华人民共和国专利法

（1984年3月12日第六届全国人民代表大会常务委员会第四次会议通过　根据1992年9月4日第七届全国人民代表大会常务委员会第二十七次会议《关于修改〈中华人民共和国专利法〉的决定》第一次修正　根据2000年8月25日第九届全国人民代表大会常务委员会第十七次会议《关于修改〈中华人民共和国专利法〉的决定》第二次修正　根据2008年12月27日第十一届全国人民代表大会常务委员会第六次会议《关于修改〈中华人民共和国专利法〉的决定》第三次修正　根据2020年10月17日第十三届全国人民代表大会常务委员会第二十二次会议《关于修改〈中华人民共和国专利法〉的决定》第四次修正）

目　录

第一章　总　　则
第二章　授予专利权的条件
第三章　专利的申请
第四章　专利申请的审查和批准
第五章　专利权的期限、终止和无效
第六章　专利实施的特别许可
第七章　专利权的保护
第八章　附　　则

第一章 总　　则

第一条 立法目的

为了保护专利权人的合法权益，鼓励发明创造，推动发明创造的应用，提高创新能力，促进科学技术进步和经济社会发展，制定本法。

● 案例指引

刘某彬诉国家知识产权局、苟某利实用新型专利权无效行政纠纷案（人民法院案例库 2024-13-3-024-229）

裁判摘要：专利制度旨在保护能够促进科学技术进步和经济社会发展的发明创造。对科学技术进步和经济社会发展并无实质益处的所谓"发明创造"，不应获得专利保护。对包括《专利法》第5条第1款在内的具体条款的理解与适用，均应当以《专利法》第1条规定的立法目的为基础。司法实践中，应当以社会主义核心价值观为引领，倡导和弘扬符合时代要求和人民群众公认的社会公德。即使某种祭祀用品不属于封建迷信的丧葬用品，其仍可能因属于《专利法》第5条第1款规定的违反社会公德或者妨害公共利益的情形而不应授予专利权。对祭品房等奢靡铺张、容易引发攀比的祭祀用品予以专利保护，与和谐、文明的社会主义核心价值观不一致，与绿色、低碳的新发展理念不一致，不利于弘扬时代新风、培育文明风尚；同时，亦与促进科学技术进步和经济社会发展的专利法立法宗旨不一致。此类发明创造属于《专利法》第5条第1款规定的违反社会公德、妨害公共利益的发明创造，不应授予专利权。

第二条 发明创造范围

本法所称的发明创造是指发明、实用新型和外观设计。

发明，是指对产品、方法或者其改进所提出的新的技术方案。

实用新型，是指对产品的形状、构造或者其结合所提出的适于实用的新的技术方案。

外观设计，是指对产品的整体或者局部的形状、图案或者其结合以及色彩与形状、图案的结合所作出的富有美感并适于工业应用的新设计。

● **案例指引**

1. 实业公司与管业公司侵犯发明专利权纠纷案（《最高人民法院公报》2014 年第 7 期）

案例要旨：专利侵权案件中，如果涉案专利的权利要求书包含有两项或者两项以上独立权利要求，写在最前面的独立权利要求通常被称为第一独立权利要求，其他独立权利要求通常被称为并列独立权利要求。并列独立权利要求引用在前的独立权利要求时，该并列独立权利要求仍然属于独立权利要求，不属于从属权利要求。在前独立权利要求对该并列独立权利要求保护范围的限定作用应当根据其对该并列独立权利要求的技术方案或保护主题是否有实质性影响来确定。

2. 机电公司诉电子公司、郑某时、郭某专利权权属纠纷案（人民法院案例库 2024-13-2-160-004）

裁判摘要：即使专利申请被驳回或者专利权被宣告无效，无过错方当事人也可以依据专利申请权或者专利权权属纠纷案件中对发明创造权益归属的认定结果，向有过错的当事人另行主张法律救济。故专利申请权或者专利权权属纠纷案件中，所涉专利申请被驳回或者专利权被宣告无效的，人民法院仍可以根据具体案情继续审理。

3. 董某、谷某源、董某国诉国家知识产权局发明专利申请驳回复审行政纠纷案（人民法院案例库 2024-13-3-024-001）

裁判摘要：判断权利要求限定的方案是否构成《专利法》保护

客体时，一般应当根据本领域技术人员阅读权利要求书和说明书后的理解，审查该方案是否采用具体技术手段，旨在解决特定技术问题，并获得相应技术效果；至于该方案实际能否解决说明书声称的技术问题并实现相应技术效果，通常属于说明书公开充分的审查内容，而非保护客体审查内容。

4. 德国某公司诉国家知识产权局发明专利申请驳回复审行政纠纷案（人民法院案例库 2023-13-3-024-013）

裁判摘要：判断一项涉及商业方法的解决方案是否构成专利法意义上的技术方案，应当整体考虑权利要求限定的全部内容，从方案所解决的是否是技术问题、方案是否通过实现特定技术效果来解决问题、方案中手段的集合是依靠自然规律还是人为设定的规则获得足以解决问题的效果等方面综合评估。

第三条 专利管理部门

国务院专利行政部门负责管理全国的专利工作；统一受理和审查专利申请，依法授予专利权。

省、自治区、直辖市人民政府管理专利工作的部门负责本行政区域内的专利管理工作。

第四条 保密处理

申请专利的发明创造涉及国家安全或者重大利益需要保密的，按照国家有关规定办理。

第五条 不授予专利权情形

对违反法律、社会公德或者妨害公共利益的发明创造，不授予专利权。

对违反法律、行政法规的规定获取或者利用遗传资源，并依赖该遗传资源完成的发明创造，不授予专利权。

第六条　职务发明

执行本单位的任务或者主要是利用本单位的物质技术条件所完成的发明创造为职务发明创造。职务发明创造申请专利的权利属于该单位，申请被批准后，该单位为专利权人。该单位可以依法处置其职务发明创造申请专利的权利和专利权，促进相关发明创造的实施和运用。

非职务发明创造，申请专利的权利属于发明人或者设计人；申请被批准后，该发明人或者设计人为专利权人。

利用本单位的物质技术条件所完成的发明创造，单位与发明人或者设计人订有合同，对申请专利的权利和专利权的归属作出约定的，从其约定。

● **行政法规及文件**

《专利法实施细则》（2023年12月11日）

第13条　专利法第六条所称执行本单位的任务所完成的职务发明创造，是指：

（一）在本职工作中作出的发明创造；

（二）履行本单位交付的本职工作之外的任务所作出的发明创造；

（三）退休、调离原单位后或者劳动、人事关系终止后1年内作出的，与其在原单位承担的本职工作或者原单位分配的任务有关的发明创造。

专利法第六条所称本单位，包括临时工作单位；专利法第六条所称本单位的物质技术条件，是指本单位的资金、设备、零部件、原材料或者不对外公开的技术资料等。

第14条　专利法所称发明人或者设计人，是指对发明创造的实质性特点作出创造性贡献的人。在完成发明创造过程中，只负责组织工作的人、为物质技术条件的利用提供方便的人或者从事其他辅助工作的人,不是发明人或者设计人。

● 案例指引

1. **刘某民、刘某友诉矿务局、某机械厂专利申请权纠纷案**(《最高人民法院公报》1993 年第 3 期)

案例要旨:职务发明是指为执行本单位的任务或者主要是利用本单位的物质技术条件所完成的发明创造。根据《专利法实施细则》规定,对发明创造的实质性特点作出创造性贡献的人是发明人,而只负责组织工作、为物质条件的利用提供方便或者从事其他辅助工作的人,不应当被认为是发明人。《专利法》规定,执行本单位的任务或者主要是利用本单位的物质条件所完成的职务发明创造,申请专利的权利属于该单位。因此,职务发明的发明人不享有专利申请权,但对该发明享有报酬请求权,由专利权的所有单位或者持有单位给予其奖励。

2. **五金公司诉许某文实用新型专利权纠纷案**(《最高人民法院公报》1995 年第 2 期)

案例要旨:实用新型专利是指产品形状、构造或者其结合所提出的适于实用的新的技术方案。《专利法》明确将实用新型作为专利保护的对象之一。职务发明是指为执行本单位的任务或者主要是利用本单位的物质技术条件所完成的发明创造。根据《专利法》规定,执行本单位的任务或者主要是利用本单位的物质条件所完成的职务发明创造,申请专利的权利属于该单位。由此职务发明的发明人不享有专利申请权,但专利权的所有单位或者持有单位应当对职务发明创造的发明人给予奖励,职务发明人对此发明享有报酬请求权。

3. **刘某彬与数控科技公司、硅业公司侵害实用新型专利权纠纷案**(《最高人民法院公报》2016 年第 8 期)

案例要旨:实用新型专利权人对于他人在实用新型专利授权公告日前实施该专利的行为,并不享有请求他人停止实施的权利。他人在实用新型专利授权公告日前实施该专利，包括制造、使用、销售、许诺销售和进口实用新型专利产品，并不为《专利法》所禁止，相关实用新型专利产品不构成侵权产品。在此情况下，对于实用新型专利授权公告日前已经售出的产品的后续行为，包括使用、许诺销售和销售，应当得到允许。

4. 某集团、某汽车研究院、汽车公司诉智慧出行公司、张某专利申请权权属纠纷案（人民法院案例库 2024-13-2-160-007）

裁判摘要： 在专利申请权、专利权权属纠纷案件中，即使涉案专利、专利申请文件记载的发明人不直接负责原单位关于涉案专利、专利申请技术的研发，但其基于在原单位的工作职责和权限能够接触、控制、获取相关技术信息的，不能仅因原单位另有他人直接负责该项技术研发，就简单否定涉案专利、专利申请的技术方案与相关文件记载的发明人在原单位本职工作或者被分配的工作任务之间的相关性。专利申请权、专利权权属纠纷一般不属于法律规定可以赔付维权合理开支的纠纷范围，原告请求判令被告支付维权合理开支的，人民法院一般不予支持。

5. 荷兰某公司诉智能装备公司专利权权属纠纷案（人民法院案例库 2023-13-2-160-067）

裁判摘要： 技术秘密权利人以侵害技术秘密作为请求权基础，主张有关专利权归其所有的，人民法院在审理过程中应当审查专利文件是否披露了权利人主张的技术秘密或者专利技术是否使用了该技术秘密，以及技术秘密是否构成专利技术方案的实质性内容。在判断涉案专利文件是否披露了技术秘密时，当技术秘密权利人提供证据证明专利文件披露的技术方案与其主张的技术秘密相同或者实质相同且被诉专利权人在专利申请日前有渠道或者机会获取技术秘密权利人的技术秘密的，一般可推定被诉专利权人采取不正当手段获取了该技术秘密并予以披露的事实成立。如被诉专利权人主张其自行研发完成了被诉侵权技术方案或者被诉侵权技术方案具有正当来源的，应当承担证明责任。

6. 某公司诉莫某等专利权权属纠纷案（人民法院案例库 2023-09-2-160-004）

裁判摘要： 员工离职后一年内以他人名义申请涉案专利，如果现有证据可以证明涉案专利与该员工在原单位承担的本职工作或者分配的任务具有较强关联性，且他人与该员工具有利益关联关系，又不具有研发涉案专利的技术能力，可以认定该名义发明人并非实际发明人，该员工为涉案专利的实际发明人，涉案专利为职务发明创造。

7. 某国家工程研究中心诉沈某专利权权属、侵权纠纷案（人民法院案例库 2023-09-2-160-032）

裁判摘要： 相关的技术研发工作是否属于当事人在本职工作中作出的发明创造，要结合当事人本职工作的具体内容、当事人在从事本职工作中的成果以及本职工作的内容与发明创造技术方案的关联程度等因素。当事人在本职工作中作出的发明创造性属于专利法第六条所规定的执行本单位的任务所完成的发明创造，申请专利的权利属于该单位。

8. 某公司诉电子公司等专利权权属、侵权纠纷案（人民法院案例库 2023-09-2-160-036）

裁判摘要： 判断离职员工作出的发明创造是否属于原单位的职务发明创造，应当满足两个条件：一是发明创造应当是在离职员工调离原单位后或者劳动、人事关系终止后 1 年内作出；二是离职员工作出的发明创造与其在原单位承担的本职工作或者原单位分配的任务"有关"。在进行相关性判断时，应当从离职员工本职工作或工作任务所属技术领域、离职员工在原单位从事的工作内容和工作职责、技术主题、技术思路等方面进行综合判断。

第七条 非职务专利申请对待

对发明人或者设计人的非职务发明创造专利申请，任何单位或者个人不得压制。

第八条 合作发明专利权归属

两个以上单位或者个人合作完成的发明创造、一个单位或者个人接受其他单位或者个人委托所完成的发明创造，除另有协议的以外，申请专利的权利属于完成或者共同完成的单位或者个人；申请被批准后，申请的单位或者个人为专利权人。

第九条 优先规定

同样的发明创造只能授予一项专利权。但是，同一申请人同日对同样的发明创造既申请实用新型专利又申请发明专利，先获得的实用新型专利权尚未终止，且申请人声明放弃该实用新型专利权的，可以授予发明专利权。

两个以上的申请人分别就同样的发明创造申请专利的，专利权授予最先申请的人。

● 案例指引

1. 宋某安诉某锅炉厂专利侵权纠纷案（《最高人民法院公报》1999 年第 1 期）

案例要旨：《专利法》是以专利权人对其发明创造专利享有独占权为基本原则的，所以一项发明创造只应授予一个专利权。然而在实际操作中，一项专利比已经取得的专利有重大的技术进步或有新的功能，但其实施又基于前一专利的实施的，也被授予了专利，该专利属于从属专利。从属专利权人可以申请对前一专利的强制许可，以取得该专利的实施权利。但是从属专利人未申请强制许可的，则应当按照《专利法》的规定，依照先申请原则，在实施专利时，应当取得先申请专利权人的同意。其未经专利权人许可而实施该专利权的行为构成对前一专利的侵权。从属专利权人将专利权许可他人使用，他人实施该专利的行为也构成侵权，应当承担侵权的民事责任。

2. 甲智能装备公司诉乙智能装备公司等专利权权属、侵权纠纷案
（人民法院案例库 2023-13-2-160-003）

裁判摘要：申请人就同样的发明创造于同日申请实用新型专利和发明专利，在获得实用新型专利授权后，为取得发明专利授权而放弃实用新型专利权的，其就他人在实用新型专利授权日至发明专利授权日期间未经许可实施专利技术方案的行为，可以循以下途径请求救济：一是对于实用新型专利授权日至发明专利申请公布日期间未经许可实施专利技术方案的行为，可以侵害实用新型专利权为由请求救济；二是对于发明专利申请公布日至授权日期间未经许可实施专利技术方案的行为，可选择以支付发明专利临时保护期使用费或者侵害实用新型专利权为由请求救济。

第十条　申请权、专利权转让

专利申请权和专利权可以转让。

中国单位或者个人向外国人、外国企业或者外国其他组织转让专利申请权或者专利权的，应当依照有关法律、行政法规的规定办理手续。

转让专利申请权或者专利权的，当事人应当订立书面合同，并向国务院专利行政部门登记，由国务院专利行政部门予以公告。专利申请权或者专利权的转让自登记之日起生效。

第十一条　排他规定

发明和实用新型专利权被授予后,除本法另有规定的以外,任何单位或者个人未经专利权人许可,都不得实施其专利,即不得为生产经营目的制造、使用、许诺销售、销售、进口其专利产品,或者使用其专利方法以及使用、许诺销售、销售、进口依照该专利方法直接获得的产品。

外观设计专利权被授予后,任何单位或者个人未经专利权人许可,都不得实施其专利,即不得为生产经营目的制造、许诺销售、销售、进口其外观设计专利产品。

● 司法解释及文件

1.《最高人民法院关于审理侵犯专利权纠纷案件应用法律若干问题的解释》(2009年12月28日　法释〔2009〕21号)

第12条　将侵犯发明或者实用新型专利权的产品作为零部件,制造另一产品的,人民法院应当认定属于专利法第十一条规定的使用行为;销售该另一产品的,人民法院应当认定属于专利法第十一条规定的销售行为。

将侵犯外观设计专利权的产品作为零部件,制造另一产品并销售的,人民法院应当认定属于专利法第十一条规定的销售行为,但侵犯外观设计专利权的产品在该另一产品中仅具有技术功能的除外。

对于前两款规定的情形,被诉侵权人之间存在分工合作的,人民法院应当认定为共同侵权。

第13条　对于使用专利方法获得的原始产品,人民法院应当认定为专利法第十一条规定的依照专利方法直接获得的产品。

对于将上述原始产品进一步加工、处理而获得后续产品的行为,人民法院应当认定属于专利法第十一条规定的使用依照该专利方法直接获得的产品。

2. 《最高人民法院关于审理侵犯专利权纠纷案件应用法律若干问题的解释（二）》（2020年12月29日　法释〔2020〕19号）

第19条　产品买卖合同依法成立的，人民法院应当认定属于专利法第十一条规定的销售。

第20条　对于将依照专利方法直接获得的产品进一步加工、处理而获得的后续产品，进行再加工、处理的，人民法院应当认定不属于专利法第十一条规定的"使用依照该专利方法直接获得的产品"。

第27条　权利人因被侵权所受到的实际损失难以确定的，人民法院应当依照专利法第六十五条第一款的规定，要求权利人对侵权人因侵权所获得的利益进行举证；在权利人已经提供侵权人所获利益的初步证据，而与专利侵权行为相关的账簿、资料主要由侵权人掌握的情况下，人民法院可以责令侵权人提供该账簿、资料；侵权人无正当理由拒不提供或者提供虚假的账簿、资料的，人民法院可以根据权利人的主张和提供的证据认定侵权人因侵权所获得的利益。

3. 《最高人民法院关于审理专利纠纷案件适用法律问题的若干规定》（2020年12月29日　法释〔2020〕19号）

第18条　专利法第十一条、第六十九条所称的许诺销售，是指以做广告、在商店橱窗中陈列或者在展销会上展出等方式作出销售商品的意思表示。

● 案例指引

1. **甲科技公司诉乙科技公司等侵害发明专利权纠纷案**（最高人民法院指导案例159号）

案例要旨：如果被诉侵权行为人以生产经营为目的，将专利方法的实质内容固化在被诉侵权产品中，该行为或者行为结果对专利权利要求的技术特征被全面覆盖起到了不可替代的实质性作用，终端用户在正常使用该被诉侵权产品时就能自然再现该专利方法过程，则应认定被诉侵权行为人实施了该专利方法，侵害了专利权人的权利。专利权人主张以侵权获利计算损害赔偿数额且对侵权规模事实已经完成初步举证，被诉侵权人无正当理由拒不提供有关侵权规模事实的相应证据材料，导致用于计算侵权获利的基础事实无法确定的，对被诉侵权人提出的应考虑涉案专利对其侵权获利的贡献度的抗辩，人民法院可以不予支持。

2. 国际公司诉冷暖设备公司侵犯发明专利权纠纷案（《最高人民法院公报》1995 年第 1 期）

案例要旨：专利权是发明创造人或其权利受让人对特定的发明创造在一定期限内依法享有的独占实施权。根据《专利法》规定，未经专利权人许可，为生产经营目的制造、使用、销售其专利产品的，构成对专利权的侵犯，应承担停止侵害、消除影响、赔偿损失等民事责任。

3. 生活用品公司与电子公司侵害外观设计专利纠纷案（《最高人民法院公报》2018 年第 5 期）

案例要旨：构成重复侵权的基本要件一是前诉判决生效之日距后诉再次发现侵权行为之日间隔合理期间，以排除前诉判决生效后，短时间内客观上难以回收并销毁被诉侵权产品的情形；二是前诉与后诉均由同一侵权人实施侵权行为，以排除被诉侵权产品是前诉的侵权产品遗漏在市场上被偶然发现，以及他人栽赃行为；三是后诉被诉侵权产品与前诉被诉侵权产品基本相同，在前诉生效判决已经确认构成侵权的情况下，被诉侵权产品构成侵权事实清楚，不存在难以判断的问题。

4. 电器公司、蒋某屏与电热器件公司、某集团侵害实用新型专利权纠纷案（《最高人民法院公报》2019 年第 3 期）

案例要旨：根据当事人的诉讼请求和案件事实，选择以侵权人因侵权获得的利益计算专利侵权损害赔偿数额时，对于多部件或者多专利的被诉侵权产品，原则上不宜简单采用侵权产品销售总金额乘以侵权产品利润率的方式计算侵权获利，而需要考虑涉案专利对于侵权产品利润的贡献度，以"侵权产品销售总金额×利润率×专利技术对产品价值的贡献度"的方法进行计算。对于专利技术对产品价值的贡献度，可以结合涉案专利对产品的重要性等因素酌定。在侵权行为可分的情况下，计算侵权损害赔偿时，如果既存在可以较为精确计算权利人损失或者侵权人获益的部分，又存在难以计算权利人损失或者侵权人获益的部分，可以对前者适用以权利人损失或者侵权人获益计算赔偿，对后者适用法定赔偿，以两者之和确定损害赔偿数额。

5. 电器公司诉制冷设备公司等侵害发明专利权纠纷案（最高人民法院公布八起知识产权司法保护典型案例之四）

裁判摘要：根据《专利法》规定，就方法专利而言，未经许可的侵权行为包括使用专利方法，以及使用、许诺销售、销售、进口依照该专利方法直接获得的产品两类。在企业所制造的产品侵犯了他人的方法专利的情况下，企业在制造侵权产品的过程中必然要使用他人的方法专利，故制造行为本身就包含了使用他人方法专利的行为。因此，企业所制造的产品侵犯了他人的方法专利的，企业不能以其是制造者而不是专利的使用者作为抗辩。

6. 医药公司诉医疗公司、贸易公司、大药房公司、某医院侵害发明专利权纠纷案（人民法院案例库 2024-13-2-160-011）

裁判摘要：同一主体制造的不同产品可以组合使用，且组合使用才落入专利权保护范围的，应当依据使用时实际形成的技术方案，重点考虑该技术方案的形成系由消费者还是制造者决定，来确定侵权责任人。如果有关产品原本可以分别使用，但消费者根据自身需求，将其组合到一起使用，则一般可以认定该组合后产品的技术方案系由消费者决定，不应将制造者作为侵权责任人。如果有关产品无法分别使用而必须相互配合，消费者根据产品的特定结构、功能、使用说明等将其组合到一起使用，则一般可以认定该组合后产品的技术方案系由制造者决定，应将该制造者作为侵权责任人。

7. 通信公司诉贸易公司等侵害发明专利权纠纷案（人民法院案例库 2024-13-2-487-006）

裁判摘要：专利侵权判定中所谓的"全面覆盖原则"，是指同一被诉侵权技术方案应当覆盖权利要求中的全部技术特征，而不必然要求同一主体的行为覆盖权利要求中的全部技术特征。对于需借助多个物理实体才能完成的通信领域的多主体实施的方法专利而言，不应因为任何一方制造者未完整实施专利技术方案而使其都得以免除侵权责任。关于制造者是否实施了侵权行为的认定，仍然应当判断该制造者是否以生产经营为目的将专利方法的实质内容固化在被诉侵权产品中，且该行为或者行为结果对权利要求的技术特征被全面覆盖起到不可替代的实质性作用。在标准必要专利侵权纠纷案件中适用《最高人民法院关于审理侵犯专利权纠纷案件应用法律若干问题的解释（二）》第 26 条之规定判断是否判令停止侵害时，除考虑国家利益、公共利益外，还可以考虑涉案专利的性质、当事人的过错、涉案专利权的权利状态和判令附条件停止侵害的必要性，以及专利权人的利益保障方式等因素。当涉案专利在性质上属于实施强制性标准所无法避开的必要专利时，判令被诉侵权人承担停止侵害的民事责任应当更为审慎，更应重点综合考虑当事人的主观过错程度、当事人之间是否存在利益失衡、损害赔偿是否能够充分弥补专利权人损失、停止侵害是否影响社会公共利益等因素。在标准必要专利侵权纠纷案件中，可以根据案件具体情况，对停止侵害判决附加条件。如在判令标准必要专利实施者停止侵害的同时，可以给予其修改技术方案的合理宽限期，或者可以明确其停止侵害的义务至其实际支付充分的损害赔偿或符合公平、合理、无歧视（FRAND）原则的许可费时止。

8. 电器公司诉制造公司等专利权权属、侵权纠纷案（人民法院案例库 2023-09-2-160-051）

裁判摘要：侵犯专利权纠纷中，如涉案专利涉及方法权利要求，但权利要求未清楚记载按顺序撰写的两个步骤间是否自动接续执行，则应站位于所属领域技术人员，结合权利要求书所载技术方案的上下文、说明书记载的发明目的、具体实施方式及技术方案的合理性，综合确定各步骤的执行时序及承接关系，以确定涉案专利权利要求的保护范围。

9. 刘某等诉某公司侵害外观设计专利权纠纷案（人民法院案例库 2023-09-2-160-003）

裁判摘要： 将侵犯外观设计专利权的产品作为零部件，制造另一产品并销售的，属于《专利法》第 11 条规定的销售行为。工程承包人自行负责采购材料用于工程建设，其采购侵犯他人外观设计专利权的产品用于工程建设，并在交付工程后取得了相应的工程价款，应当视为"销售"被诉侵权产品，应对侵害外观设计专利权的行为承担民事责任。

10. 生物科技公司诉农业科技公司、农业技术司侵害发明专利权纠纷案（人民法院案例库 2023-13-2-160-086）

裁判摘要： 关于被诉侵权菌株是否落入以"保藏号"限定的微生物发明专利权利要求的保护范围，一般可以借助一种或者多种基因特异性片段检测方法，并结合形态学分析等予以认定。检测微生物菌株的基因特异性时，并非必须采用全基因序列检测方法，如果以"保藏号"限定的菌株具有特有特定序列扩增标记（SCAR）的分子标记片段，则可以该分子标记为检测指标，结合基因序列以及形态学分析，对被诉侵权菌株作出认定。

第十二条　许可合同

任何单位或者个人实施他人专利的，应当与专利权人订立实施许可合同，向专利权人支付专利使用费。被许可人无权允许合同规定以外的任何单位或者个人实施该专利。

● 案例指引

王某华、王某中、吕某富、梅某宇与某无线电厂专利实施许可合同纠纷案（《最高人民法院公报》2007年第1期）

案例要旨：专利权人与其他非专利权人共同作为合同的一方当事人，与他人签订专利实施许可合同，且合同中明确约定了其他非专利权人的权利义务的，专利权人行使专利权应当受到合同的约束，非经其他非专利权人同意，专利权人无权独自解除该专利实施许可合同。

第十三条　发明实施费用支付

发明专利申请公布后，申请人可以要求实施其发明的单位或者个人支付适当的费用。

第十四条　专利共有

专利申请权或者专利权的共有人对权利的行使有约定的，从其约定。没有约定的，共有人可以单独实施或者以普通许可方式许可他人实施该专利；许可他人实施该专利的，收取的使用费应当在共有人之间分配。

除前款规定的情形外，行使共有的专利申请权或者专利权应当取得全体共有人的同意。

第十五条　职务发明奖励与鼓励

被授予专利权的单位应当对职务发明创造的发明人或者设计人给予奖励；发明创造专利实施后，根据其推广应用的范围和取得的经济效益，对发明人或者设计人给予合理的报酬。

国家鼓励被授予专利权的单位实行产权激励，采取股权、期权、分红等方式，使发明人或者设计人合理分享创新收益。

第十六条　署名权

发明人或者设计人有权在专利文件中写明自己是发明人或者设计人。

专利权人有权在其专利产品或者该产品的包装上标明专利标识。

● 案例指引

旅游制品公司诉姚某、信息公司假冒他人专利纠纷案（人民法院案例库2023-13-2-160-023）

裁判摘要：假冒他人专利行为与侵害专利权行为虽然均属于与专利相关的侵权行为，但其侵权行为样态、所侵害的法益、责任承担方式均有所不同。单纯假冒他人专利而未实施专利技术方案的行为，不构成《专利法》第11条规定的侵害专利权行为，有关损害赔偿责任的认定应当适用《民法典》关于侵权损害赔偿的一般规定。

第十七条　涉外规定

在中国没有经常居所或者营业所的外国人、外国企业或者外国其他组织在中国申请专利的，依照其所属国同中国签订的协议或者共同参加的国际条约，或者依照互惠原则，根据本法办理。

第十八条　外国人或组织专利事务委托

在中国没有经常居所或者营业所的外国人、外国企业或者外国其他组织在中国申请专利和办理其他专利事务的，应当委托依法设立的专利代理机构办理。

中国单位或者个人在国内申请专利和办理其他专利事务的，可以委托依法设立的专利代理机构办理。

专利代理机构应当遵守法律、行政法规，按照被代理人的委托办理专利申请或者其他专利事务；对被代理人发明创造的内容，除专利申请已经公布或者公告的以外，负有保密责任。专利代理机构的具体管理办法由国务院规定。

第十九条　中国人涉外专利申请委托

任何单位或者个人将在中国完成的发明或者实用新型向外国申请专利的，应当事先报经国务院专利行政部门进行保密审查。保密审查的程序、期限等按照国务院的规定执行。

中国单位或者个人可以根据中华人民共和国参加的有关国际条约提出专利国际申请。申请人提出专利国际申请的，应当遵守前款规定。

国务院专利行政部门依照中华人民共和国参加的有关国际条约、本法和国务院有关规定处理专利国际申请。

对违反本条第一款规定向外国申请专利的发明或者实用新型，在中国申请专利的，不授予专利权。

第二十条　诚实信用和禁止权利滥用原则

申请专利和行使专利权应当遵循诚实信用原则。不得滥用专利权损害公共利益或者他人合法权益。

滥用专利权，排除或者限制竞争，构成垄断行为的，依照《中华人民共和国反垄断法》处理。

● 案例指引

科技公司诉李某良侵害发明专利权纠纷案（人民法院案例库2024-13-2-160-016）

裁判摘要：行使知识产权应当遵循诚信原则，且不得损害他人合法权益。当知识产权被侵害时，权利人可以依法行使诉权，但诉权的行使也应当遵循诚信原则，秉持善意，审慎行事。权利人故意以"诱导侵权""陷阱取证""误导性和解""故意一事两诉"等方式滥用知识产权的，人民法院应当依法采取有效措施予以规制，并可视情依据《最高人民法院关于知识产权侵权诉讼中被告以原告滥用权利为由请求赔偿合理开支问题的批复》，判令权利人承担对方当事人的诉讼合理开支。

第二十一条　专利审查与专利转化服务

国务院专利行政部门应当按照客观、公正、准确、及时的要求，依法处理有关专利的申请和请求。

国务院专利行政部门应当加强专利信息公共服务体系建设，完整、准确、及时发布专利信息，提供专利基础数据，定期出版专利公报，促进专利信息传播与利用。

在专利申请公布或者公告前，国务院专利行政部门的工作人员及有关人员对其内容负有保密责任。

第二章　授予专利权的条件

第二十二条　授予条件

授予专利权的发明和实用新型，应当具备新颖性、创造性和实用性。

新颖性，是指该发明或者实用新型不属于现有技术；也没有任何单位或者个人就同样的发明或者实用新型在申请日以前向国务院专利行政部门提出过申请，并记载在申请日以后公布的专利申请文件或者公告的专利文件中。

创造性，是指与现有技术相比，该发明具有突出的实质性特点和显著的进步，该实用新型具有实质性特点和进步。

> 实用性,是指该发明或者实用新型能够制造或者使用,并且能够产生积极效果。
>
> 本法所称现有技术,是指申请日以前在国内外为公众所知的技术。

● 司法解释及文件

《最高人民法院关于审理侵犯专利权纠纷案件应用法律若干问题的解释(二)》(2020年12月29日 法释〔2020〕19号)

第22条 对于被诉侵权人主张的现有技术抗辩或者现有设计抗辩,人民法院应当依照专利申请日时施行的专利法界定现有技术或者现有设计。

● 案例指引

1. 赵某红、张某一与专利复审委员会专利无效行政纠纷案(《最高人民法院公报》2012年第10期)

案例要旨:感觉《专利法》规定,对于发明或者实用新型专利而言,需要设立合理的创造性判断标准。发明专利和实用新型专利的创造性标准不同,因此技术比对时所考虑的现有技术领域也应当有所不同。考虑到实用新型专利创造性标准要求较低,因此在评价其创造性时所考虑的现有技术领域范围应当较窄,一般应当着重比对实用新型专利所属技术领域的现有技术。但是在现有技术已经给出明确的技术启示,促使本领域技术人员到相近或者相关的技术领域寻找有关技术手段的情形下,也可以考虑相近或者相关技术领域的现有技术。

2. 生物公司与国家知识产权局等发明专利权无效行政纠纷案(《最高人民法院公报》2022年第10期)

案例要旨:专利制度保护的是利用自然规律解决技术问题的技术方案,而不是自然规律本身。因此,对于权利要求是否清楚地限定专利保护范围的问题，需要审查的内容是权利要求是否清楚地限定了专利保护的技术方案本身，而不是对技术方案所利用的自然规律是否进行了清楚地阐述和限定。行为人将他人技术成果非法申请为自己的专利，在该非法申请的专利权依法返还他人后，转而对该专利权提出无效宣告请求的，明显违背诚信原则，人民法院不予支持。

3. 荷兰某公司诉国家知识产权局发明专利申请驳回复审行政纠纷案（人民法院案例库 2024-13-3-024-016）

裁判摘要： 通过补充实验数据拟直接证明的待证事实应当在原专利申请文件中明确记载或者隐含公开，即要求待证事实在原申请文件中是明确的或者本领域技术人员能够直接、毫无疑义地确定的。如待证事实本身在原专利申请文件中并未明确记载或者隐含公开，需要通过补充实验数据进一步确定"待证事实"本身，则该补充实验数据不应予以接受。

4. 遗传技术公司、某公司诉国家知识产权局发明专利申请驳回复审行政纠纷案（人民法院案例库 2024-13-3-024-018）

裁判摘要： 判断药物化合物中两个基团之间的替换是否属于本领域公知常识，通常可以考虑生物电子等排原理。但对于非经典生物电子等排体而言，本领域技术人员是否会进行特定的基团替换，通常需要能够证明该类药物构效关系的现有技术作为证据支持，不能任意扩大生物电子等排体概念的适用。

5. 郭某显诉国家知识产权局、电热公司实用新型专利权无效行政纠纷案（人民法院案例库 2024-13-3-024-017）

裁判摘要： 在创造性判断中，如果要求保护的技术方案与最接近的现有技术的区别技术特征与其他技术特征存在协调配合关系，区别技术特征所产生的技术效果及其解决的技术问题以其他技术特征的技术效果为前提，而最接近的现有技术中对应的技术特征基于发明目的和发明构思不可能产生相同的技术效果，则本领域技术人员面对现有技术通常不会产生改进的动机，要求保护的技术方案对本领域技术人员而言并非显而易见。

6. 纸业公司诉国家知识产权局、机械公司实用新型专利权无效行政纠纷案（人民法院案例库 2024-13-3-024-013）

裁判摘要：对于既包含产品形状、构造，又包含产品制造方法的实用新型专利权利要求，在判断其新颖性、创造性时，如果其方法特征能够使产品具有某种特定形状、构造，则该方法特征对实用新型专利权保护范围具有限定作用。在进行新颖性、创造性判断时，应当将该方法导致的特定形状、构造与现有技术的形状、构造进行比对，而非将该方法本身与现有技术的方法进行比对。

7. 某公司诉国家知识产权局、陈某建实用新型专利权无效行政纠纷案（人民法院案例库 2024-13-3-024-014）

裁判摘要：确定实用新型专利的技术领域时，应当以权利要求所限定的技术方案为对象，以主题名称为起点，综合考虑专利技术方案的功能、用途。与专利技术方案的功能、用途相近的技术领域，构成专利技术领域的相近技术领域；专利技术方案与最接近现有技术的区别技术特征所应用的技术领域，构成专利技术领域的相关技术领域。

8. 技术公司诉国家知识产权局发明专利申请驳回复审行政纠纷案（人民法院案例库 2023-13-3-024-014）

裁判摘要：在采用"三步法"判断发明创造是否具备创造性的过程中，判断本领域技术人员是否会对最接近的现有技术产生改进动机以及是否有将作为现有技术的对比文件相结合的技术启示时，如果发明与最接近的现有技术之间在发明构思上存在明显差异，则通常可以认定本领域技术人员不会有改进最接近的现有技术以得到本发明的动机；如果作为现有技术的对比文件之间在发明构思上存在明显差异，则通常可以认定现有技术不存在将上述对比文件结合以得到本发明的技术启示。

9. **贸易公司诉国家知识产权局、通信公司发明专利权无效行政纠纷案**（人民法院案例库 2023-13-3-024-032）

  裁判摘要：在以提升用户体验度为核心研发目标的 GUI（图形用户界面）人机交互领域，由于基础技术手段较为成熟，其创造性往往体现在应用场景、操控对象、操作手段组合而成的整体对交互体验的影响。因此，如果人机交互技术方案中若干技术特征之间相互协同和依存，整体地实现了某一功能并产生了相应效果，应将其作为一个整体进行创造性评述，以防止对该等技术特征进行割裂后，再从现有技术中寻找孤立和零散的对应技术特征，最后通过人为拼凑进行创造性评述。

10. **美国某公司与国家知识产权局、互联网公司、科技公司、某银行发明专利权无效行政纠纷案**（人民法院案例库 2023-13-3-024-010）

  裁判摘要：创造性判断的直接证据与"三步法"的关系。专利创造性判断中广泛使用的"三步法"是具有普适性的逻辑推演方法；基于解决长期技术难题、克服技术偏见、实现预料不到的技术效果、获得商业成功等直接证据判断创造性的方法则属于经验推定方法，两者都属于创造性判断的分析工具。运用"三步法"判断的结论是技术方案具备创造性时，一般无需再审查有关创造性直接证据；运用"三步法"判断的结论是技术方案不具备创造性时，应当审查有关创造性的直接证据，并根据基于创造性直接证据的经验推定结论复验"三步法"分析，综合考虑逻辑推演和经验推定两方面结论作出判断。创造性判断中对预料不到的技术效果的考虑。基于预料不到的技术效果认定专利创造性时，专利权人应当对存在该预料不到的技术效果且其来源于相关区别技术特征承担举证责任。该预料不到的技术效果应当足以构成技术方案实际要解决的技术问题的改进目标。如果某一技术方案是解决技术问题的必然选择，即便有关技术效果难以预料，其也仅为本领域技术人员均可作出的必然选择的"副产品"，仅此尚不足以证明该技术方案具备创造性。

11. 德国某公司诉国家知识产权局发明专利申请驳回复审行政纠纷案（人民法院案例库 2023-13-3-024-005）

裁判摘要：如果本领域技术人员对一份现有技术文献作整体性解读后可以直接地、毫无疑义地确定，记载于该文献不同部分的技术内容之间存在属于同一技术方案的逻辑关系，将该不同部分的技术内容共同构成的技术方案作为新颖性判断的比对对象，不违反单独比对原则。同一现有技术文献所记载的特定技术方案内容与其所记载的其他关联内容存在矛盾，本领域技术人员完整阅读文献后，结合公知常识亦不能作出合理解释或者不能判断其正误的，可以认定该现有技术文献未公开上述特定技术方案。

12. 罗某诉国家知识产权局发明专利申请驳回复审行政纠纷（人民法院案例库 2023-13-3-024-020）

裁判摘要：中药发明专利创造性判断中，对于最接近现有技术的选择，不宜过度关注现有技术披露的发明技术特征数量，如药味重合度，而应当根据中药领域技术特点，特别是配伍组方、方剂变化、药味功效替代等规律，综合考虑发明技术方案和现有技术方案的适应症及有关治则、治法、用药思路是否相同或者足够相似。中药发明创造性判断中，关于现有技术是否给出将区别技术特征用于最接近现有技术以解决技术方案实际要解决的技术问题的启示，应当基于中医药传统理论，结合中医辨证施治的基本治疗原则，从治则、治法、配伍、方剂、效果等方面全面分析。

13. 智能装备公司诉国家知识产权局、荷兰某公司发明专利权无效行政纠纷案（人民法院案例库 2023-13-3-024-034）

裁判摘要：专利权人在专利民事侵权案件及专利行政确权案件中对权利要求的解释应当保持一致，不得通过不一解释进而"两头得利"。人民法院在专利行政确权案件中界定权利要求的用语时，如需参考专利权人在专利侵权民事案件中的陈述的，一般应当以被专利侵权民事案件生效裁判所采纳的内容为参考。

14. 瑞士某医药公司诉国家知识产权局、戴某发明专利权无效行政纠纷案（人民法院案例库 2023-13-3-024-011）

裁判摘要：最接近现有技术的选取。选取最接近现有技术的核心考虑因素是，该现有技术与发明创造是否针对相同或者近似的技术问题、拥有相同或者近似的技术目标；优选考虑因素是，该现有技术与发明创造的技术方案是否足够接近。关于技术方案是否接近的判断，一般可以考虑发明构思、技术手段等因素。其中技术手段的近似度可以主要考虑现有技术公开技术特征的数量。本领域技术人员基于特定现有技术方案是否具有获得发明创造的合理成功预期，通常并非确定本专利最接近现有技术的要件因素或者优选因素。"合理的成功预期"可以作为判断发明创造是否显而易见时的考虑因素。综合考虑专利申请日的现有技术状况、技术演进特点、创新模式及条件、平均创新成本、整体创新成功率等，本领域技术人员有动机尝试从最接近现有技术出发并合理预期能够获得专利技术方案的，可以认定该专利技术方案不具备创造性。"合理的成功预期"仅要求达到对于本领域技术人员而言有"尝试的必要"的程度，不需要具有"成功的确定性"或者"成功的高度盖然性"。

15. 苏某诉国家知识产权局发明专利申请驳回复审行政纠纷案（人民法院案例库 2023-13-3-024-006）

裁判摘要：限定机械部件数量的数值范围是自然数区间，其区别于长度等具有连续性物理量的数值范围；限定机械部件数量的数值范围技术特征原则上应当视为并列技术手段的集合而非一个技术手段，当对比文件仅公开其中一个或者部分数量时，不足以认定该对比文件已经直接公开了该技术特征所限定的其余并列技术手段。

第二十三条　外观设计专利权授予条件

授予专利权的外观设计，应当不属于现有设计；也没有任何单位或者个人就同样的外观设计在申请日以前向国务院专利行政部门提出过申请，并记载在申请日以后公告的专利文件中。

授予专利权的外观设计与现有设计或者现有设计特征的组合相比，应当具有明显区别。

授予专利权的外观设计不得与他人在申请日以前已经取得的合法权利相冲突。

本法所称现有设计，是指申请日以前在国内外为公众所知的设计。

● 司法解释及文件

《最高人民法院关于审理专利纠纷案件适用法律问题的若干规定》（2020年12月29日　法释〔2020〕19号）

第12条　专利法第二十三条第三款所称的合法权利，包括就作品、商标、地理标志、姓名、企业名称、肖像，以及有一定影响的商品名称、包装、装潢等享有的合法权利或者权益。

● 案例指引

科技公司诉国家知识产权局、电子公司外观设计专利权无效行政纠纷案（人民法院案例库2023-13-3-024-015）

裁判摘要：外观设计产品的一般消费者，通常包括在产品交易、使用过程中能够观察到或者会关注产品外观的人。如果产品的功能和用途决定了其只能被作为组装产品的部件使用，该组装产品的最终用户在正常使用组装产品的过程中无法观察到部件的外观设计，则一般消费者主要包括该部件的直接购买者、安装者。当产品某个部位的设计非为功能唯一限定时，该部位设计对于整体视觉效果的影响取决于一般消费者对其关注主要出于功能考虑还是美感考虑。如果一般消费者在产品正常使用时对该部位的关注主要出于相关功能而非视觉美感的考虑，则可以认定该部位的设计对整体视觉效果难以产生显著影响。

第二十四条　新颖性保持特殊规定

申请专利的发明创造在申请日以前六个月内，有下列情形之一的，不丧失新颖性：

（一）在国家出现紧急状态或者非常情况时，为公共利益目的首次公开的；

（二）在中国政府主办或者承认的国际展览会上首次展出的；

（三）在规定的学术会议或者技术会议上首次发表的；

（四）他人未经申请人同意而泄露其内容的。

第二十五条　不授予专利权情形

对下列各项，不授予专利权：

（一）科学发现；

（二）智力活动的规则和方法；

（三）疾病的诊断和治疗方法；

（四）动物和植物品种；

（五）原子核变换方法以及用原子核变换方法获得的物质；

（六）对平面印刷品的图案、色彩或者二者的结合作出的主要起标识作用的设计。

对前款第（四）项所列产品的生产方法，可以依照本法规定授予专利权。

第三章　专利的申请

第二十六条　发明或实用新型专利申请文件

　　申请发明或者实用新型专利的，应当提交请求书、说明书及其摘要和权利要求书等文件。

　　请求书应当写明发明或者实用新型的名称，发明人的姓名，申请人姓名或者名称、地址，以及其他事项。

　　说明书应当对发明或者实用新型作出清楚、完整的说明，以所属技术领域的技术人员能够实现为准；必要的时候，应当有附图。摘要应当简要说明发明或者实用新型的技术要点。

　　权利要求书应当以说明书为依据，清楚、简要地限定要求专利保护的范围。

　　依赖遗传资源完成的发明创造，申请人应当在专利申请文件中说明该遗传资源的直接来源和原始来源；申请人无法说明原始来源的，应当陈述理由。

● 行政法规及文件

1. 《**专利法实施细则**》（2023 年 12 月 11 日）

　　第 20 条　发明或者实用新型专利申请的说明书应当写明发明或者实用新型的名称，该名称应当与请求书中的名称一致。说明书应当包括下列内容：

　　（一）技术领域：写明要求保护的技术方案所属的技术领域；

　　（二）背景技术：写明对发明或者实用新型的理解、检索、审查有用的背景技术；有可能的，并引证反映这些背景技术的文件；

　　（三）发明内容：写明发明或者实用新型所要解决的技术问

题以及解决其技术问题采用的技术方案,并对照现有技术写明发明或者实用新型的有益效果;

(四)附图说明:说明书有附图的,对各幅附图作简略说明;

(五)具体实施方式:详细写明申请人认为实现发明或者实用新型的优选方式;必要时,举例说明;有附图的,对照附图。

发明或者实用新型专利申请人应当按照前款规定的方式和顺序撰写说明书,并在说明书每一部分前面写明标题,除非其发明或者实用新型的性质用其他方式或者顺序撰写能节约说明书的篇幅并使他人能够准确理解其发明或者实用新型。

发明或者实用新型说明书应当用词规范、语句清楚,并不得使用"如权利要求……所述的……"一类的引用语,也不得使用商业性宣传用语。

发明专利申请包含一个或者多个核苷酸或者氨基酸序列的,说明书应当包括符合国务院专利行政部门规定的序列表。

实用新型专利申请说明书应当有表示要求保护的产品的形状、构造或者其结合的附图。

第21条 发明或者实用新型的几幅附图应当按照"图1,图2,……"顺序编号排列。

发明或者实用新型说明书文字部分中未提及的附图标记不得在附图中出现,附图中未出现的附图标记不得在说明书文字部分中提及。申请文件中表示同一组成部分的附图标记应当一致。

附图中除必需的词语外,不应当含有其他注释。

第22条 权利要求书应当记载发明或者实用新型的技术特征。

权利要求书有几项权利要求的,应当用阿拉伯数字顺序编号。

权利要求书中使用的科技术语应当与说明书中使用的科技术语一致,可以有化学式或者数学式,但是不得有插图。除绝对必要的外，不得使用"如说明书……部分所述"或者"如图……所示"的用语。

权利要求中的技术特征可以引用说明书附图中相应的标记，该标记应当放在相应的技术特征后并置于括号内，便于理解权利要求。附图标记不得解释为对权利要求的限制。

第 23 条 权利要求书应当有独立权利要求，也可以有从属权利要求。

独立权利要求应当从整体上反映发明或者实用新型的技术方案，记载解决技术问题的必要技术特征。

从属权利要求应当用附加的技术特征，对引用的权利要求作进一步限定。

第 24 条 发明或者实用新型的独立权利要求应当包括前序部分和特征部分，按照下列规定撰写：

（一）前序部分：写明要求保护的发明或者实用新型技术方案的主题名称和发明或者实用新型主题与最接近的现有技术共有的必要技术特征；

（二）特征部分：使用"其特征是……"或者类似的用语，写明发明或者实用新型区别于最接近的现有技术的技术特征。这些特征和前序部分写明的特征合在一起，限定发明或者实用新型要求保护的范围。

发明或者实用新型的性质不适于用前款方式表达的，独立权利要求可以用其他方式撰写。

一项发明或者实用新型应当只有一个独立权利要求，并写在同一发明或者实用新型的从属权利要求之前。

第 25 条 发明或者实用新型的从属权利要求应当包括引用部分和限定部分，按照下列规定撰写：

（一）引用部分：写明引用的权利要求的编号及其主题名称；

（二）限定部分：写明发明或者实用新型附加的技术特征。

从属权利要求只能引用在前的权利要求。引用两项以上权利要求的多项从属权利要求，只能以择一方式引用在前的权利要求，并不得作为另一项多项从属权利要求的基础。

第 26 条　说明书摘要应当写明发明或者实用新型专利申请所公开内容的概要，即写明发明或者实用新型的名称和所属技术领域，并清楚地反映所要解决的技术问题、解决该问题的技术方案的要点以及主要用途。

说明书摘要可以包含最能说明发明的化学式；有附图的专利申请，还应当在请求书中指定一幅最能说明该发明或者实用新型技术特征的说明书附图作为摘要附图。摘要中不得使用商业性宣传用语。

● 司法解释及文件

2.《最高人民法院关于审理侵犯专利权纠纷案件应用法律若干问题的解释（二）》（2020 年 12 月 29 日　法释〔2020〕19 号）

第 3 条　因明显违反专利法第二十六条第三款、第四款导致说明书无法用于解释权利要求，且不属于本解释第四条规定的情形，专利权因此被请求宣告无效的，审理侵犯专利权纠纷案件的人民法院一般应当裁定中止诉讼；在合理期限内专利权未被请求宣告无效的，人民法院可以根据权利要求的记载确定专利权的保护范围。

第 4 条　权利要求书、说明书及附图中的语法、文字、标点、图形、符号等存有歧义，但本领域普通技术人员通过阅读权利要求书、说明书及附图可以得出唯一理解的，人民法院应当根据该唯一理解予以认定。

第 5 条　在人民法院确定专利权的保护范围时，独立权利要求的前序部分、特征部分以及从属权利要求的引用部分、限定部分记载的技术特征均有限定作用。

第6条 人民法院可以运用与涉案专利存在分案申请关系的其他专利及其专利审查档案、生效的专利授权确权裁判文书解释涉案专利的权利要求。

专利审查档案，包括专利审查、复审、无效程序中专利申请人或者专利权人提交的书面材料，国务院专利行政部门制作的审查意见通知书、会晤记录、口头审理记录、生效的专利复审请求审查决定书和专利权无效宣告请求审查决定书等。

第7条 被诉侵权技术方案在包含封闭式组合物权利要求全部技术特征的基础上增加其他技术特征的，人民法院应当认定被诉侵权技术方案未落入专利权的保护范围，但该增加的技术特征属于不可避免的常规数量杂质的除外。

前款所称封闭式组合物权利要求，一般不包括中药组合物权利要求。

第8条 功能性特征，是指对于结构、组分、步骤、条件或其之间的关系等，通过其在发明创造中所起的功能或者效果进行限定的技术特征，但本领域普通技术人员仅通过阅读权利要求即可直接、明确地确定实现上述功能或者效果的具体实施方式的除外。

与说明书及附图记载的实现前款所称功能或者效果不可缺少的技术特征相比，被诉侵权技术方案的相应技术特征是以基本相同的手段，实现相同的功能，达到相同的效果，且本领域普通技术人员在被诉侵权行为发生时无需经过创造性劳动就能够联想到的，人民法院应当认定该相应技术特征与功能性特征相同或者等同。

第9条 被诉侵权技术方案不能适用于权利要求中使用环境特征所限定的使用环境的，人民法院应当认定被诉侵权技术方案未落入专利权的保护范围。

第10条 对于权利要求中以制备方法界定产品的技术特征，

被诉侵权产品的制备方法与其不相同也不等同的,人民法院应当认定被诉侵权技术方案未落入专利权的保护范围。

第11条 方法权利要求未明确记载技术步骤的先后顺序,但本领域普通技术人员阅读权利要求书、说明书及附图后直接、明确地认为该技术步骤应当按照特定顺序实施的,人民法院应当认定该步骤顺序对于专利权的保护范围具有限定作用。

第12条 权利要求采用"至少""不超过"等用语对数值特征进行界定,且本领域普通技术人员阅读权利要求书、说明书及附图后认为专利技术方案特别强调该用语对技术特征的限定作用,权利人主张与其不相同的数值特征属于等同特征的,人民法院不予支持。

第13条 权利人证明专利申请人、专利权人在专利授权确权程序中对权利要求书、说明书及附图的限缩性修改或者陈述被明确否定的,人民法院应当认定该修改或者陈述未导致技术方案的放弃。

第14条 人民法院在认定一般消费者对于外观设计所具有的知识水平和认知能力时,一般应当考虑被诉侵权行为发生时授权外观设计所属相同或者相近种类产品的设计空间。设计空间较大的,人民法院可以认定一般消费者通常不容易注意到不同设计之间的较小区别;设计空间较小的,人民法院可以认定一般消费者通常更容易注意到不同设计之间的较小区别。

第15条 对于成套产品的外观设计专利,被诉侵权设计与其一项外观设计相同或者近似的,人民法院应当认定被诉侵权设计落入专利权的保护范围。

第16条 对于组装关系唯一的组件产品的外观设计专利,被诉侵权设计与其组合状态下的外观设计相同或者近似的,人民法院应当认定被诉侵权设计落入专利权的保护范围。

对于各构件之间无组装关系或者组装关系不唯一的组件产品

的外观设计专利，被诉侵权设计与其全部单个构件的外观设计均相同或者近似的，人民法院应当认定被诉侵权设计落入专利权的保护范围；被诉侵权设计缺少其单个构件的外观设计或者与之不相同也不近似的，人民法院应当认定被诉侵权设计未落入专利权的保护范围。

第17条　对于变化状态产品的外观设计专利，被诉侵权设计与变化状态图所示各种使用状态下的外观设计均相同或者近似的，人民法院应当认定被诉侵权设计落入专利权的保护范围；被诉侵权设计缺少其一种使用状态下的外观设计或者与之不相同也不近似的，人民法院应当认定被诉侵权设计未落入专利权的保护范围。

● 案例指引

1. 某株式会社与工贸公司专利侵权案（《最高人民法院公报》2014年第1期）

案例要旨：已经写入权利要求的使用环境特征属于必要技术特征，对于权利要求的保护范围具有限定作用，使用环境特征对于权利要求保护范围的限定程度需要根据个案情况具体确定，一般情况下应该理解为要求被保护的主题对象可以使用于该种使用环境即可，不要求被保护的主题对象必须用于该种使用环境，但是本领域普通技术人员在阅读专利权利要求书、说明书以及专利审查档案后可以明确而合理地得知被保护对象必须用于该种使用环境的除外。

2. 生物公司与国家知识产权局等发明专利权无效行政纠纷案（《最高人民法院公报》2022年第10期）

案例要旨：专利制度保护的是利用自然规律解决技术问题的技术方案，而不是自然规律本身。因此，对于权利要求是否清楚地限定专利保护范围的问题，需要审查的内容是权利要求是否清楚地限定了专利保护的技术方案本身，而不是对技术方案所利用的自然规律是否进行了清楚地阐述和限定。行为人将他人技术成果非法申请为自己的专利，在该非法申请的专利权依法返还他人后，转而对该专利权提出无效宣告请求的，明显违背诚信原则，人民法院不予支持。

3. 药业公司诉国家知识产权局、某株式会社发明专利权无效行政纠纷案（人民法院案例库 2024-13-3-024-008）

裁判摘要：对于限定特定氨基酸序列的蛋白质发明专利的权利要求，如果说明书中的实施方式系以经过糖基化修饰的蛋白质完成，对在此情况下取得的实验数据能否支持权利要求限定的氨基酸序列的蛋白质的审查，需结合蛋白质发明的特点及糖基化在技术方案中发挥的作用综合判断。对于仅限定氨基酸序列的蛋白质发明专利，完全不允许以在不同宿主细胞中表达的经过糖基化的蛋白质获得的实验数据来证明发明的技术效果，既不符合由基因编辑获得蛋白质的自然规律，亦不符合该类发明专利权利要求通常仅限定氨基酸序列的特点。

4. 甲公司诉国家知识产权局、乙公司发明专利权无效行政纠纷案（人民法院案例库 2024-13-3-024-006）

裁判摘要：对于以包含两个以上变量的方程式限定的权利要求，说明书未明确界定各变量的数值选取、各变量之间的关系、数值选取与技术效果之间的关系，以至于本领域技术人员阅读权利要求和说明书后，仍需要付出创造性劳动或者过度劳动才能解决技术问题、实现技术效果，当事人据此主张说明书公开不充分的，人民法院可予支持。

5. 制药公司诉国家知识产权局、药业公司发明专利权无效行政纠纷案（人民法院案例库 2024-13-3-024-007）

裁判摘要：以数值范围限定组分含量的中药组合物专利中，说明书以临床实验数据证明其技术效果的，如本领域技术人员能够合理预期该组分含量范围内的药量增减不会改变临床实验数据所采用的技术方案的基本配伍关系和功效，则一般可以认定说明书公开充分。在判断药物组合物发明中的化学药成分与中药成分之间是否存在相互替代的技术启示时，通常不仅需要考虑药物成分的固有作用，还需要考虑其与药物组合物中其他药物成分之间的关系。

6. 李某飞诉国家知识产权局发明专利申请驳回复审行政纠纷案（人民法院案例库 2024-13-3-024-009）

　　裁判摘要：权利要求中使用自定义型号通常应当受到限制，只有在不适宜用文字表述，或者使用自定义型号比使用文字表述更加清楚、简要的情况下才应允许使用，且该型号的特定含义必须能够从权利要求书和说明书中获得唯一正确、合理的解释，以确保其所限定的权利要求保护范围足够清楚。

7. 制药公司诉国家知识产权局发明专利权无效宣告请求行政纠纷案（人民法院案例库 2023-09-3-024-069）

　　裁判摘要：化学产品发明应当完整地公开该产品的用途，但如果本领域技术人员以专利申请日前的知识水平和认知能力，能够合理预测发明可以实现所述用途，即使说明书中未记载足以证明发明可以实现所述用途的实验数据，该化学产品发明的用途仍满足了充分公开的要求。对于与已知化合物结构相近的新化合物，必须要有预料不到的用途或效果，才能认定其具备创造性。

8. 宋某等诉国家知识产权局实用新型专利申请驳回复审行政纠纷案（人民法院案例库 2023-13-3-024-019）

　　裁判摘要：关于专利说明书是否充分公开的判断，应当以权利要求限定的技术方案及其所要解决的技术问题为对象，以本领域技术人员阅读说明书后能否实现该技术方案和解决该技术问题为标准。说明书中与权利要求限定的技术方案及其所解决的技术问题无关的内容，对于说明书公开是否充分的判断一般不产生影响。

9. 某公司诉国家知识产权局发明专利申请驳回复审行政纠纷案（人民法院案例库 2024-13-3-024-230）

　　裁判摘要：权利要求书应当以说明书为依据，清楚、简要地限定要求专利保护的范围。对于本领域技术人员基于说明书记载的实验数据以及相关的技术内容等，无法合理确定权利要求限定范围内的所有技术方案均能够实现发明所要实现的技术效果，解决其所要解决的技术问题的，一般可以认定相关权利要求得不到说明书支持。

10. 电子公司诉国家知识产权局专利复审委员会、电子科技公司发明专利权无效行政纠纷案（人民法院案例库 2023-09-3-024-081）

裁判摘要：“权利要求应当以说明书为依据”是维护权利人与社会公众的利益平衡，防止专利权侵蚀公有领域，为后续创新保留必要空间的重要制度保障。因而，一方面，权利人有权在说明书充分公开的具体实施方式等内容的基础上，通过合理概括的方式撰写权利要求，以获得适度的保护范围；另一方面，权利要求限定的保护范围应当与涉案专利的技术贡献和说明书充分公开的范围相适应。人民法院可主要根据当事人提出的诉讼请求以及主张的事实和理由，对被诉决定的合法性进行审理，但并不以此为限。人民法院发现被诉决定存在违反法律规定的其他情形的，可以一并审查。人民法院可区分不同权利要求以及不同的法律规定，对被诉决定中的相关认定分别审理并作出认定，部分撤销被诉决定中认定错误的部分。

第二十七条　外观设计专利权申请文件

申请外观设计专利的，应当提交请求书、该外观设计的图片或者照片以及对该外观设计的简要说明等文件。

申请人提交的有关图片或者照片应当清楚地显示要求专利保护的产品的外观设计。

第二十八条　申请日确定

国务院专利行政部门收到专利申请文件之日为申请日。如果申请文件是邮寄的，以寄出的邮戳日为申请日。

第二十九条　申请优先权

申请人自发明或者实用新型在外国第一次提出专利申请之日起十二个月内，或者自外观设计在外国第一次提出专利申请之日起六个月内，又在中国就相同主题提出专利申请的，依照该外国同中国签订的协议或者共同参加的国际条约，或者依照相互承认优先权的原则，可以享有优先权。

申请人自发明或者实用新型在中国第一次提出专利申请之日起十二个月内，或者自外观设计在中国第一次提出专利申请之日起六个月内，又向国务院专利行政部门就相同主题提出专利申请的，可以享有优先权。

第三十条　优先权书面声明

申请人要求发明、实用新型专利优先权的，应当在申请的时候提出书面声明，并且在第一次提出申请之日起十六个月内，提交第一次提出的专利申请文件的副本。

申请人要求外观设计专利优先权的，应当在申请的时候提出书面声明，并且在三个月内提交第一次提出的专利申请文件的副本。

申请人未提出书面声明或者逾期未提交专利申请文件副本的，视为未要求优先权。

| 第三十一条 | 专利数量确定 |

　　一件发明或者实用新型专利申请应当限于一项发明或者实用新型。属于一个总的发明构思的两项以上的发明或者实用新型，可以作为一件申请提出。

　　一件外观设计专利申请应当限于一项外观设计。同一产品两项以上的相似外观设计，或者用于同一类别并且成套出售或者使用的产品的两项以上外观设计，可以作为一件申请提出。

| 第三十二条 | 申请撤回 |

　　申请人可以在被授予专利权之前随时撤回其专利申请。

| 第三十三条 | 申请文件的修改 |

　　申请人可以对其专利申请文件进行修改，但是，对发明和实用新型专利申请文件的修改不得超出原说明书和权利要求书记载的范围，对外观设计专利申请文件的修改不得超出原图片或者照片表示的范围。

● 案例指引

1. 科技公司诉国家知识产权局、电脑公司、贸易公司某分公司、贸易公司发明专利权无效行政纠纷案（人民法院案例库 2024-13-3-024-002）

　　裁判摘要：专利确权程序中，关于某一权利要求的修改方式是否属于"进一步限定"的审查，应仅以修改后的权利要求是否完整包含了被修改的权利要求的所有技术特征，以及修改后的权利要求相比被修改的权利要求是否增加了技术特征，且增加的技术特征是否均记载于原权利要求书中的其他权利要求为准。专利确权程序中，权利要求的"进一步限定"式修改，一般应当以回应无效宣告理由为限；以克服无效宣告理由所指缺陷为名，行重构权利要求之实的，可不予接受。

2. 瑞士某公司诉国家知识产权局发明专利申请驳回复审行政纠纷案（人民法院案例库 2024-13-3-024-004）

裁判摘要：放弃式修改一般是指修改权利要求时引入否定性技术特征，将特定保护对象从原权利要求的保护范围中予以排除，以此限缩原专利权利要求的保护范围；通常仅适用于专利申请因部分重合的抵触申请而丧失新颖性，或者因现有技术意外占先而丧失新颖性，或者基于非技术原因排除专利法不予保护的主题等有限的特定情形。放弃式修改同样需要符合《专利法》第 33 条的规定。具体判断时，应当综合考虑原权利要求书和说明书公开的内容、放弃保护的内容、放弃式修改后保留的内容以及三者关系等；如果本领域技术人员能够确定修改后保留的内容在原权利要求书或者说明书中已经直接公开或者隐含公开，则该修改符合《专利法》第 33 条的规定。

3. 某公司诉国家知识产权局外观设计专利权无效行政纠纷案（人民法院案例库 2023-13-3-024-003）

裁判摘要：对外观设计专利申请文件的修改是否超出原图片或者照片表示的范围的认定，应当审查"修改后示出的外观设计"与"修改前示出的外观设计"是否属于相同设计。删除外观设计专利申请文件中存在明显错误的图片或者照片，未导致原申请文件中其他图片或者照片表示的外观设计发生变化的，该删除一般不构成修改超范围。

第四章 专利申请的审查和批准

第三十四条　审查公布

国务院专利行政部门收到发明专利申请后,经初步审查认为符合本法要求的,自申请日起满十八个月,即行公布。国务院专利行政部门可以根据申请人的请求早日公布其申请。

第三十五条　实质审查

发明专利申请自申请日起三年内,国务院专利行政部门可以根据申请人随时提出的请求,对其申请进行实质审查;申请人无正当理由逾期不请求实质审查的,该申请即被视为撤回。

国务院专利行政部门认为必要的时候,可以自行对发明专利申请进行实质审查。

第三十六条　实质审查资料提交

发明专利的申请人请求实质审查的时候,应当提交在申请日前与其发明有关的参考资料。

发明专利已经在外国提出过申请的,国务院专利行政部门可以要求申请人在指定期限内提交该国为审查其申请进行检索的资料或者审查结果的资料;无正当理由逾期不提交的,该申请即被视为撤回。

第三十七条　申请不符规定的处理

国务院专利行政部门对发明专利申请进行实质审查后,认为不符合本法规定的,应当通知申请人,要求其在指定的期限内陈述意见，或者对其申请进行修改；无正当理由逾期不答复的，该申请即被视为撤回。

第三十八条　驳回申请情形

发明专利申请经申请人陈述意见或者进行修改后，国务院专利行政部门仍然认为不符合本法规定的，应当予以驳回。

第三十九条　发明专利权的授予

发明专利申请经实质审查没有发现驳回理由的，由国务院专利行政部门作出授予发明专利权的决定，发给发明专利证书，同时予以登记和公告。发明专利权自公告之日起生效。

第四十条　实用新型和外观设计专利权的授予

实用新型和外观设计专利申请经初步审查没有发现驳回理由的，由国务院专利行政部门作出授予实用新型专利权或者外观设计专利权的决定，发给相应的专利证书，同时予以登记和公告。实用新型专利权和外观设计专利权自公告之日起生效。

● **案例指引**

刘某诉数控公司、硅业公司侵害实用新型专利权纠纷案（人民法院案例库 2024-13-2-160-018）

裁判摘要：专利法意义上销售行为的认定，一般应当以销售合同成立为标准，以实现对许诺销售行为和销售行为认定的密切衔接。他人仅在实用新型专利授权公告日前实施包括制造、使用、销售、许诺销售和进口专利产品的行为，不构成侵权。但明知他人已经申请专利而恶意实施制造、销售等行为的除外。

第四十一条　专利申请复审

专利申请人对国务院专利行政部门驳回申请的决定不服的，可以自收到通知之日起三个月内向国务院专利行政部门请求复审。国务院专利行政部门复审后，作出决定，并通知专利申请人。

专利申请人对国务院专利行政部门的复审决定不服的，可以自收到通知之日起三个月内向人民法院起诉。

● 案例指引

叶某微诉国家知识产权局专利行政纠纷案（人民法院案例库2023-13-3-024-026）

裁判摘要：专利授权确权行政案件起诉期限的起算点是收到被诉决定之日。在案证据能够证明行政相对人实际收到被诉决定时间的，以实际收到之日为准；在案证据难以证明行政相对人实际收到被诉决定时间的，或者国家知识产权局对于行政相对人实际收到被诉决定的时间另有规定或约定，且该规定或约定有利于行政相对人，也不违反法律、行政法规禁止性规定的，为保护行政相对人的信赖利益，可以根据具体案情对"收到有关决定之日"作出有利于行政相对人的解释。

第五章　专利权的期限、终止和无效

第四十二条　专利权保护期

发明专利权的期限为二十年，实用新型专利权的期限为十年，外观设计专利权的期限为十五年，均自申请日起计算。

自发明专利申请日起满四年，且自实质审查请求之日起满三年后授予发明专利权的，国务院专利行政部门应专利权人的请求，就发明专利在授权过程中的不合理延迟给予专利权期限补偿，但由申请人引起的不合理延迟除外。

为补偿新药上市审评审批占用的时间，对在中国获得上市许可的新药相关发明专利，国务院专利行政部门应专利权人的请求给予专利权期限补偿。补偿期限不超过五年，新药批准上市后总有效专利权期限不超过十四年。

第四十三条　年费缴纳

专利权人应当自被授予专利权的当年开始缴纳年费。

第四十四条　专利权提前终止情形

有下列情形之一的，专利权在期限届满前终止：
（一）没有按照规定缴纳年费的；
（二）专利权人以书面声明放弃其专利权的。

专利权在期限届满前终止的，由国务院专利行政部门登记和公告。

第四十五条　专利权授予异议

自国务院专利行政部门公告授予专利权之日起，任何单位或者个人认为该专利权的授予不符合本法有关规定的，可以请求国务院专利行政部门宣告该专利权无效。

第四十六条　异议审查

国务院专利行政部门对宣告专利权无效的请求应当及时审查和作出决定，并通知请求人和专利权人。宣告专利权无效的决定，由国务院专利行政部门登记和公告。

> 对国务院专利行政部门宣告专利权无效或者维持专利权的决定不服的，可以自收到通知之日起三个月内向人民法院起诉。人民法院应当通知无效宣告请求程序的对方当事人作为第三人参加诉讼。

第四十七条　专利权宣告无效的效力和处理

宣告无效的专利权视为自始即不存在。

宣告专利权无效的决定，对在宣告专利权无效前人民法院作出并已执行的专利侵权的判决、调解书，已经履行或者强制执行的专利侵权纠纷处理决定，以及已经履行的专利实施许可合同和专利权转让合同，不具有追溯力。但是因专利权人的恶意给他人造成的损失，应当给予赔偿。

依照前款规定不返还专利侵权赔偿金、专利使用费、专利权转让费，明显违反公平原则的，应当全部或者部分返还。

● 案例指引

1. 食品公司与企业公司不正当竞争纠纷案（《最高人民法院公报》1999 年第 5 期）

案例要旨：经济特区的国营外币免税市场，也是中国境内市场的组成部分，国家对这种商场销售的货物实行监管和限制，并不证明被调节商品的生产商对该商品享有的工业产权不受我国法律保护。因此，擅自使用与知名商品相近的包装、装潢，足以造成消费者误认的行为，即使该知名商品只在经济特区的免税市场销售，擅自使用人也构成不正当竞争行为，应当承担相应的民事责任。

2. 智能科技公司诉电子公司、物联公司侵害实用新型专利权纠纷案（人民法院案例库 2023-13-2-160-016）

裁判摘要：专利侵权案件中涉案专利权稳定性存疑或者有争议

时，人民法院可以视情采取继续审理并作出判决、裁定中止诉讼、裁定驳回起诉等不同处理方式，具体处理方式的选择主要取决于人民法院对涉案专利权稳定性程度的初步判断。为有效促进专利侵权纠纷解决，人民法院可以积极引导和鼓励专利侵权案件当事人基于公平与诚信之考虑，自愿作出双方双向或者单方单向的利益补偿承诺或者声明，即专利权利人可以承诺如专利权被宣告无效则放弃依据《专利法》第47条第2款所享有的不予执行回转利益；被诉侵权人可以承诺如专利权经确权程序被维持有效则赔偿有关侵权损害赔偿的利息。当事人自愿作出上述承诺的，人民法院应当将之作为专利侵权案件后续审理程序处理方式选择的重要考量因素。

第六章　专利实施的特别许可

第四十八条　专利转化服务

国务院专利行政部门、地方人民政府管理专利工作的部门应当会同同级相关部门采取措施，加强专利公共服务，促进专利实施和运用。

第四十九条　公益发明

国有企业事业单位的发明专利，对国家利益或者公共利益具有重大意义的，国务院有关主管部门和省、自治区、直辖市人民政府报经国务院批准，可以决定在批准的范围内推广应用，允许指定的单位实施，由实施单位按照国家规定向专利权人支付使用费。

第五十条　专利开放许可制度

专利权人自愿以书面方式向国务院专利行政部门声明愿意许可任何单位或者个人实施其专利，并明确许可使用费支付方式、标准的，由国务院专利行政部门予以公告，实行开放许可。就实用新型、外观设计专利提出开放许可声明的，应当提供专利权评价报告。

专利权人撤回开放许可声明的，应当以书面方式提出，并由国务院专利行政部门予以公告。开放许可声明被公告撤回的，不影响在先给予的开放许可的效力。

第五十一条　专利开放许可制度的相关事宜

任何单位或者个人有意愿实施开放许可的专利的，以书面方式通知专利权人，并依照公告的许可使用费支付方式、标准支付许可使用费后，即获得专利实施许可。

开放许可实施期间，对专利权人缴纳专利年费相应给予减免。

实行开放许可的专利权人可以与被许可人就许可使用费进行协商后给予普通许可，但不得就该专利给予独占或者排他许可。

第五十二条　专利开放许可纠纷

当事人就实施开放许可发生纠纷的，由当事人协商解决；不愿协商或者协商不成的，可以请求国务院专利行政部门进行调解，也可以向人民法院起诉。

第五十三条　对具备实施条件单位的强制许可

有下列情形之一的，国务院专利行政部门根据具备实施条件的单位或者个人的申请，可以给予实施发明专利或者实用新型专利的强制许可：

（一）专利权人自专利权被授予之日起满三年，且自提出专利申请之日起满四年，无正当理由未实施或者未充分实施其专利的；

（二）专利权人行使专利权的行为被依法认定为垄断行为，为消除或者减少该行为对竞争产生的不利影响的。

第五十四条　公益性强制许可

在国家出现紧急状态或者非常情况时，或者为了公共利益的目的，国务院专利行政部门可以给予实施发明专利或者实用新型专利的强制许可。

第五十五条　药品专利的强制许可

为了公共健康目的，对取得专利权的药品，国务院专利行政部门可以给予制造并将其出口到符合中华人民共和国参加的有关国际条约规定的国家或者地区的强制许可。

第五十六条　重大意义专利实施的强制许可

一项取得专利权的发明或者实用新型比前已经取得专利权的发明或者实用新型具有显著经济意义的重大技术进步，其实施又有赖于前一发明或者实用新型的实施的，国务院专利行政部门根据后一专利权人的申请，可以给予实施前一发明或者实用新型的强制许可。

在依照前款规定给予实施强制许可的情形下，国务院专利行政部门根据前一专利权人的申请，也可以给予实施后一发明或者实用新型的强制许可。

第五十七条　半导体技术强制许可

强制许可涉及的发明创造为半导体技术的，其实施限于公共利益的目的和本法第五十三条第（二）项规定的情形。

第五十八条　强制许可的市场范围

除依照本法第五十三条第（二）项、第五十五条规定给予的强制许可外，强制许可的实施应当主要为了供应国内市场。

第五十九条　申请强制许可的证明提交

依照本法第五十三条第（一）项、第五十六条规定申请强制许可的单位或者个人应当提供证据，证明其以合理的条件请求专利权人许可其实施专利，但未能在合理的时间内获得许可。

● 司法解释及文件

《最高人民法院关于审理专利纠纷案件适用法律问题的若干规定》
（2020年12月29日　法释〔2020〕19号）

第12条　专利法第二十三条第三款所称的合法权利，包括就作品、商标、地理标志、姓名、企业名称、肖像，以及有一定影响的商品名称、包装、装潢等享有的合法权利或者权益。

第六十条　强制许可的通知及公告

国务院专利行政部门作出的给予实施强制许可的决定，应当及时通知专利权人，并予以登记和公告。

给予实施强制许可的决定，应当根据强制许可的理由规定实施的范围和时间。强制许可的理由消除并不再发生时，国务院专利行政部门应当根据专利权人的请求，经审查后作出终止实施强制许可的决定。

第六十一条　独占实施权的排除

取得实施强制许可的单位或者个人不享有独占的实施权，并且无权允许他人实施。

第六十二条　费用支付

取得实施强制许可的单位或者个人应当付给专利权人合理的使用费，或者依照中华人民共和国参加的有关国际条约的规定处理使用费问题。付给使用费的，其数额由双方协商；双方不能达成协议的，由国务院专利行政部门裁决。

第六十三条　起诉情形

专利权人对国务院专利行政部门关于实施强制许可的决定不服的，专利权人和取得实施强制许可的单位或者个人对国务院专利行政部门关于实施强制许可的使用费的裁决不服的，可以自收到通知之日起三个月内向人民法院起诉。

第七章 专利权的保护

第六十四条 保护范围

> 发明或者实用新型专利权的保护范围以其权利要求的内容为准，说明书及附图可以用于解释权利要求的内容。
>
> 外观设计专利权的保护范围以表示在图片或者照片中的该产品的外观设计为准，简要说明可以用于解释图片或者照片所表示的该产品的外观设计。

● 司法解释及文件

1. **《最高人民法院关于审理侵犯专利权纠纷案件应用法律若干问题的解释》**（2009 年 12 月 28 日　法释〔2009〕21 号）

第 1 条　人民法院应当根据权利人主张的权利要求，依据专利法第五十九条第一款的规定确定专利权的保护范围。权利人在一审法庭辩论终结前变更其主张的权利要求的，人民法院应当准许。

权利人主张以从属权利要求确定专利权保护范围的，人民法院应当以该从属权利要求记载的附加技术特征及其引用的权利要求记载的技术特征，确定专利权的保护范围。

第 2 条　人民法院应当根据权利要求的记载，结合本领域普通技术人员阅读说明书及附图后对权利要求的理解，确定专利法第五十九条第一款规定的权利要求的内容。

第 3 条　人民法院对于权利要求，可以运用说明书及附图、权利要求书中的相关权利要求、专利审查档案进行解释。说明书对权利要求用语有特别界定的，从其特别界定。

以上述方法仍不能明确权利要求含义的，可以结合工具书、教科书等公知文献以及本领域普通技术人员的通常理解进行解释。

第4条 对于权利要求中以功能或者效果表述的技术特征，人民法院应当结合说明书和附图描述的该功能或者效果的具体实施方式及其等同的实施方式，确定该技术特征的内容。

第5条 对于仅在说明书或者附图中描述而在权利要求中未记载的技术方案，权利人在侵犯专利权纠纷案件中将其纳入专利权保护范围的，人民法院不予支持。

第6条 专利申请人、专利权人在专利授权或者无效宣告程序中，通过对权利要求、说明书的修改或者意见陈述而放弃的技术方案，权利人在侵犯专利权纠纷案件中又将其纳入专利权保护范围的，人民法院不予支持。

第7条 人民法院判定被诉侵权技术方案是否落入专利权的保护范围，应当审查权利人主张的权利要求所记载的全部技术特征。

被诉侵权技术方案包含与权利要求记载的全部技术特征相同或者等同的技术特征的，人民法院应当认定其落入专利权的保护范围；被诉侵权技术方案的技术特征与权利要求记载的全部技术特征相比，缺少权利要求记载的一个以上的技术特征，或者有一个以上技术特征不相同也不等同的，人民法院应当认定其没有落入专利权的保护范围。

第8条 在与外观设计专利产品相同或者相近种类产品上，采用与授权外观设计相同或者近似的外观设计的，人民法院应当认定被诉侵权设计落入专利法第五十九条第二款规定的外观设计专利权的保护范围。

第9条 人民法院应当根据外观设计产品的用途，认定产品种类是否相同或者相近。确定产品的用途，可以参考外观设计的简要说明、国际外观设计分类表、产品的功能以及产品销售、实际使用的情况等因素。

第10条 人民法院应当以外观设计专利产品的一般消费者的知识水平和认知能力，判断外观设计是否相同或者近似。

第11条 人民法院认定外观设计是否相同或者近似时，应当根据授权外观设计、被诉侵权设计的设计特征，以外观设计的整体视觉效果进行综合判断；对于主要由技术功能决定的设计特征以及对整体视觉效果不产生影响的产品的材料、内部结构等特征，应当不予考虑。

下列情形，通常对外观设计的整体视觉效果更具有影响：

（一）产品正常使用时容易被直接观察到的部位相对于其他部位；

（二）授权外观设计区别于现有设计的设计特征相对于授权外观设计的其他设计特征。

被诉侵权设计与授权外观设计在整体视觉效果上无差异的，人民法院应当认定两者相同；在整体视觉效果上无实质性差异的，应当认定两者近似。

2. 《最高人民法院关于审理侵犯专利权纠纷案件应用法律若干问题的解释（二）》（2020年12月29日　法释〔2020〕19号）

第1条 权利要求书有两项以上权利要求的，权利人应当在起诉状中载明据以起诉被诉侵权人侵犯其专利权的权利要求。起诉状对此未记载或者记载不明的，人民法院应当要求权利人明确。经释明，权利人仍不予明确的，人民法院可以裁定驳回起诉。

第2条 权利人在专利侵权诉讼中主张的权利要求被国务院专利行政部门宣告无效的，审理侵犯专利权纠纷案件的人民法院可以裁定驳回权利人基于该无效权利要求的起诉。

有证据证明宣告上述权利要求无效的决定被生效的行政判决撤销的，权利人可以另行起诉。

专利权人另行起诉的，诉讼时效期间从本条第二款所称行政判决书送达之日起计算。

3. 《最高人民法院关于审理专利纠纷案件适用法律问题的若干规定》（2020年12月29日　法释〔2020〕19号）

　　第14条　专利法第六十五条规定的权利人因被侵权所受到的实际损失可以根据专利权人的专利产品因侵权所造成销售量减少的总数乘以每件专利产品的合理利润所得之积计算。权利人销售量减少的总数难以确定的，侵权产品在市场上销售的总数乘以每件专利产品的合理利润所得之积可以视为权利人因被侵权所受到的实际损失。

　　专利法第六十五条规定的侵权人因侵权所获得的利益可以根据该侵权产品在市场上销售的总数乘以每件侵权产品的合理利润所得之积计算。侵权人因侵权所获得的利益一般按照侵权人的营业利润计算，对于完全以侵权为业的侵权人，可以按照销售利润计算。

　　第15条　权利人的损失或者侵权人获得的利益难以确定，有专利许可使用费可以参照的，人民法院可以根据专利权的类型、侵权行为的性质和情节、专利许可的性质、范围、时间等因素，参照该专利许可使用费的倍数合理确定赔偿数额；没有专利许可使用费可以参照或者专利许可使用费明显不合理的，人民法院可以根据专利权的类型、侵权行为的性质和情节等因素，依照专利法第六十五条第二款的规定确定赔偿数额。

　　第16条　权利人主张其为制止侵权行为所支付合理开支的，人民法院可以在专利法第六十五条确定的赔偿数额之外另行计算。

● 案例指引

1. 某公司与贸易公司、刀剪公司侵害外观设计专利权纠纷案（《最高人民法院公报》2014年第12期）

　　案例要旨：在确定外观设计专利权的保护范围以及侵权判断时，应当以图片或者照片中的形状、图案、色彩设计要素为基本依据。

在与外观设计专利产品相同或者相近种类产品上，采用与外观设计专利相同或者近似的外观设计的，人民法院应当认定被诉侵权产品落入外观设计专利权的保护范围。被诉侵权产品在采用与外观设计专利相同或者近似的外观设计之余，还附加有其他图案、色彩设计要素的，如果这些附加的设计要素属于额外增加的设计要素，则对侵权判断一般不具有实质性影响。

2. 柏某清诉某营销服务中心等侵害实用新型专利权纠纷案（最高人民法院指导案例55号）

案例要旨： 专利权的保护范围应当清楚，如果实用新型专利权的权利要求书的表述存在明显瑕疵，结合涉案专利说明书、附图、本领域的公知常识及相关现有技术等，不能确定权利要求中技术术语的具体含义而导致专利权的保护范围明显不清，则因无法将其与被诉侵权技术方案进行有实质意义的侵权对比，从而不能认定被诉侵权技术方案构成侵权。

3. 某公司诉卫浴公司侵害外观设计专利权纠纷案（最高人民法院指导案例85号）

案例要旨： 授权外观设计的设计特征体现了其不同于现有设计的创新内容，也体现了设计人对现有设计的创造性贡献。如果被诉侵权设计未包含授权外观设计区别于现有设计的全部设计特征，一般可以推定被诉侵权设计与授权外观设计不近似。对设计特征的认定，应当由专利权人对其所主张的设计特征进行举证。人民法院在听取各方当事人质证意见基础上，对证据进行充分审查，依法确定授权外观设计的设计特征。对功能性设计特征的认定，取决于外观设计产品的一般消费者看来该设计是否仅仅由特定功能所决定，而不需要考虑该设计是否具有美感。功能性设计特征对于外观设计的整体视觉效果不具有显著影响。功能性与装饰性兼具的设计特征对整体视觉效果的影响需要考虑其装饰性的强弱，装饰性越强，对整体视觉效果的影响越大，反之则越小。

4. 清洗系统公司诉汽车配件公司等侵害发明专利权纠纷案（最高人民法院指导案例115号）

案例要旨：如果专利权利要求的某个技术特征已经限定或者隐含了特定结构、组分、步骤、条件或其相互之间的关系等，即使该技术特征同时还限定了其所实现的功能或者效果，亦不属于《最高人民法院关于审理侵犯专利权纠纷案件应用法律若干问题的解释（二）》所称的功能性特征。在专利侵权诉讼程序中，责令停止被诉侵权行为的行为保全具有独立价值。当事人既申请责令停止被诉侵权行为，又申请先行判决停止侵害，人民法院认为需要作出停止侵害先行判决的，应当同时对行为保全申请予以审查；符合行为保全条件的，应当及时作出裁定。

5. 甲仪表公司诉乙仪表公司请求确认不侵犯专利权及乙仪表公司反诉甲仪表有限公司专利侵权纠纷案（《最高人民法院公报》2008年第12期）

案例要旨：根据《专利法》的规定，发明专利权的保护范围以其权利要求的内容为准，说明书及附图可以用于解释权利要求。当专利权人与被控侵权人对专利权利要求记载的技术特征的理解有分歧时，可以用专利说明书记载的相关内容解释权利要求所记载的技术特征的含义，并且应当以相关领域的普通技术人员对专利说明书的理解来进行解释，从而明确专利权的保护范围。判断被控侵权产品或方法是否侵犯发明专利权，应当将被控侵权产品或方法的技术特征与发明专利权利要求的技术特征进行比较。如果被控侵权产品或方法包含与专利权利要求的全部技术特征相同的技术特征，或者被控侵权产品或方法的某个或某些技术特征虽与专利权利要求的对应技术特征不同但构成等同，则被控侵权产品或方法构成专利侵权，否则不构成专利侵权。

6. 刘某昌与纺织公司侵犯专利权纠纷案（《最高人民法院公报》2010年第1期）

案例要旨：发明专利权的保护范围以其权利要求的内容为准，

权利要求中记载的全部技术特征共同限定了专利权的保护范围，故只有当被控侵权方法的技术特征与权利要求中记载的全部技术特征分别相同或等同时，方能认定被控侵权方法落入专利权的保护范围。

7. 电器公司诉电子公司侵害发明专利权纠纷案（人民法院案例库 2024-13-2-160-014）

裁判摘要：专利侵权损害赔偿的目标在于，尽力使专利权利人恢复到若不发生侵权行为时其应有的状态，以维持创新动力。对于未公开销售的产品而言，因无法通过其市场销售情况直接计算侵权损害，故可以根据具体案情将与实施专利技术方案相关、获得市场利益最直接环节的产品作为侵权损害赔偿计算的参考依据。

8. 瑞典某公司诉制药公司确认是否落入专利权保护范围纠纷案（人民法院案例库 2024-13-2-487-003）

裁判摘要：药品专利链接纠纷案件中，当事人对于涉案专利是否属于可登记专利类型有争议时，人民法院应予审查。当事人依据《专利法》第76条第1款提起的诉讼应系因申请注册的药品相关的专利权产生的纠纷提起的诉讼，若当事人据以主张权利的专利不属于药品专利纠纷早期解决机制实施办法规定的可登记专利类型，人民法院应当裁定驳回起诉。药品专利纠纷早期解决机制实施办法规定的化学药可登记的专利类型应为药物活性成分化合物专利、含活性成分的药物组合物专利及前两者的医药用途专利。在已有的以分子结构表达的化合物基础上进一步以晶体晶胞参数等表征结晶结构的化合物专利、包含该化合物的组合物专利以及前两者的医药用途专利，尚不属于药品专利纠纷早期解决机制实施办法规定的可登记专利类型。

9. 甲公司诉乙公司、丙公司侵害发明专利权纠纷案（人民法院案例库 2024-13-2-160-010）

裁判摘要：对于发明或者实用新型专利中以数值或者连续变化的数值范围限定的技术特征，不宜绝对排除等同原则的适用，但应予严格限制。当具有差异的数值或者数值范围系以基本相同的技术手段，实现实质相同的功能，达到实质相同的效果，且本领域技术人员无需经过创造性劳动就能够联想到；同时，综合考虑技术领域、发明类型、权利要求修改内容等相关因素，认定有关技术特征等同既不违背社会公众对权利要求保护范围的合理期待，又可以公平保护专利权的，可以认定构成等同技术特征。

10. 酒业公司诉市知识产权局、某公司专利行政裁决案（人民法院案例库 2024-13-3-024-021）

裁判摘要： 在对专利设计和被诉侵权设计作近似判断时，应当确定专利外观设计区别于现有设计的设计特征，并将该类特征作为对外观设计整体视觉效果更有影响的部分予以考虑。当事人可以举证或者说明上述区别设计特征；当事人举证或者说明不充分的，人民法院可以基于一般消费者的知识水平和认知能力对区别设计特征作出认定。

11. 电子公司诉通讯公司侵害实用新型专利权纠纷案（人民法院案例库 2023-13-2-160-059）

裁判摘要： 写入权利要求的使用环境特征属于权利要求的必要技术特征，对于权利要求的保护范围具有限定作用，使用环境特征对于专利权保护范围的限定程度需要根据个案情况具体确定。一般而言，被诉侵权技术方案可以适用于使用环境特征所限定的使用环境的，即视为具有该使用环境特征。

第六十五条　纠纷解决

未经专利权人许可，实施其专利，即侵犯其专利权，引起纠纷的，由当事人协商解决；不愿协商或者协商不成的，专利权人或者利害关系人可以向人民法院起诉，也可以请求管理专利工作的部门处理。管理专利工作的部门处理时，认定侵权行为成立的，可以责令侵权人立即停止侵权行为，当事人不服的，可以自收到处理通知之日起十五日内依照《中华人民共和国行政诉讼法》向人民法院起诉；侵权人期满不起诉又不停止侵权行为的，管理专利工作的部门可以申请人民法院强制执行。进行处理的管理专利工作的部门应当事人的请求，可以就侵犯专利权的赔偿数额进行调解；调解不成的，当事人可以依照《中华人民共和国民事诉讼法》向人民法院起诉。

● **请示答复**

《国家知识产权局关于重复专利侵权行为相关问题的批复》（2021年9月3日　国知发保函字〔2021〕133号）
福建省知识产权局：

　　《关于办理重复专利侵权案件有关问题的请示》（闽知发〔2021〕31号）收悉。经研究，现批复如下：

　　目前，现行《专利法》《专利法实施细则》对重复专利侵权行为未作规定。部门规章《专利行政执法办法》第二十条规定：管理专利工作的部门或者人民法院作出认定侵权成立并责令侵权人立即停止侵权行为的处理决定或者判决之后，被请求人就同一专利权再次作出相同类型的侵权行为，专利权人或者利害关系人请求处理的，管理专利工作的部门可以直接作出责令立即停止侵权行为的处理决定。此外，北京、天津、河北、浙江、福建、河南、湖北、广东、重庆、四川、贵州、重庆、新疆等省份在地方性法规中，明确规定对于重复专利侵权行为可以给予行政处罚。

　　一、关于履行期限

　　自觉履行或执行相关裁决决定的时限起点应当自当事人收到行政裁决书之日起，即立即停止侵权行为。从办案实践看，对于履行时间期限可根据侵权主体的侵权范围、侵权产品的销售数量、侵权产品的回收和生产模具销毁难度等因素综合考虑后确定。

二、关于重复专利侵权行为起算时间的认定

重复侵权行为的起算时间取决于首次侵权行为相关的行政及司法程序的结束时间。首次侵权行为法院强制执行程序终结之时，或权利人申请法院强制执行期限届满之日，可认定为首次侵权行为相关的行政及司法程序结束的时间。其后发生的侵权行为即属于重复侵权行为。

对专利侵权纠纷行政裁决案件，《行政强制法》第五十三条规定"当事人在法定期限内不申请行政复议或者提起行政诉讼，又不履行行政决定的，没有行政强制执行权的行政机关可以自期限届满之日起三个月内，依照本章规定申请人民法院强制执行"，最高人民法院《关于适用〈中华人民共和国行政诉讼法〉》的解释》（法释〔2018〕1号）第一百五十八条规定"行政机关根据法律的授权对平等主体之间民事争议作出裁决后，当事人在法定期限内不起诉又不履行，作出裁决的行政机关在申请执行的期限内未申请人民法院强制执行的，生效行政裁决确定的权利人或者其继承人、权利承受人在六个月内可以申请人民法院强制执行"。对于专利侵权民事案件，《民事诉讼法》第二百三十九条规定的"申请执行的期间为二年"。管理专利工作的部门或权利人在上述法定期间内申请人民法院强制执行，人民法院执行程序终结，或者权利人未在法定期限内申请法院强制执行，即可认定为首次侵权行为相关的法律程序结束。

对于短暂停止后的侵权行为，如果此行为发生期间仍可申请法院强制执行，则应通过申请强制执行寻求救济。如果此行为发生在法院强制执行程序终结后，或当事人申请法院强制执行期限届满日后，则属于重复侵权行为。

三、对于"有改进仍侵权"的行为的处理

由于此类行为定性仍为侵权，因此可以认定为重复专利侵权行为。但鉴于当事人试图回避涉案专利保护范围，主观故意不明显，可以从轻或者减轻行政处罚。

四、关于重复专利侵权行为办案裁决程序

重复专利侵权行为的成立必须基于当事人存在再次专利侵权行为的事实。对依据《专利法》第六十五条的规定经过行政裁决程序或者司法程序后，可以基于行政裁决或者生效判决对再次专利侵权行为作出认定。在管理专利工作的部门对当事人是否侵犯专利权作出行政裁决后，负责专利执法的部门根据地方性法规对"重复专利侵权行为"作出行政处罚的，应严格按照《行政处罚法》的相关规定作出事实认定清楚、程序合法和适用法律正确的处罚决定，同时，所作出的认定当事人存在再次专利侵权行为的行政裁决文书或者司法裁判文书可以作为行政处罚事实认定的依据。

五、关于重复专利侵权行为行政责任与民事责任的关系

现行《专利法》第七十一条规定：对故意侵犯专利权，情节严重的，可以在按照上述方法确定数额的一倍以上五倍以下确定赔偿数额。《最高人民法院关于审理侵害知识产权民事案件适用惩罚性赔偿的解释》（法释〔2021〕4号）第四条规定被告有"因侵权被行政处罚或者法院裁判承担责任后，再次实施相同或者类似侵权行为"，人民法院可以认定为情节严重。这说明在司法审判中对重复专利侵权行为可以适用惩罚性赔偿。另《民法典》第一百八十七条规定"民事主体因同一行为应当承担民事责任、行政责任和刑事责任的，承担行政责任或者刑事责任不影响承担民事责任"。因此，对于重复专利侵权行为可以同时适用行政处罚和惩罚性赔偿。

请你局积极争取本地立法机关的支持与指导，结合具体案情，指导相关市局严格依法办案，并及时将办理结果报送我局知识产权保护司。

特此批复。

● **案例指引**

荷兰某公司、轮胎公司与机械公司确认不侵害专利权纠纷案（《最高人民法院公报》2019年第10期）

案例要旨：专利权人仅针对被诉侵权产品的使用者向专利行政部门提起专利侵权纠纷处理的请求，导致被诉侵权产品生产者、销售者的经营处于不确定状态，且其不能参与行政处理程序以维护其权益。尽快确定被诉侵权产品是否落入涉案专利权保护范围，符合涉案各方利益，有利于节约行政和司法资源。应认定此类专利侵权纠纷处理请求属于专利权人发出的侵犯专利权警告，未能参与行政处理程序的相关方有权提起确认不侵害专利权之诉。

第六十六条　纠纷证据

专利侵权纠纷涉及新产品制造方法的发明专利的，制造同样产品的单位或者个人应当提供其产品制造方法不同于专利方法的证明。

专利侵权纠纷涉及实用新型专利或者外观设计专利的，人民法院或者管理专利工作的部门可以要求专利权人或者利害关系人出具由国务院专利行政部门对相关实用新型或者外观设计进行检索、分析和评价后作出的专利权评价报告，作为审理、处理专利侵权纠纷的证据；专利权人、利害关系人或者被控侵权人也可以主动出具专利权评价报告。

● **司法解释及文件**

《最高人民法院关于审理侵犯专利权纠纷案件应用法律若干问题的解释》（2009年12月28日　法释〔2009〕21号）

第17条　产品或者制造产品的技术方案在专利申请日以前为国内外公众所知的，人民法院应当认定该产品不属于专利法第六十一条第一款规定的新产品。

● **案例指引**

许可和知识产权公司、化学公司诉化工公司、工业助剂公司、魏某光等侵害发明专利权纠纷案（最高人民法院公布八起知识产权司法保护典型案例之五）

裁判摘要：产品制造方法专利的权利人认为他人侵犯其专利权的，按照"谁主张谁举证"的原则，其应当提供证据证明对方的产品制造方法，以便人民法院进行对比。但是，由于产品生产方法由被控侵权人所掌握，权利人无法从公开渠道获得，即使申请证据保全，也可能因为被控侵权人的不配合导致无法实现，因此不能绝对地适用"谁主张谁举证"的原则。从公平角度出发，人民法院在权利人的举证义务达到一定程度后，可以将举证责任转移给被控侵权人。因此，产品制造方法专利的权利人认为他人侵犯其专利权，但穷尽举证能力仍未获得能够证明他人产品制造方法的全部证据的，如果人民法院结合已知事实以及日常生产经验，能够认定同样产品经由专利方法制造的可能性较大的前提下，应当将举证责任转移给被控侵权人，在被控侵权人无法提供证据证明自己不构成侵权的情况下，应当支持权利人的诉讼主张。

第六十七条　不构成侵权的证明

在专利侵权纠纷中，被控侵权人有证据证明其实施的技术或者设计属于现有技术或者现有设计的，不构成侵犯专利权。

● **司法解释及文件**

1.《最高人民法院关于审理侵犯专利权纠纷案件应用法律若干问题的解释》（2009年12月28日　法释〔2009〕21号）

第14条　被诉落入专利权保护范围的全部技术特征，与一项现有技术方案中的相应技术特征相同或者无实质性差异的，人民法院应当认定被诉侵权人实施的技术属于专利法第六十二条规定的现有技术。

被诉侵权设计与一个现有设计相同或者无实质性差异的，人民法院应当认定被诉侵权人实施的设计属于专利法第六十二条规定的现有设计。

● 请示答复

2.《国家知识产权局关于被请求人掌握不同证据主张现有设计抗辩情况下如何裁决的批复》（2022年1月27日　国知发保函字〔2022〕13号）

河北省知识产权局：

《河北省知识产权局关于被请求人掌握不同证据主张现有设计抗辩的情况下如何裁决的请示》（冀知发〔2021〕25号）收悉。经研究，现批复如下：

依照《专利法》第六十七条的规定，在专利侵权纠纷中，被控侵权人有证据证明其实施的技术或者设计属于现有技术或者现有设计的，不构成侵犯专利权。因此，现有技术或者现有设计抗辩仅在被请求人提出主张并提供相关证据的情况下才能予以适用。对于专利侵权纠纷行政裁决程序中被请求人提出现有技术或者现有设计抗辩，但未提供有效证据的，裁决机关依法无权作出侵权不成立的认定，但可向被请求人释明现有相关技术情况。

特此批复。

3.《国家知识产权局关于专利侵权纠纷案件中可否直接将请求人提供的专利权评价报告作为现有设计抗辩证据的批复》（2022年3月2日　国知发保函字〔2022〕31号）

浙江省知识产权局：

《浙江省知识产权局关于专利侵权纠纷案件中可否直接将请求人提供的专利权评价报告作为现有设计抗辩证据的请示》（浙知〔2021〕34号）收悉。经研究，现批复如下：

《专利法》第六十七条规定："在专利侵权纠纷中，被控侵权人有证据证明其实施的技术或者设计属于现有技术或者现有设计的，不构成侵犯专利权。"根据上述规定，现有设计抗辩权作为一项抗辩权，以被控侵权人提出抗辩主张为前提，而且被控侵权人需提交现有设计证据。对于本案，在被控侵权人未提出抗辩主张的情况下，管理专利工作的部门不能主动适用现有设计抗辩。而且外观设计专利权评价报告由请求人提交，不符合现有设计证据提交主体的要求。

根据《专利侵权纠纷行政裁决办案指南》规定，在适用现有设计抗辩时，应当仅将一项现有设计与被控侵权产品外观设计进行比较，并采用相同或实质相同的判断标准。根据上述规定，现有设计证据需证明被控侵权设计与一项现有设计相同或实质相同。对于本案，根据《专利法实施细则》第五十六条及《专利审查指南》相关规定，外观设计专利权评价报告是对外观设计专利是否符合专利法及其实施细则规定的授予专利权条件的评价，包括反映对比文件与被评价专利相关程度的表格部分，以及被评价专利是否符合授予专利权的条件的说明部分。因此，外观设计专利权评价报告不能证明被控侵权设计与现有设计是否相同或实质相同。

特此批复。

● 案例指引

1. 电信公司诉通信公司、科技公司侵犯专利权纠纷案（《最高人民法院公报》2010年第10期）

案例要旨：现有技术抗辩是指在专利侵权纠纷中被控侵权人以其实施的技术属于现有技术为由，对抗专利侵权指控的不侵权抗辩事由。如被控侵权人有充分证据证明其实施的技术方案属于一份对比文献中记载的一项现有技术方案与所属领域技术人员广为熟知的常识的简单组合，则应当认定被控侵权人主张的现有技术抗辩成立，被控侵权物不构成侵犯专利权。

2. 电器制造公司与科技公司等侵害实用新型专利权纠纷案（《最高人民法院公报》2020 年第 5 期）

案例要旨：侵害专利权纠纷案件中，被诉侵权人举证证明被诉侵权技术方案属于现有技术，由此主张其行为不构成侵犯专利权的，即构成现有技术抗辩。鉴于现有技术证据均早于专利申请日，为维护生效裁判既判力，规范诉讼程序，避免对专利权人造成诉讼突袭并架空第一、二审诉讼程序，引导当事人在第一、二审程序中充分抗辩、解决纠纷，对于被诉侵权人在再审审查程序中首次提出的现有技术抗辩理由和证据，不应予以审查。

3. 电器公司诉科技公司、黄某侵害实用新型专利权纠纷案（人民法院案例库 2023-13-2-160-058）

裁判摘要：为查明案件事实、提高审判质效而适当行使释明权既是司法权力更是司法责任。人民法院可以根据案件具体情况，考虑关联案件的结果协调以及当事人的诉讼主张、诉讼能力等因素，行使释明权。专利权利人基于相同专利权利要求请求救济的关联案件中，部分案件被诉侵权人提出现有技术抗辩而其余案件被诉侵权人未提出该抗辩的，人民法院可以就此行使释明权。

4. 甲家具公司诉乙家具公司专利权权属、侵权纠纷案（人民法院案例库 2023-09-2-160-020）

裁判摘要：微信平台作为信息交流和分享的社交网络平台，已具备互联网营销推广平台的功能。相关用户在该平台发布销售信息，通过在好友间传播并被扩散至更大的范围，能够达到向不特定公众推广销售相关商品或服务的目的。在该用户对允许朋友查看朋友圈的范围和时间未作出特别限定的情况下，相关信息处于公众随时能够获取的状态，该发布行为构成专利法意义上的公开。

5. 胡某哲诉某经营部侵害实用新型专利权纠纷案（人民法院案例库 2024-13-2-160-020）

裁判摘要：专利权被独占实施许可后，包括专利权人本人在内的其他任何人均不得实施该专利,但专利权人主张停止侵害、赔偿损失等权利并不因此受到影响。独占实施被许可人可以根据许可协议约定,在专利权人获得侵权赔偿后向专利权人追偿。在解释从属权利要求时应当进行体系化解释,即除了结合说明书和附图,相关内容还需结合该从属权利要求所引用的独立权利要求,以确定该从属权利要求所描述技术特征的准确含义。对于被告在提出现有技术抗辩时将涉案专利与现有技术进行比对的做法,人民法院应当在释明后将被诉侵权技术方案与现有技术进行比对,以确定被诉侵权技术方案与现有技术、现有技术与公知常识的结合是否相同或无实质性差异。

第六十八条　假冒他人专利的处罚

> 假冒专利的,除依法承担民事责任外,由负责专利执法的部门责令改正并予公告,没收违法所得,可以处违法所得五倍以下的罚款;没有违法所得或者违法所得在五万元以下的,可以处二十五万元以下的罚款;构成犯罪的,依法追究刑事责任。

● 法　律

1.《刑法》(2023 年 12 月 29 日)

第 216 条　假冒他人专利,情节严重的,处三年以下有期徒刑或者拘役,并处或者单处罚金。

第 220 条　单位犯本节第二百一十三条至第二百一十九条之一规定之罪的,对单位判处罚金,并对其直接负责的主管人员和其他直接责任人员,依照本节各该条的规定处罚。①

---

① 根据 2020 年 12 月 26 日《刑法修正案(十一)》修改。原条文为:"单位犯本节第二百一十三条至第二百一十九条规定之罪的,对单位判处罚金,并对其直接负责的主管人员和其他直接责任人员,依照本节各该条的规定处罚。"

● 司法解释及文件

2.《最高人民法院、最高人民检察院关于办理侵犯知识产权刑事案件具体应用法律若干问题的解释》（2004年12月8日 法释〔2004〕19号）

第4条 假冒他人专利，具有下列情形之一的，属于刑法第二百一十六条规定的"情节严重"，应当以假冒专利罪判处三年以下有期徒刑或者拘役，并处或者单处罚金：

（一）非法经营数额在二十万元以上或者违法所得数额在十万元以上的；

（二）给专利权人造成直接经济损失五十万元以上的；

（三）假冒两项以上他人专利，非法经营数额在十万元以上或者违法所得数额在五万元以上的；

（四）其他情节严重的情形。

● 请示答复

3.《国家知识产权局关于专利法中假冒专利和广告法中涉嫌专利违法法条适用的批复》（2021年10月9日 国知发保函字〔2021〕160号）

山东省、安徽省知识产权局：

《山东省市场监督管理局关于专利标识标注不规范行为有关问题的请示》《安徽省知识产权局关于同一违法事实法律适用问题的请示》收悉。经商市场监管总局，现答复如下：

一、关于无效后或者终止后继续在产品或者其包装上标注专利标识的行为

根据专利法实施细则第八十四条的规定，"专利权被宣告无效后或者终止后继续在产品或者其包装上标注专利标识"的行为属于专利法第六十八条规定的假冒专利的行为。同时，商品包装上除法律、法规或者国家有关规定要求标注外的文字、图形、画

面等，符合商业广告特征的，也可以适用《广告法》的规定。因此，在产品或者其包装上标注被宣告无效后或者终止后专利的，既可以适用广告法进行处罚，也可以适用专利法进行处罚，罚款数额依据《行政处罚法》第二十九条规定执行。

二、关于标注他人的专利号和有关销售的行为

"未经许可在产品或者产品包装上标注他人的专利号""在产品说明书等材料中未经许可使用他人的专利号""伪造或者变造专利证书、专利文件或者专利申请文件"的行为，以及销售"未经许可在产品或者产品包装上标注他人的专利号"产品、销售"在未被授予专利权的产品或者其包装上标注专利标识"产品、销售"专利权被宣告无效后或者终止后继续在产品或者其包装上标注专利标识"产品的行为，按照专利法实施细则第八十四条的规定进行认定。

三、关于在产品说明书等材料中使用未授予专利的行为

对于在产品说明书等材料中将专利申请称为专利的行为，适用专利法实施细则第八十四条进行认定。对于将上述产品说明书作为广告或使用未授予专利权的专利申请作为广告的行为，适用广告法第十二条进行认定。

四、关于专利标志标识标注的规范

广告中涉及专利产品或者专利方法的，应当标明专利号和专利种类。销售行为中的专利标志标识不规范行为适用《专利标识标注办法》进行认定。

特此批复。

4.《国家知识产权局办公室关于〈中华人民共和国专利法实施细则〉有关法条适用问题的函》（2021年12月29日　国知办函保字〔2021〕1227号）

广西壮族自治区知识产权局：

《广西壮族自治区知识产权局关于〈中华人民共和国专利法

实施细则〉有关法条适用问题的请示》（桂知报〔2021〕2号）收悉。经研究，现答复如下。

修改后的《中华人民共和国专利法》已自2021年6月1日起施行，第六十八条规定了假冒专利行为的法律责任，现行《中华人民共和国专利法实施细则》第八十四条对假冒专利行为进行了细化。因修改后《中华人民共和国专利法》的相关条款序号作出了调整，且《中华人民共和国专利法实施细则》目前正在修改过程中，关于现行实施细则援引的修改前的专利法相关条款序号，宜适应性理解为修改后的专利法相关条款序号予以适用。因此，负责专利执法的部门在办案中可以适用《中华人民共和国专利法》第六十八条、《中华人民共和国专利法实施细则》第八十四条查处假冒专利行为。

特此函复。

第六十九条　调查手段措施

负责专利执法的部门根据已经取得的证据，对涉嫌假冒专利行为进行查处时，有权采取下列措施：

（一）询问有关当事人，调查与涉嫌违法行为有关的情况；

（二）对当事人涉嫌违法行为的场所实施现场检查；

（三）查阅、复制与涉嫌违法行为有关的合同、发票、账簿以及其他有关资料；

（四）检查与涉嫌违法行为有关的产品；

（五）对有证据证明是假冒专利的产品，可以查封或者扣押。

管理专利工作的部门应专利权人或者利害关系人的请求处理专利侵权纠纷时，可以采取前款第（一）项、第（二）项、第（四）项所列措施。

负责专利执法的部门、管理专利工作的部门依法行使前两款规定的职权时，当事人应当予以协助、配合，不得拒绝、阻挠。

● 司法解释及文件

《最高人民法院关于审理专利纠纷案件适用法律问题的若干规定》
（2020年12月29日　法释〔2020〕19号）

第18条　专利法第十一条、第六十九条所称的许诺销售，是指以做广告、在商店橱窗中陈列或者在展销会上展出等方式作出销售商品的意思表示。

第七十条　专利侵权纠纷的处理

国务院专利行政部门可以应专利权人或者利害关系人的请求处理在全国有重大影响的专利侵权纠纷。

地方人民政府管理专利工作的部门应专利权人或者利害关系人请求处理专利侵权纠纷，对在本行政区域内侵犯其同一专利权的案件可以合并处理；对跨区域侵犯其同一专利权的案件可以请求上级地方人民政府管理专利工作的部门处理。

第七十一条　侵权赔偿数额的确定

侵犯专利权的赔偿数额按照权利人因被侵权所受到的实际损失或者侵权人因侵权所获得的利益确定；权利人的损失或者侵权人获得的利益难以确定的，参照该专利许可使用费的倍数合理确定。对故意侵犯专利权，情节严重的，可以在按照上述方法确定数额的一倍以上五倍以下确定赔偿数额。

权利人的损失、侵权人获得的利益和专利许可使用费均难以确定的，人民法院可以根据专利权的类型、侵权行为的性质和情节等因素，确定给予三万元以上五百万元以下的赔偿。

赔偿数额还应当包括权利人为制止侵权行为所支付的合理开支。

人民法院为确定赔偿数额，在权利人已经尽力举证，而与侵权行为相关的账簿、资料主要由侵权人掌握的情况下，可以责令侵权人提供与侵权行为相关的账簿、资料；侵权人不提供或者提供虚假的账簿、资料的，人民法院可以参考权利人的主张和提供的证据判定赔偿数额。

● 司法解释及文件

1.《最高人民法院关于审理侵犯专利权纠纷案件应用法律若干问题的解释》（2009年12月28日　法释〔2009〕21号）

第16条　人民法院依据专利法第六十五条第一款的规定确定侵权人因侵权所获得的利益，应当限于侵权人因侵犯专利权行为所获得的利益；因其他权利所产生的利益，应当合理扣除。

侵犯发明、实用新型专利权的产品系另一产品的零部件的，人民法院应当根据该零部件本身的价值及其在实现成品利润中的作用等因素合理确定赔偿数额。

侵犯外观设计专利权的产品为包装物的，人民法院应当按照包装物本身的价值及其在实现被包装产品利润中的作用等因素合理确定赔偿数额。

● 请示答复

2.《国家知识产权局关于"故意侵犯知识产权"认定标准有关事宜的批复》（2021年10月11日　国知发保函字〔2021〕161号）

黑龙江省知识产权局：

《黑龙江省知识产权局关于"故意侵犯知识产权"标准认定有关事宜的请示》（黑知呈〔2021〕13号）收悉。经研究，现批复如下：

一、关于"故意侵犯知识产权"行为的认定标准

知识产权是受法律保护的合法权利，侵犯知识产权需要承担相应的责任。近年来，我国已在知识产权领域全面建立并实施侵权惩罚性赔偿制度，加大对故意侵权行为的损害赔偿力度。《民法典》第一千一百八十五条规定，"故意侵害他人知识产权，情节严重的，被侵权人有权请求相应的惩罚性赔偿"，明确了知识产权侵权惩罚性赔偿的总原则。《专利法》《商标法》等主要知识产权单行法也都有侵权惩罚性赔偿相关规定。《最高人民法院关于审理侵害知识产权民事案件适用惩罚性赔偿的解释》（法释〔2021〕4号）统一和细化了侵害知识产权案件适用惩罚性赔偿的规定。

在知识产权惩罚性赔偿规定中，"故意"是知识产权惩罚性赔偿条款适用的主观要件，惩罚性赔偿作为对侵权人的加重处罚，对侵权行为的主观过错程度要求更高。"情节严重"是惩罚性赔偿条款的另一构成要件，主要是针对行为人实施侵权行为的手段方式及其造成的后果等客观方面作出的评价，一般不直接涉及对行为人主观状态的判断。因此，在细化"故意侵犯知识产权"认定标准时，应注意依法加强知识产权保护，把"故意"和"情节严重"进行科学区分，避免对两个构成要件进行不适当的交叉或者重复评价。

基于上述考虑，来函标准中的第六项和第七项建议列入客观情节的判断为宜。

二、关于"故意侵犯知识产权"行为是否列入严重违法失信名单的判断

《市场监督管理严重违法失信名单管理办法》（总局令第44号）（以下简称《办法》）第九条明确，实施故意侵犯知识产权等破坏公平竞争秩序和扰乱市场秩序的违法行为且属于本办法第

二条规定情形的，列入严重违法失信名单。《办法》第二条指出，当事人违反法律、行政法规，性质恶劣、情节严重、社会危害较大，受到较重行政处罚的，列入严重违法失信名单。所称较重行政处罚包括：（一）依照行政处罚裁量基准，按照从重处罚原则处以罚款；（二）降低资质等级、吊销许可证件、营业执照；（三）限制开展生产经营活动、责令停产停业、责令关闭、限制从业；（四）法律、行政法规和部门规章规定的其他较重行政处罚。同时，《办法》第十二条指出，判断违法行为是否属于性质恶劣、情节严重、社会危害较大的情形，应当综合考虑主观恶意、违法频次、持续时间、处罚类型、罚没款数额、产品货值金额、对人民群众生命健康的危害、财产损失和社会影响等因素。

基于上述规定和要求，在根据《办法》第九条判断是否将"故意侵犯知识产权"行为列入严重违法失信名单，应同时根据《办法》第二条判断该行为是否受到较重行政处罚，根据《办法》第十二条判断该行为是否属于性质恶劣、情节严重、社会危害较大的情形。

特此批复。

● 案例指引

1. 文具公司诉某集团等侵害外观设计专利权纠纷案（《最高人民法院公报》2019年第1期）

案例要旨：关于外观设计近似的判断，应遵循"整体观察，综合判断"的原则。在具体案件中，既应考察被诉侵权设计与授权外观设计的相似性，也考察其差异性；应分别从被诉侵权产品与授权外观设计的相同设计特征和区别设计特征出发，就其对整体视觉效果的影响分别进行客观分析，避免主观因素的影响。未付出创造性劳动，通过在授权外观设计的基础上，改变或添加不具有实质性区别的设计元素以及图案和色彩，实施外观设计专利的，构成对外观设计专利权的侵犯。

2. 电器公司诉电力电器公司、电气公司侵害发明专利权纠纷案（人民法院案例库 2023-13-2-160-001）

裁判摘要：专利权人在侵害专利权纠纷诉讼程序中支出的维权合理开支，一般应为该侵害专利权纠纷诉讼程序中专利权人为制止被诉侵权人的违法行为直接产生的相关费用。对于相关专利权无效宣告程序中产生的费用，无论无效宣告请求人是否为被诉侵权人，一般均不属于专利权人的维权合理开支的范围。

3. 甲公司诉某修配厂、乙公司侵害发明专利权纠纷案（人民法院案例库 2023-13-2-160-020）

裁判摘要：专利权利人主张合法来源抗辩成立的侵权产品使用者负担维权合理开支的，人民法院可以视情予以支持。该合法来源抗辩成立的侵权使用者与其他侵权行为实施者同为被告时，维权合理开支的分担可以综合考虑其各自侵害行为所造成的损害、与专利权利人维权行为的因果关系或者关联程度、对专利权利人维权行为的顺利开展是否造成阻碍、是否导致维权费用增加等因素来确定。

4. 甲生物技术公司、生物材料公司诉乙生物技术公司、生物制品经营公司、生物科技公司侵害发明专利权纠纷案（人民法院案例库 2023-13-2-160-068）

裁判摘要：作为化学产品，如果通过加工方法仅是去除了原料中的杂质，并未改变该物质的分子式或结构式，如官能集团、分子立体构型等，在该化合物的化学名称、分子式或结构式、理化参数等未发生变化的情况下，经过提纯加工方法得到的纯度更高的产品，并不属于专利法意义上的新产品。

5. 电子公司诉商贸公司等侵害发明专利权纠纷案（人民法院案例库 2023-13-2-160-012）

裁判摘要：解释专利权利要求时，需要准确识别说明书记载的相关内容属于对权利要求用语的特别界定还是该权利要求的具体实施方式。说明书对此有明确表述的，以其表述为准；没有明确表述的，应当综合考量发明目的、发明构思、相关用语所属权利要求意图保护的技术方案等因素，从整体上予以考量。说明书对于权利要求中的技术术语没有作出特别界定的，应当首先按照本领域技术人员对于该技术术语的通常理解，而非直接按照日常生活中的通常含义进行解释。本领域技术人员对于技术术语的通常理解，可以结合有关技术词典、技术手册、工具书、教科书、国家或者行业技术标准等公知常识性证据，并可优选与涉案专利技术所属领域相近程度更高的证据予以确定。

6. 甲家具公司诉乙家具公司、丙家具公司、某学院侵害实用新型专利权纠纷案（人民法院案例库 2023-13-2-160-054）

裁判摘要： 加工承揽关系中提供技术方案的定作人实质上决定了专利技术方案的实施，其与承揽人等直接实施专利的主体构成专利共同实施者。侵害专利权纠纷案件中，部分共同侵权人与权利人达成和解并已实际赔偿权利人部分损失的，为避免权利人双重获利，其余共同侵权人仅就扣减该已付赔偿后的侵权损失向权利人承担连带赔偿责任。

第七十二条　诉前禁令

专利权人或者利害关系人有证据证明他人正在实施或者即将实施侵犯专利权、妨碍其实现权利的行为，如不及时制止将会使其合法权益受到难以弥补的损害的，可以在起诉前依法向人民法院申请采取财产保全、责令作出一定行为或者禁止作出一定行为的措施。

第七十三条　证据保全

为了制止专利侵权行为，在证据可能灭失或者以后难以取得的情况下，专利权人或者利害关系人可以在起诉前依法向人民法院申请保全证据。

第七十四条　诉讼时效

> 侵犯专利权的诉讼时效为三年,自专利权人或者利害关系人知道或者应当知道侵权行为以及侵权人之日起计算。
>
> 发明专利申请公布后至专利权授予前使用该发明未支付适当使用费的,专利权人要求支付使用费的诉讼时效为三年,自专利权人知道或者应当知道他人使用其发明之日起计算,但是,专利权人于专利权授予之日前即已知道或者应当知道的,自专利权授予之日起计算。

● 法　律

1. 《民法典》(2020 年 5 月 28 日)

第 188 条　向人民法院请求保护民事权利的诉讼时效期间为三年。法律另有规定的,依照其规定。

诉讼时效期间自权利人知道或者应当知道权利受到损害以及义务人之日起计算。法律另有规定的,依照其规定。但是,自权利受到损害之日起超过二十年的,人民法院不予保护,有特殊情况的,人民法院可以根据权利人的申请决定延长。

● 司法解释及文件

2. 《最高人民法院关于审理侵犯专利权纠纷案件应用法律若干问题的解释(二)》(2020 年 12 月 29 日　法释〔2020〕19 号)

第 18 条　权利人依据专利法第十三条诉请在发明专利申请公布日至授权公告日期间实施该发明的单位或者个人支付适当费用的,人民法院可以参照有关专利许可使用费合理确定。

发明专利申请公布时申请人请求保护的范围与发明专利公告授权时的专利权保护范围不一致,被诉技术方案均落入上述两种范围的,人民法院应当认定被告在前款所称期间内实施了该发明;被诉技术方案仅落入其中一种范围的,人民法院应当认定被告在前款所称期间内未实施该发明。

发明专利公告授权后，未经专利权人许可，为生产经营目的使用、许诺销售、销售在本条第一款所称期间内已由他人制造、销售、进口的产品，且该他人已支付或者书面承诺支付专利法第十三条规定的适当费用的，对于权利人关于上述使用、许诺销售、销售行为侵犯专利权的主张，人民法院不予支持。

第七十五条　专利侵权例外规定

有下列情形之一的，不视为侵犯专利权：

（一）专利产品或者依照专利方法直接获得的产品，由专利权人或者经其许可的单位、个人售出后，使用、许诺销售、销售、进口该产品的；

（二）在专利申请日前已经制造相同产品、使用相同方法或者已经作好制造、使用的必要准备，并且仅在原有范围内继续制造、使用的；

（三）临时通过中国领陆、领水、领空的外国运输工具，依照其所属国同中国签订的协议或者共同参加的国际条约，或者依照互惠原则，为运输工具自身需要而在其装置和设备中使用有关专利的；

（四）专为科学研究和实验而使用有关专利的；

（五）为提供行政审批所需要的信息，制造、使用、进口专利药品或者专利医疗器械的，以及专门为其制造、进口专利药品或者专利医疗器械的。

● 司法解释及文件

《最高人民法院关于审理侵犯专利权纠纷案件应用法律若干问题的解释》（2009年12月28日　法释〔2009〕21号）

第15条　被诉侵权人以非法获得的技术或者设计主张先用

权抗辩的，人民法院不予支持。

有下列情形之一的，人民法院应当认定属于专利法第六十九条第（二）项规定的已经作好制造、使用的必要准备：

（一）已经完成实施发明创造所必需的主要技术图纸或者工艺文件；

（二）已经制造或者购买实施发明创造所必需的主要设备或者原材料。

专利法第六十九条第（二）项规定的原有范围，包括专利申请日前已有的生产规模以及利用已有的生产设备或者根据已有的生产准备可以达到的生产规模。

先用权人在专利申请日后将其已经实施或作好实施必要准备的技术或设计转让或者许可他人实施，被诉侵权人主张该实施行为属于在原有范围内继续实施的，人民法院不予支持，但该技术或设计与原有企业一并转让或者承继的除外。

● 案例指引

制药公司诉市知识产权局、知识产权公司行政裁决纠纷案（人民法院案例库 2024-09-3-017-001）

裁判摘要：《专利法》关于药品和医疗器械行政审批的侵权例外，仅适用于为了获得仿制药品和医疗器械行政审批所需要的信息而实施专利的行为人，以及为前述行为人获得行政审批而实施专利的行为人。后一主体以药品和医疗器械行政审批例外为由提出抗辩时，应当以前一主体的实际存在为前提和条件。后一主体针对不确定的第三人（非前一主体）许诺销售专利产品的，不具备适用药品和医疗器械行政审批侵权例外的前提和条件。

第七十六条　与申请注册的药品相关的专利权纠纷

药品上市审评审批过程中，药品上市许可申请人与有关专利权人或者利害关系人，因申请注册的药品相关的专利权产生纠纷的，相关当事人可以向人民法院起诉，请求就申请注册的药品相关技术方案是否落入他人药品专利权保护范围作出判决。国务院药品监督管理部门在规定的期限内，可以根据人民法院生效裁判作出是否暂停批准相关药品上市的决定。

药品上市许可申请人与有关专利权人或者利害关系人也可以就申请注册的药品相关的专利权纠纷，向国务院专利行政部门请求行政裁决。

国务院药品监督管理部门会同国务院专利行政部门制定药品上市许可审批与药品上市许可申请阶段专利权纠纷解决的具体衔接办法，报国务院同意后实施。

● 案例指引

1. 某株式会社与药业公司确认是否落入专利权保护范围纠纷案
（《最高人民法院公报》2024 年第 10 期）

案例要旨： 仿制药申请人依据《药品专利纠纷早期解决机制实施办法（试行）》第 6 条的规定，作出其申请的仿制药技术方案不落入被仿制药品专利权保护范围的声明，原则上应当针对被仿制药品所对应的保护范围最大的权利要求，以保证声明的真实性和准确性。中国上市药品专利信息登记平台公开了被仿制药品所对应的两个或者两个以上的独立权利要求时，仿制药申请人应当针对该两个或者两个以上独立权利要求作出声明。在药品专利链接诉讼中，判断仿制药的技术方案是否落入专利权保护范围时，原则上应当以仿制药申请人的申报资料为依据进行比对评判；仿制药申请人实际实施的技术方案与申报资料是否相同，一般不属于药品专利链接诉讼的审查范围。

2. 某制药株式会社诉药业公司确认是否落入专利权保护范围纠纷案（人民法院案例库 2024-13-2-487-002）

　　裁判摘要： 因专利法施行之后、药品专利纠纷早期解决机制实施办法施行之前申请注册药品产生的专利权纠纷，当事人可以根据《专利法》第 76 条第 1 款的规定提起诉讼。即使因有关衔接办法尚未施行致使当事人客观上无法提交有关材料，亦不影响人民法院依法受理。根据《专利法》第 76 条第 1 款的规定，当事人提起药品专利链接诉讼应当符合以下条件：系在药品上市审评审批过程中提起诉讼；提起诉讼的主体系药品上市许可申请人或者有关专利权人、利害关系人；系因申请注册的药品相关的专利权产生的纠纷提起诉讼；诉讼请求的内容系确认申请注册的药品相关技术方案是否落入药品专利权保护范围。此外，专利权人及其利害关系人提起该类诉讼还应当以合法有效的专利权为基础。

第七十七条　赔偿责任的免除

　　为生产经营目的使用、许诺销售或者销售不知道是未经专利权人许可而制造并售出的专利侵权产品，能证明该产品合法来源的，不承担赔偿责任。

● 案例指引

装备公司诉科创公司、新能源公司侵害发明专利权纠纷案（人民法院案例库 2023-13-2-160-022）

　　裁判摘要： 是否守法规范经营和谨慎理性交易可以作为合法来源抗辩主观要件审查的重要考量因素。主张合法来源抗辩的使用者曾向权利人购买使用涉案技术制造的产品并且依约负有相关技术保密义务，后又于专利授权后以明显低于权利人专利产品售价的价格向他人购买相同产品的，其对产品的权利瑕疵负有更高的注意义务。使用者不能证明其已履行上述注意义务的，对其合法来源抗辩可不予支持。

第七十八条　泄露国家秘密的处罚

违反本法第十九条规定向外国申请专利，泄露国家秘密的，由所在单位或者上级主管机关给予行政处分；构成犯罪的，依法追究刑事责任。

第七十九条　主管部门推荐专利产品的禁止及处罚

管理专利工作的部门不得参与向社会推荐专利产品等经营活动。

管理专利工作的部门违反前款规定的，由其上级机关或者监察机关责令改正，消除影响，有违法收入的予以没收；情节严重的，对直接负责的主管人员和其他直接责任人员依法给予处分。

第八十条　渎职处罚

从事专利管理工作的国家机关工作人员以及其他有关国家机关工作人员玩忽职守、滥用职权、徇私舞弊，构成犯罪的，依法追究刑事责任；尚不构成犯罪的，依法给予处分。

第八章　附　　则

第八十一条　手续费用缴纳

向国务院专利行政部门申请专利和办理其他手续，应当按照规定缴纳费用。

第八十二条　施行日期

本法自 1985 年 4 月 1 日起施行。

中华人民共和国著作权法

（1990年9月7日第七届全国人民代表大会常务委员会第十五次会议通过　根据2001年10月27日第九届全国人民代表大会常务委员会第二十四次会议《关于修改〈中华人民共和国著作权法〉的决定》第一次修正　根据2010年2月26日第十一届全国人民代表大会常务委员会第十三次会议《关于修改〈中华人民共和国著作权法〉的决定》第二次修正　根据2020年11月11日第十三届全国人民代表大会常务委员会第二十三次会议《关于修改〈中华人民共和国著作权法〉的决定》第三次修正）

目　录

第一章　总　则
第二章　著作权
　第一节　著作权人及其权利
　第二节　著作权归属
　第三节　权利的保护期
　第四节　权利的限制
第三章　著作权许可使用和转让合同
第四章　与著作权有关的权利
　第一节　图书、报刊的出版
　第二节　表　演
　第三节　录音录像
　第四节　广播电台、电视台播放
第五章　著作权和与著作权有关的权利的保护
第六章　附　则

第一章 总　　则

第一条 立法宗旨

> 为保护文学、艺术和科学作品作者的著作权，以及与著作权有关的权益，鼓励有益于社会主义精神文明、物质文明建设的作品的创作和传播，促进社会主义文化和科学事业的发展与繁荣，根据宪法制定本法。

● **行政法规及文件**

《著作权法实施条例》（2013年1月30日）

第1条　根据《中华人民共和国著作权法》（以下简称著作权法），制定本条例。

第2条　著作权法所称作品，是指文学、艺术和科学领域内具有独创性并能以某种有形形式复制的智力成果。

第3条　著作权法所称创作，是指直接产生文学、艺术和科学作品的智力活动。

为他人创作进行组织工作，提供咨询意见、物质条件，或者进行其他辅助工作，均不视为创作。

第4条　著作权法和本条例中下列作品的含义：

（一）文字作品，是指小说、诗词、散文、论文等以文字形式表现的作品；

（二）口述作品，是指即兴的演说、授课、法庭辩论等以口头语言形式表现的作品；

（三）音乐作品，是指歌曲、交响乐等能够演唱或者演奏的带词或者不带词的作品；

（四）戏剧作品，是指话剧、歌剧、地方戏等供舞台演出的作品；

（五）曲艺作品，是指相声、快书、大鼓、评书等以说唱为主要形式表演的作品；

（六）舞蹈作品，是指通过连续的动作、姿势、表情等表现思想情感的作品；

（七）杂技艺术作品，是指杂技、魔术、马戏等通过形体动作和技巧表现的作品；

（八）美术作品，是指绘画、书法、雕塑等以线条、色彩或者其他方式构成的有审美意义的平面或者立体的造型艺术作品；

（九）建筑作品，是指以建筑物或者构筑物形式表现的有审美意义的作品；

（十）摄影作品，是指借助器械在感光材料或者其他介质上记录客观物体形象的艺术作品；

（十一）电影作品和以类似摄制电影的方法创作的作品，是指摄制在一定介质上，由一系列有伴音或者无伴音的画面组成，并且借助适当装置放映或者以其他方式传播的作品；

（十二）图形作品，是指为施工、生产绘制的工程设计图、产品设计图，以及反映地理现象、说明事物原理或者结构的地图、示意图等作品；

（十三）模型作品，是指为展示、试验或者观测等用途，根据物体的形状和结构，按照一定比例制成的立体作品。

第 5 条 著作权法和本条例中下列用语的含义：

（一）时事新闻，是指通过报纸、期刊、广播电台、电视台等媒体报道的单纯事实消息；

（二）录音制品，是指任何对表演的声音和其他声音的录制品；

（三）录像制品，是指电影作品和以类似摄制电影的方法创作的作品以外的任何有伴音或者无伴音的连续相关形象、图像的录制品；

（四）录音制作者，是指录音制品的首次制作人；

（五）录像制作者，是指录像制品的首次制作人；

（六）表演者，是指演员、演出单位或者其他表演文学、艺术作品的人。

第6条 著作权自作品创作完成之日起产生。

第7条 著作权法第二条第三款规定的首先在中国境内出版的外国人、无国籍人的作品，其著作权自首次出版之日起受保护。

第8条 外国人、无国籍人的作品在中国境外首先出版后，30日内在中国境内出版的，视为该作品同时在中国境内出版。

第9条 合作作品不可以分割使用的，其著作权由各合作作者共同享有，通过协商一致行使；不能协商一致，又无正当理由的，任何一方不得阻止他方行使除转让以外的其他权利，但是所得收益应当合理分配给所有合作作者。

第10条 著作权人许可他人将其作品摄制成电影作品和以类似摄制电影的方法创作的作品的，视为已同意对其作品进行必要的改动，但是这种改动不得歪曲篡改原作品。

第11条 著作权法第十六条第一款关于职务作品的规定中的"工作任务"，是指公民在该法人或者该组织中应当履行的职责。

著作权法第十六条第二款关于职务作品的规定中的"物质技术条件"，是指该法人或者该组织为公民完成创作专门提供的资金、设备或者资料。

第12条 职务作品完成两年内，经单位同意，作者许可第三人以与单位使用的相同方式使用作品所获报酬，由作者与单位按约定的比例分配。

作品完成两年的期限，自作者向单位交付作品之日起计算。

第13条 作者身份不明的作品，由作品原件的所有人行使除署名权以外的著作权。作者身份确定后，由作者或者其继承人行使著作权。

第14条　合作作者之一死亡后，其对合作作品享有的著作权法第十条第一款第五项至第十七项规定的权利无人继承又无人受遗赠的，由其他合作作者享有。

第15条　作者死亡后，其著作权中的署名权、修改权和保护作品完整权由作者的继承人或者受遗赠人保护。

著作权无人继承又无人受遗赠的，其署名权、修改权和保护作品完整权由著作权行政管理部门保护。

第16条　国家享有著作权的作品的使用，由国务院著作权行政管理部门管理。

第17条　作者生前未发表的作品，如果作者未明确表示不发表，作者死亡后50年内，其发表权可由继承人或者受遗赠人行使；没有继承人又无人受遗赠的，由作品原件的所有人行使。

第18条　作者身份不明的作品，其著作权法第十条第一款第五项至第十七项规定的权利的保护期截止于作品首次发表后第50年的12月31日。作者身份确定后，适用著作权法第二十一条的规定。

第19条　使用他人作品的，应当指明作者姓名、作品名称；但是，当事人另有约定或者由于作品使用方式的特性无法指明的除外。

第20条　著作权法所称已经发表的作品，是指著作权人自行或者许可他人公之于众的作品。

第21条　依照著作权法有关规定，使用可以不经著作权人许可的已经发表的作品的，不得影响该作品的正常使用，也不得不合理地损害著作权人的合法利益。

第22条　依照著作权法第二十三条、第三十三条第二款、第四十条第三款的规定使用作品的付酬标准，由国务院著作权行政管理部门会同国务院价格主管部门制定、公布。

第 23 条　使用他人作品应当同著作权人订立许可使用合同，许可使用的权利是专有使用权的，应当采取书面形式，但是报社、期刊社刊登作品除外。

第 24 条　著作权法第二十四条规定的专有使用权的内容由合同约定，合同没有约定或者约定不明的，视为被许可人有权排除包括著作权人在内的任何人以同样的方式使用作品；除合同另有约定外，被许可人许可第三人行使同一权利，必须取得著作权人的许可。

第 25 条　与著作权人订立专有许可使用合同、转让合同的，可以向著作权行政管理部门备案。

第 26 条　著作权法和本条例所称与著作权有关的权益，是指出版者对其出版的图书和期刊的版式设计享有的权利，表演者对其表演享有的权利，录音录像制作者对其制作的录音录像制品享有的权利，广播电台、电视台对其播放的广播、电视节目享有的权利。

第 27 条　出版者、表演者、录音录像制作者、广播电台、电视台行使权利，不得损害被使用作品和原作品著作权人的权利。

第 28 条　图书出版合同中约定图书出版者享有专有出版权但没有明确其具体内容的，视为图书出版者享有在合同有效期限内和在合同约定的地域范围内以同种文字的原版、修订版出版图书的专有权利。

第 29 条　著作权人寄给图书出版者的两份订单在 6 个月内未能得到履行，视为著作权法第三十二条所称图书脱销。

第 30 条　著作权人依照著作权法第三十三条第二款声明不得转载、摘编其作品的，应当在报纸、期刊刊登该作品时附带声明。

第 31 条　著作权人依照著作权法第四十条第三款声明不得对其作品制作录音制品的，应当在该作品合法录制为录音制品时声明。

第 32 条　依照著作权法第二十三条、第三十三条第二款、第四十条第三款的规定，使用他人作品的，应当自使用该作品之日起 2 个月内向著作权人支付报酬。

第 33 条　外国人、无国籍人在中国境内的表演，受著作权法保护。

外国人、无国籍人根据中国参加的国际条约对其表演享有的权利，受著作权法保护。

第 34 条　外国人、无国籍人在中国境内制作、发行的录音制品，受著作权法保护。

外国人、无国籍人根据中国参加的国际条约对其制作、发行的录音制品享有的权利，受著作权法保护。

第 35 条　外国的广播电台、电视台根据中国参加的国际条约对其播放的广播、电视节目享有的权利，受著作权法保护。

第 36 条　有著作权法第四十八条所列侵权行为，同时损害社会公共利益，非法经营额 5 万元以上的，著作权行政管理部门可处非法经营额 1 倍以上 5 倍以下的罚款；没有非法经营额或者非法经营额 5 万元以下的，著作权行政管理部门根据情节轻重，可处 25 万元以下的罚款。

第 37 条　有著作权法第四十八条所列侵权行为，同时损害社会公共利益的，由地方人民政府著作权行政管理部门负责查处。

国务院著作权行政管理部门可以查处在全国有重大影响的侵权行为。

第 38 条　本条例自 2002 年 9 月 15 日起施行。1991 年 5 月 24 日国务院批准、1991 年 5 月 30 日国家版权局发布的《中华人民共和国著作权法实施条例》同时废止。

第二条　适用范围

中国公民、法人或者非法人组织的作品，不论是否发表，依照本法享有著作权。

外国人、无国籍人的作品根据其作者所属国或者经常居住地国同中国签订的协议或者共同参加的国际条约享有的著作权，受本法保护。

外国人、无国籍人的作品首先在中国境内出版的，依照本法享有著作权。

未与中国签订协议或者共同参加国际条约的国家的作者以及无国籍人的作品首次在中国参加的国际条约的成员国出版的，或者在成员国和非成员国同时出版的，受本法保护。

● 行政法规及文件

1. 《著作权法实施条例》（2013年1月30日）

第6条　著作权自作品创作完成之日起产生。

第7条　著作权法第二条第三款规定的首先在中国境内出版的外国人、无国籍人的作品，其著作权自首次出版之日起受保护。

第8条　外国人、无国籍人的作品在中国境外首先出版后，30日内在中国境内出版的，视为该作品同时在中国境内出版。

2. 《实施国际著作权条约的规定》（2020年11月29日）

第1条　为实施国际著作权条约，保护外国作品著作权人的合法权益，制定本规定。

第2条　对外国作品的保护，适用《中华人民共和国著作权法》（以下称著作权法）、《中华人民共和国著作权法实施条例》、《计算机软件保护条例》和本规定。

第3条　本规定所称国际著作权条约，是指中华人民共和国

（以下称中国）参加的《伯尔尼保护文学和艺术作品公约》（以下称伯尔尼公约）和与外国签订的有关著作权的双边协定。

第4条 本规定所称外国作品，包括：

（一）作者或者作者之一，其他著作权人或者著作权人之一是国际著作权条约成员国的国民或者在该条约的成员国有经常居所的居民的作品；

（二）作者不是国际著作权条约成员国的国民或者在该条约的成员国有经常居所的居民，但是在该条约的成员国首次或者同时发表的作品；

（三）外商投资企业按照合同约定是著作权人或者著作权人之一的，其委托他人创作的作品。

第5条 对未发表的外国作品的保护期，适用著作权法第二十条、第二十一条的规定。

第6条 对外国实用艺术作品的保护期，为自该作品完成起二十五年。

美术作品（包括动画形象设计）用于工业制品的，不适用前款规定。

第7条 外国计算机程序作为文学作品保护，可以不履行登记手续，保护期为自该程序首次发表之年年底起五十年。

第8条 外国作品是由不受保护的材料编辑而成，但是在材料的选取或者编排上有独创性的，依照著作权法第十四条的规定予以保护。此种保护不排斥他人利用同样的材料进行编辑。

第9条 外国录像制品根据国际著作权条约构成电影作品的，作为电影作品保护。

第10条 将外国人已经发表的以汉族文字创作的作品，翻译成少数民族文字出版发行的，应当事先取得著作权人的授权。

第11条 外国作品著作权人，可以授权他人以任何方式、手段公开表演其作品或者公开传播对其作品的表演。

第 12 条 外国电影、电视和录像作品的著作权人可以授权他人公开表演其作品。

第 13 条 报刊转载外国作品，应当事先取得著作权人的授权；但是，转载有关政治、经济等社会问题的时事文章除外。

第 14 条 外国作品的著作权人在授权他人发行其作品的复制品后，可以授权或者禁止出租其作品的复制品。

第 15 条 外国作品的著作权人有权禁止进口其作品的下列复制品：

（一）侵权复制品；

（二）来自对其作品不予保护的国家的复制品。

第 16 条 表演、录音或者广播外国作品，适用伯尔尼公约的规定；有集体管理组织的，应当事先取得该组织的授权。

第 17 条 国际著作权条约在中国生效之日尚未在起源国进入公有领域的外国作品，按照著作权法和本规定规定的保护期受保护，到期满为止。

前款规定不适用于国际著作权条约在中国生效之日前发生的对外国作品的使用。

中国公民或者法人在国际著作权条约在中国生效之日前为特定目的而拥有和使用外国作品的特定复制本的，可以继续使用该作品的复制本而不承担责任；但是，该复制本不得以任何不合理地损害该作品著作权人合法权益的方式复制和使用。

前三款规定依照中国同有关国家签订的有关著作权的双边协定的规定实施。

第 18 条 本规定第五条、第十二条、第十四条、第十五条、第十七条适用于录音制品。

第 19 条 本规定施行前，有关著作权的行政法规与本规定有不同规定的，适用本规定。本规定与国际著作权条约有不同规定的，适用国际著作权条约。

第 20 条　国家版权局负责国际著作权条约在中国的实施。

第 21 条　本规定由国家版权局负责解释。

第 22 条　本规定自一九九二年九月三十日起施行。

● 国际条约

3.《保护文学和艺术作品伯尔尼公约》（1971 年 7 月 24 日）

第 3 条

一、根据本公约，

（一）作者为本同盟任何成员国的国民者，其作品无论是否已经出版，都受到保护；

（二）作者为非本同盟任何成员国的国民者，其作品首次在本同盟一个成员国出版，或在一个非本同盟成员国和一个同盟成员国同时出版的都受到保护；

二、非本同盟任何成员国的国民但其惯常住所在一个成员国国内的作者，为实施本公约享有该成员国国民的待遇。

三、"已出版作品"一词指得到作者同意后出版的作品，而不论其复制件的制作方式如何，只要从这部作品的性质来看，复制件的发行方式能满足公众的合理需要。戏剧、音乐戏剧或电影作品的表演，音乐作品的演奏，文学作品的公开朗诵，文学或艺术作品的有线传播或广播，美术作品的展出和建筑作品的建造不构成出版。

四、一个作品在首次出版后三十天内在两个或两个以上国家内出版，则该作品应视为同时在几个国家内出版。

● 案例指引

韩国某公司、IP（知识产权）公司诉软件公司、信息技术公司侵害计算机软件著作权纠纷案（人民法院案例库 2023-13-2-158-004）

　　裁判摘要：共有著作权人的权利行使可以参照适用《著作权法》及其实施条例关于合作作者行使合作作品著作权的规定。原则上，共有著作权人应当通过协商一致行使著作权;不能协商一致或者实际已不具备协商可能的,任何共有著作权人无正当理由不得阻止其他共有著作权人行使除转让、许可他人专有使用、出质以外的其他权利,但是所得收益应当合理分配给所有共有著作权人。

第三条　作品的范围

本法所称的作品,是指文学、艺术和科学领域内具有独创性并能以一定形式表现的智力成果,包括:

(一)文字作品;

(二)口述作品;

(三)音乐、戏剧、曲艺、舞蹈、杂技艺术作品;

(四)美术、建筑作品;

(五)摄影作品;

(六)视听作品;

(七)工程设计图、产品设计图、地图、示意图等图形作品和模型作品;

(八)计算机软件;

(九)符合作品特征的其他智力成果。

● 案例指引

1. 洪某远、邓某香诉食品公司、文化研发公司著作权侵权纠纷案(最高人民法院指导案例80号)

案例要旨:民间文学艺术衍生作品的表达系独立完成且有创作性的部分,符合《著作权法》保护的作品特征的,应当认定作者对其独创性部分享有著作权。

2. 张某燕诉雷某和、赵某、音像图书公司著作权侵权纠纷案(最高人民法院指导案例81号)

案例要旨:根据同一历史题材创作的作品中的题材主线、整体线索脉络,是社会共同财富,属于思想范畴,不能为个别人垄断,任何人都有权对此类题材加以利用并创作作品。判断作品是否构成侵权,应当从被诉侵权作品作者是否接触过权利人作品、被诉侵权作品与权利人作品之间是否构成实质相似等方面进行。在判断是否构成实质相似时,应比较作者在作品表达中的取舍、选择、安排、设计等是否相同或相似,不应从思想、情感、创意、对象等方面进行比较。按照《著作权法》保护作品的规定,人民法院应保护作者具有独创性的表达,即思想或情感的表现形式。对创意、素材、公有领域信息、创作形式、必要场景,以及具有唯一性或有限性的表达形式,则不予保护。

3. 甲杂技团诉乙杂技团等著作权权属、侵权纠纷案(《最高人民法院公报》2023年第9期)

案例要旨: 以杂技动作为主要表现形式,在动作衔接和编排上存在个性化安排、取舍和设计,具有一定艺术表现力和独创性的,可以认定为著作权法上的杂技艺术作品。公有领域中常规杂技动作的简单组合及重复因独创性不足,不属于《著作权法》保护范围。以杂技动作设计为主要内容,融入一定舞蹈动作设计的作品,可一体按杂技艺术作品予以保护。对于杂技节目中的配乐、服装、舞美设计,应根据其具体表现形式判断能否构成音乐或美术等其他类型作品,再认定是否予以独立保护。

4. 电商公司诉科技公司著作权侵权纠纷案(人民法院案例库2023-09-2-158-025)

裁判摘要: 审查利用公有领域素材加工、创作形成的作品是否享有著作权时,应着重审查该作品是否体现了创作者对公有领域元素内容的取舍、选择和安排,融入了作者个性化的构思和意志,是否具有独创性的表达。对本身包含公有领域元素的作品进行保护时,既应当注意保护作品作者对作品的创新,又应当注意保护其他创作者对公有领域素材的合理使用。

5. **甲杂技团诉乙杂技团、计算机系统公司、某电视台著作权权属、侵权纠纷案**（人民法院案例库 2023-09-2-158-002）

裁判摘要：以杂技动作为主要表现形式，在动作衔接和编排上存在个性化安排、取舍和设计的，可以认定为著作权法上的杂技艺术作品。杂技艺术作品以动作为基本元素，技巧也通过具体动作展现，但杂技艺术作品并不保护技巧本身，通常也不保护特定的单个动作，而是保护具有一定艺术性的连贯动作的编排。公有领域常规杂技动作的简单组合、重复由于独创性不足，亦不应受到《著作权法》的保护。以杂技动作设计为主要内容，又融入一定舞蹈动作设计的作品，仍可按杂技艺术作品予以保护，而不必将连贯动作强行分割为舞蹈动作与杂技动作分别进行保护。对于杂技节目中的配乐、服装、舞美设计，应根据其具体表现形式判断能否构成音乐或美术等其他类型作品。

第四条　依法行使著作权

著作权人和与著作权有关的权利人行使权利，不得违反宪法和法律，不得损害公共利益。国家对作品的出版、传播依法进行监督管理。

第五条　不适用本法保护的对象

本法不适用于：

（一）法律、法规，国家机关的决议、决定、命令和其他具有立法、行政、司法性质的文件，及其官方正式译文；

（二）单纯事实消息；

（三）历法、通用数表、通用表格和公式。

● 行政法规及文件

1. 《著作权法实施条例》（2013 年 1 月 30 日）

　　第 5 条　著作权法和本条例中下列用语的含义：

　　（一）时事新闻，是指通过报纸、期刊、广播电台、电视台等媒体报道的单纯事实消息；

　　（二）录音制品，是指任何对表演的声音和其他声音的录制品；

　　（三）录像制品，是指电影作品和以类似摄制电影的方法创作的作品以外的任何有伴音或者无伴音的连续相关形象、图像的录制品；

　　（四）录音制作者，是指录音制品的首次制作人；

　　（五）录像制作者，是指录像制品的首次制作人；

　　（六）表演者，是指演员、演出单位或者其他表演文学、艺术作品的人。

● 国际条约

2. 《与贸易有关的知识产权协议》（1994 年 4 月 15 日）

　　第 9 条　与伯尔尼公约的关系

　　1. 全体成员均应遵守伯尔尼公约 1971 年文本第一条至第二十一条及公约附录。但对于伯尔尼公约第六条之 2 规定之权利或对于从该条引申的权利，成员应依本协议而免除权利或义务。

　　2. 版权保护应延及表达，而不延及思想、工艺、操作方法或数学概念之类。

第六条　民间文艺作品的著作权保护

　　民间文学艺术作品的著作权保护办法由国务院另行规定。

第七条　著作权管理机构

国家著作权主管部门负责全国的著作权管理工作；县级以上地方主管著作权的部门负责本行政区域的著作权管理工作。

第八条　著作权集体管理组织

著作权人和与著作权有关的权利人可以授权著作权集体管理组织行使著作权或者与著作权有关的权利。依法设立的著作权集体管理组织是非营利法人，被授权后可以以自己的名义为著作权人和与著作权有关的权利人主张权利，并可以作为当事人进行涉及著作权或者与著作权有关的权利的诉讼、仲裁、调解活动。

著作权集体管理组织根据授权向使用者收取使用费。使用费的收取标准由著作权集体管理组织和使用者代表协商确定，协商不成的，可以向国家著作权主管部门申请裁决，对裁决不服的，可以向人民法院提起诉讼；当事人也可以直接向人民法院提起诉讼。

著作权集体管理组织应当将使用费的收取和转付、管理费的提取和使用、使用费的未分配部分等总体情况定期向社会公布，并应当建立权利信息查询系统，供权利人和使用者查询。国家著作权主管部门应当依法对著作权集体管理组织进行监督、管理。

著作权集体管理组织的设立方式、权利义务、使用费的收取和分配，以及对其监督和管理等由国务院另行规定。

● 行政法规及文件

1. 《著作权法实施条例》（2013年1月30日）

第2条　著作权法所称作品，是指文学、艺术和科学领域内具有独创性并能以某种有形形式复制的智力成果。

第3条 著作权法所称创作,是指直接产生文学、艺术和科学作品的智力活动。

为他人创作进行组织工作、提供咨询意见、物质条件,或者进行其他辅助工作,均不视为创作。

第4条 著作权法和本条例中下列作品的含义:

(一)文字作品,是指小说、诗词、散文、论文等以文字形式表现的作品;

(二)口述作品,是指即兴的演说、授课、法庭辩论等以口头语言形式表现的作品;

(三)音乐作品,是指歌曲、交响乐等能够演唱或者演奏的带词或者不带词的作品;

(四)戏剧作品,是指话剧、歌剧、地方戏等供舞台演出的作品;

(五)曲艺作品,是指相声、快书、大鼓、评书等以说唱为主要形式表演的作品;

(六)舞蹈作品,是指通过连续的动作、姿势、表情等表现思想情感的作品;

(七)杂技艺术作品,是指杂技、魔术、马戏等通过形体动作和技巧表现的作品;

(八)美术作品,是指绘画、书法、雕塑等以线条、色彩或者其他方式构成的有审美意义的平面或者立体的造型艺术作品;

(九)建筑作品,是指以建筑物或者构筑物形式表现的有审美意义的作品;

(十)摄影作品,是指借助器械在感光材料或者其他介质上记录客观物体形象的艺术作品;

(十一)电影作品和以类似摄制电影的方法创作的作品,是指摄制在一定介质上,由一系列有伴音或者无伴音的画面组成,并且借助适当装置放映或者以其他方式传播的作品；

（十二）图形作品，是指为施工、生产绘制的工程设计图、产品设计图，以及反映地理现象、说明事物原理或者结构的地图、示意图等作品；

（十三）模型作品，是指为展示、试验或者观测等用途，根据物体的形状和结构，按照一定比例制成的立体作品。

第13条 作者身份不明的作品，由作品原件的所有人行使除署名权以外的著作权。作者身份确定后，由作者或者其继承人行使著作权。

2.《著作权集体管理条例》（2013年12月7日）

第一章 总 则

第1条 为了规范著作权集体管理活动，便于著作权人和与著作权有关的权利人（以下简称权利人）行使权利和使用者使用作品，根据《中华人民共和国著作权法》（以下简称著作权法）制定本条例。

第2条 本条例所称著作权集体管理，是指著作权集体管理组织经权利人授权，集中行使权利人的有关权利并以自己的名义进行的下列活动：

（一）与使用者订立著作权或者与著作权有关的权利许可使用合同（以下简称许可使用合同）；

（二）向使用者收取使用费；

（三）向权利人转付使用费；

（四）进行涉及著作权或者与著作权有关的权利的诉讼、仲裁等。

第3条 本条例所称著作权集体管理组织，是指为权利人的利益依法设立，根据权利人授权、对权利人的著作权或者与著作权有关的权利进行集体管理的社会团体。

著作权集体管理组织应当依照有关社会团体登记管理的行政

法规和本条例的规定进行登记并开展活动。

第4条 著作权法规定的表演权、放映权、广播权、出租权、信息网络传播权、复制权等权利人自己难以有效行使的权利，可以由著作权集体管理组织进行集体管理。

第5条 国务院著作权管理部门主管全国的著作权集体管理工作。

第6条 除依照本条例规定设立的著作权集体管理组织外，任何组织和个人不得从事著作权集体管理活动。

第二章 著作权集体管理组织的设立

第7条 依法享有著作权或者与著作权有关的权利的中国公民、法人或者其他组织，可以发起设立著作权集体管理组织。

设立著作权集体管理组织，应当具备下列条件：

（一）发起设立著作权集体管理组织的权利人不少于50人；

（二）不与已经依法登记的著作权集体管理组织的业务范围交叉、重合；

（三）能在全国范围代表相关权利人的利益；

（四）有著作权集体管理组织的章程草案、使用费收取标准草案和向权利人转付使用费的办法（以下简称使用费转付办法）草案。

第8条 著作权集体管理组织章程应当载明下列事项：

（一）名称、住所；

（二）设立宗旨；

（三）业务范围；

（四）组织机构及其职权；

（五）会员大会的最低人数；

（六）理事会的职责及理事会负责人的条件和产生、罢免的程序；

（七）管理费提取、使用办法；

（八）会员加入、退出著作权集体管理组织的条件、程序；

（九）章程的修改程序；

（十）著作权集体管理组织终止的条件、程序和终止后资产的处理。

第9条　申请设立著作权集体管理组织，应当向国务院著作权管理部门提交证明符合本条例第七条规定的条件的材料。国务院著作权管理部门应当自收到材料之日起60日内，作出批准或者不予批准的决定。批准的，发给著作权集体管理许可证；不予批准的，应当说明理由。

第10条　申请人应当自国务院著作权管理部门发给著作权集体管理许可证之日起30日内，依照有关社会团体登记管理的行政法规到国务院民政部门办理登记手续。

第11条　依法登记的著作权集体管理组织，应当自国务院民政部门发给登记证书之日起30日内，将其登记证书副本报国务院著作权管理部门备案；国务院著作权管理部门应当将报备的登记证书副本以及著作权集体管理组织章程、使用费收取标准、使用费转付办法予以公告。

第12条　著作权集体管理组织设立分支机构，应当经国务院著作权管理部门批准，并依照有关社会团体登记管理的行政法规到国务院民政部门办理登记手续。经依法登记的，应当将分支机构的登记证书副本报国务院著作权管理部门备案，由国务院著作权管理部门予以公告。

第13条　著作权集体管理组织应当根据下列因素制定使用费收取标准：

（一）使用作品、录音录像制品等的时间、方式和地域范围；

（二）权利的种类；

（三）订立许可使用合同和收取使用费工作的繁简程度。

第14条　著作权集体管理组织应当根据权利人的作品或者

录音录像制品等使用情况制定使用费转付办法。

第 15 条 著作权集体管理组织修改章程，应当依法经国务院民政部门核准后，由国务院著作权管理部门予以公告。

第 16 条 著作权集体管理组织被依法撤销登记的，自被撤销登记之日起不得再进行著作权集体管理业务活动。

第三章 著作权集体管理组织的机构

第 17 条 著作权集体管理组织会员大会（以下简称会员大会）为著作权集体管理组织的权力机构。

会员大会由理事会依照本条例规定负责召集。理事会应当于会员大会召开 60 日以前将会议的时间、地点和拟审议事项予以公告；出席会员大会的会员，应当于会议召开 30 日以前报名。报名出席会员大会的会员少于章程规定的最低人数时，理事会应当将会员大会报名情况予以公告，会员可以于会议召开 5 日以前补充报名，并由全部报名出席会员大会的会员举行会员大会。

会员大会行使下列职权：

（一）制定和修改章程；

（二）制定和修改使用费收取标准；

（三）制定和修改使用费转付办法；

（四）选举和罢免理事；

（五）审议批准理事会的工作报告和财务报告；

（六）制定内部管理制度；

（七）决定使用费转付方案和著作权集体管理组织提取管理费的比例；

（八）决定其他重大事项。

会员大会每年召开一次；经 10% 以上会员或者理事会提议，可以召开临时会员大会。会员大会作出决定，应当经出席会议的会员过半数表决通过。

第 18 条 著作权集体管理组织设立理事会，对会员大会负责，执行会员大会决定。理事会成员不得少于9人。

理事会任期为4年，任期届满应当进行换届选举。因特殊情况可以提前或者延期换届，但是换届延期不得超过1年。

第四章 著作权集体管理活动

第19条 权利人可以与著作权集体管理组织以书面形式订立著作权集体管理合同，授权该组织对其依法享有的著作权或者与著作权有关的权利进行管理。权利人符合章程规定加入条件的，著作权集体管理组织应当与其订立著作权集体管理合同，不得拒绝。

权利人与著作权集体管理组织订立著作权集体管理合同并按照章程规定履行相应手续后，即成为该著作权集体管理组织的会员。

第20条 权利人与著作权集体管理组织订立著作权集体管理合同后，不得在合同约定期限内自己行使或者许可他人行使合同约定的由著作权集体管理组织行使的权利。

第21条 权利人可以依照章程规定的程序，退出著作权集体管理组织，终止著作权集体管理合同。但是，著作权集体管理组织已经与他人订立许可使用合同的，该合同在期限届满前继续有效；该合同有效期内，权利人有权获得相应的使用费并可以查阅有关业务材料。

第22条 外国人、无国籍人可以通过与中国的著作权集体管理组织订立相互代表协议的境外同类组织，授权中国的著作权集体管理组织管理其依法在中国境内享有的著作权或者与著作权有关的权利。

前款所称相互代表协议，是指中国的著作权集体管理组织与境外的同类组织相互授权对方在其所在国家或者地区进行集体管理活动的协议。

著作权集体管理组织与境外同类组织订立的相互代表协议应

当报国务院著作权管理部门备案，由国务院著作权管理部门予以公告。

第23条　著作权集体管理组织许可他人使用其管理的作品、录音录像制品等，应当与使用者以书面形式订立许可使用合同。

著作权集体管理组织不得与使用者订立专有许可使用合同。

使用者以合理的条件要求与著作权集体管理组织订立许可使用合同，著作权集体管理组织不得拒绝。

许可使用合同的期限不得超过2年；合同期限届满可以续订。

第24条　著作权集体管理组织应当建立权利信息查询系统，供权利人和使用者查询。权利信息查询系统应当包括著作权集体管理组织管理的权利种类和作品、录音录像制品等的名称、权利人姓名或者名称、授权管理的期限。

权利人和使用者对著作权集体管理组织管理的权利的信息进行咨询时，该组织应当予以答复。

第25条　除著作权法第二十三条、第三十三条第二款、第四十条第三款、第四十三条第二款和第四十四条规定应当支付的使用费外，著作权集体管理组织应当根据国务院著作权管理部门公告的使用费收取标准，与使用者约定收取使用费的具体数额。

第26条　两个或者两个以上著作权集体管理组织就同一使用方式向同一使用者收取使用费，可以事先协商确定由其中一个著作权集体管理组织统一收取。统一收取的使用费在有关著作权集体管理组织之间经协商分配。

第27条　使用者向著作权集体管理组织支付使用费时，应当提供其使用的作品、录音录像制品等的名称、权利人姓名或者名称和使用的方式、数量、时间等有关使用情况；许可使用合同另有约定的除外。

使用者提供的有关使用情况涉及该使用者商业秘密的，著作权集体管理组织负有保密义务。

第 28 条　著作权集体管理组织可以从收取的使用费中提取一定比例作为管理费，用于维持其正常的业务活动。

著作权集体管理组织提取管理费的比例应当随着使用费收入的增加而逐步降低。

第 29 条　著作权集体管理组织收取的使用费，在提取管理费后，应当全部转付给权利人，不得挪作他用。

著作权集体管理组织转付使用费，应当编制使用费转付记录。使用费转付记录应当载明使用费总额、管理费数额、权利人姓名或者名称、作品或者录音录像制品等的名称、有关使用情况、向各权利人转付使用费的具体数额等事项，并应当保存 10 年以上。

第五章　对著作权集体管理组织的监督

第 30 条　著作权集体管理组织应当依法建立财务、会计制度和资产管理制度，并按照国家有关规定设置会计账簿。

第 31 条　著作权集体管理组织的资产使用和财务管理受国务院著作权管理部门和民政部门的监督。

著作权集体管理组织应当在每个会计年度结束时制作财务会计报告，委托会计师事务所依法进行审计，并公布审计结果。

第 32 条　著作权集体管理组织应当对下列事项进行记录，供权利人和使用者查阅：

（一）作品许可使用情况；

（二）使用费收取和转付情况；

（三）管理费提取和使用情况。

权利人有权查阅、复制著作权集体管理组织的财务报告、工作报告和其他业务材料；著作权集体管理组织应当提供便利。

第 33 条　权利人认为著作权集体管理组织有下列情形之一的，可以向国务院著作权管理部门检举：

（一）权利人符合章程规定的加入条件要求加入著作权集体管理组织，或者会员依照章程规定的程序要求退出著作权集体管理组织，著作权集体管理组织拒绝的；

（二）著作权集体管理组织不按照规定收取、转付使用费，或者不按照规定提取、使用管理费的；

（三）权利人要求查阅本条例第三十二条规定的记录、业务材料，著作权集体管理组织拒绝提供的。

第 34 条 使用者认为著作权集体管理组织有下列情形之一的，可以向国务院著作权管理部门检举：

（一）著作权集体管理组织违反本条例第二十三条规定拒绝与使用者订立许可使用合同的；

（二）著作权集体管理组织未根据公告的使用费收取标准约定收取使用费的具体数额的；

（三）使用者要求查阅本条例第三十二条规定的记录，著作权集体管理组织拒绝提供的。

第 35 条 权利人和使用者以外的公民、法人或者其他组织认为著作权集体管理组织有违反本条例规定的行为的，可以向国务院著作权管理部门举报。

第 36 条 国务院著作权管理部门应当自接到检举、举报之日起 60 日内对检举、举报事项进行调查并依法处理。

第 37 条 国务院著作权管理部门可以采取下列方式对著作权集体管理组织进行监督，并应当对监督活动作出记录：

（一）检查著作权集体管理组织的业务活动是否符合本条例及其章程的规定；

（二）核查著作权集体管理组织的会计账簿、年度预算和决算报告及其他有关业务材料；

（三）派员列席著作权集体管理组织的会员大会、理事会等重要会议。

第 38 条　著作权集体管理组织应当依法接受国务院民政部门和其他有关部门的监督。

第六章　法律责任

第 39 条　著作权集体管理组织有下列情形之一的，由国务院著作权管理部门责令限期改正：

（一）违反本条例第二十二条规定，未将与境外同类组织订立的相互代表协议报国务院著作权管理部门备案的；

（二）违反本条例第二十四条规定，未建立权利信息查询系统的；

（三）未根据公告的使用费收取标准约定收取使用费的具体数额的。

著作权集体管理组织超出业务范围管理权利人的权利的，由国务院著作权管理部门责令限期改正，其与使用者订立的许可使用合同无效；给权利人、使用者造成损害的，依法承担民事责任。

第 40 条　著作权集体管理组织有下列情形之一的，由国务院著作权管理部门责令限期改正；逾期不改正的，责令会员大会或者理事会根据本条例规定的权限罢免或者解聘直接负责的主管人员：

（一）违反本条例第十九条规定拒绝与权利人订立著作权集体管理合同的，或者违反本条例第二十一条的规定拒绝会员退出该组织的要求的；

（二）违反本条例第二十三条规定，拒绝与使用者订立许可使用合同的；

（三）违反本条例第二十八条规定提取管理费的；

（四）违反本条例第二十九条规定转付使用费的；

（五）拒绝提供或者提供虚假的会计账簿、年度预算和决算报告或者其他有关业务材料的。

第 41 条　著作权集体管理组织自国务院民政部门发给登记证书之日起超过 6 个月无正当理由未开展著作权集体管理活动，

或者连续中止著作权集体管理活动 6 个月以上的，由国务院著作权管理部门吊销其著作权集体管理许可证，并由国务院民政部门撤销登记。

第 42 条　著作权集体管理组织从事营利性经营活动的，由工商行政管理部门依法予以取缔，没收违法所得；构成犯罪的，依法追究刑事责任。

第 43 条　违反本条例第二十七条的规定，使用者能够提供有关使用情况而拒绝提供，或者在提供有关使用情况时弄虚作假的，由国务院著作权管理部门责令改正；著作权集体管理组织可以中止许可使用合同。

第 44 条　擅自设立著作权集体管理组织或者分支机构，或者擅自从事著作权集体管理活动的，由国务院著作权管理部门或者民政部门依照职责分工予以取缔，没收违法所得；构成犯罪的，依法追究刑事责任。

第 45 条　依照本条例规定从事著作权集体管理组织审批和监督工作的国家行政机关工作人员玩忽职守、滥用职权、徇私舞弊，构成犯罪的，依法追究刑事责任；尚不构成犯罪的，依法给予行政处分。

第七章　附　　则

第 46 条　本条例施行前已经设立的著作权集体管理组织，应当自本条例生效之日起 3 个月内，将其章程、使用费收取标准、使用费转付办法及其他有关材料报国务院著作权管理部门审核，并将其与境外同类组织订立的相互代表协议报国务院著作权管理部门备案。

第 47 条　依照著作权法第二十三条、第三十三条第二款、第四十条第三款的规定使用他人作品，未能依照《中华人民共和国著作权法实施条例》第三十二条的规定向权利人支付使用费的，应当将使用费连同邮资以及使用作品的有关情况送交管理相关权利的著作权集体管理组织，由该著作权集体管理组织将使用费转付给权利人。

负责转付使用费的著作权集体管理组织应当建立作品使用情况查询系统，供权利人、使用者查询。

负责转付使用费的著作权集体管理组织可以从其收到的使用费中提取管理费，管理费按照会员大会决定的该集体管理组织管理费的比例减半提取。除管理费外，该著作权集体管理组织不得从其收到的使用费中提取其他任何费用。

第48条　本条例自2005年3月1日起施行。

● 请示答复

3.《关于对境外著作权集体管理组织诉讼主体资格问题的复函》
（2004年3月30日　权司〔2004〕26号）
最高法院民三庭：

关于境外著作权集体管理组织诉讼主体资格问题的函（法民三〔2004〕3号）收悉，经研究答复如下：

一、迄今，在我国经国家版权局批准并经民政部登记的著作权集体管理组织只有"中国音乐著作权协会"一家。有关境外的著作权集体管理组织无须我政府机构认可。

二、关于境外著作权集体管理组织能否以自己的名义在我国起诉问题，虽然我国有关著作权法律未明确禁止，但我们应持慎重态度。其理由是：

第一，按照国际惯例，一国的著作权集体管理组织在另一国主张权利，是通过其与另一国集体管理组织签订相互代表协议，由另一国的著作权集体管理组织代为行使（请参见附件1《国际作曲者作词者协会联合会公共表演权集体管理相互代表示范合同》第一、二条），根据这一原则，一个国家的著作权集体管理组织要想在本国之外主张权利，必须通过与国外的著作权集体管理组织签订相互代表协议来实现。

第二、迄今为止我们未了解到境外著作权集体管理组织以自己的名义进行跨国诉讼的案例。

第三、我国对境外法律中介服务组织在华设立机构和开展业务活动设立了市场准入门槛。著作权集体管理组织属于法律中介服务组织，境外著作权集体管理组织在我国开展业务活动（包括进行诉讼）必须符合我国的市场准入条件。目前，我国政府未向任何国家和地区做出开放著作权集体管理组织来华开展业务活动（包括法律诉讼）的承诺。

第四、目前，中国音乐著作权协会已经与境外的42个相关协会（参见附件2）签订了相互代表协议（参见附件3），这些协议所涉及到的境外音乐作品基本覆盖了我国使用境外音乐作品的绝大部分。如果境外著作权集体管理组织可以在我国以其名义开展业务活动和进行诉讼，中国音乐著作权协会与境外的42个著作权集体管理组织签订的相互代表协议将失去意义。

附件：

1.《国际作曲者作词者协会联合会公共表演权集体管理相互代表示范合同》（略）

2. 海外协会签约一览表（略）

3. 相互代表合同（略）

第二章 著作权

第一节 著作权人及其权利

第九条 著作权人的范围

著作权人包括：

（一）作者；

(二)其他依照本法享有著作权的自然人、法人或者非法人组织。

第十条 著作权的内容

著作权包括下列人身权和财产权：

(一)发表权，即决定作品是否公之于众的权利；

(二)署名权，即表明作者身份，在作品上署名的权利；

(三)修改权，即修改或者授权他人修改作品的权利；

(四)保护作品完整权，即保护作品不受歪曲、篡改的权利；

(五)复制权，即以印刷、复印、拓印、录音、录像、翻录、翻拍、数字化等方式将作品制作一份或者多份的权利；

(六)发行权，即以出售或者赠与方式向公众提供作品的原件或者复制件的权利；

(七)出租权，即有偿许可他人临时使用视听作品、计算机软件的原件或者复制件的权利，计算机软件不是出租的主要标的的除外；

(八)展览权，即公开陈列美术作品、摄影作品的原件或者复制件的权利；

(九)表演权，即公开表演作品，以及用各种手段公开播送作品的表演的权利；

(十)放映权，即通过放映机、幻灯机等技术设备公开再现美术、摄影、视听作品等的权利；

(十一)广播权，即以有线或者无线方式公开传播或者转播作品，以及通过扩音器或者其他传送符号、声音、图像的类似工具向公众传播广播的作品的权利，但不包括本款第十二项规定的权利；

（十二）信息网络传播权，即以有线或者无线方式向公众提供，使公众可以在其选定的时间和地点获得作品的权利；

（十三）摄制权，即以摄制视听作品的方法将作品固定在载体上的权利；

（十四）改编权，即改变作品，创作出具有独创性的新作品的权利；

（十五）翻译权，即将作品从一种语言文字转换成另一种语言文字的权利；

（十六）汇编权，即将作品或者作品的片段通过选择或者编排，汇集成新作品的权利；

（十七）应当由著作权人享有的其他权利。

著作权人可以许可他人行使前款第五项至第十七项规定的权利，并依照约定或者本法有关规定获得报酬。

著作权人可以全部或者部分转让本条第一款第五项至第十七项规定的权利，并依照约定或者本法有关规定获得报酬。

● 行政法规及文件

1. 《著作权法实施条例》（2013年1月30日）

第13条 作者身份不明的作品，由作品原件的所有人行使除署名权以外的著作权。作者身份确定后，由作者或者其继承人行使著作权。

第14条 合作作者之一死亡后，其对合作作品享有的著作权法第十条第一款第五项至第十七项规定的权利无人继承又无人受遗赠的，由其他合作作者享有。

第15条 作者死亡后，其著作权中的署名权、修改权和保护作品完整权由作者的继承人或者受遗赠人保护。

著作权无人继承又无人受遗赠的，其署名权、修改权和保护作品完整权由著作权行政管理部门保护。

第 17 条　作者生前未发表的作品，如果作者未明确表示不发表，作者死亡后 50 年内，其发表权可由继承人或者受遗赠人行使；没有继承人又无人受遗赠的，由作品原件的所有人行使。

第 18 条　作者身份不明的作品，其著作权法第十条第一款第五项至第十七项规定的权利的保护期截止于作品首次发表后第 50 年的 12 月 31 日。作者身份确定后，适用著作权法第二十一条的规定。

● **司法解释及文件**

2.《最高人民法院关于审理著作权民事纠纷案件适用法律若干问题的解释》（2020 年 12 月 29 日　法释〔2020〕19 号）

第 9 条　著作权法第十条第（一）项规定的"公之于众"，是指著作权人自行或者经著作权人许可将作品向不特定的人公开，但不以公众知晓为构成条件。

第 11 条　因作品署名顺序发生的纠纷，人民法院按照下列原则处理：有约定的按约定确定署名顺序；没有约定的，可以按照创作作品付出的劳动、作品排列、作者姓氏笔画等确定署名顺序。

● **国际条约**

3.《保护文学和艺术作品伯尔尼公约》（1971 年 7 月 24 日）

第 9 条

一、受本公约保护的文学艺术作品的作者，享有授权以任何方式和采取任何形式复制这些作品的专有权利。

二、本同盟成员国法律得允许在某些特殊情况下复制上述作品，只要这种复制不损害作品的正常使用也不致无故侵害作者的合法利益。

三、所有录音或录像均应视为本公约所指的复制。

第 10 条

一、从一部合法公之于众的作品中摘出引文，包括以报刊提要形式引用报纸期刊的文章，只要符合合理使用，在为达到目的的正当需要范围内，就属合法。

二、本同盟成员国法律以及成员国之间现有或将要签订的特别协议得规定，可以合法地通过出版物、无线电广播或录音录像使用文学艺术作品作为教学的解说的权利，只要是在为达到目的的正当需要范围内使用，并符合合理使用。

三、前面各款提到的摘引和使用应说明出处，如原出处有作者姓名，也应同时说明。

第 10 条之 2

一、本同盟各成员国的法律得允许通过报刊、广播或对公众有线传播，复制发表在报纸、期刊上的讨论经济、政治或宗教的时事性文章，或具有同样性质的已经广播的作品，但以对这种复制、广播或有线传播并未明确予以保留的为限。然而，均应明确说明出处；对违反这一义务的法律责任由被要求给予保护的国家的法律确定。

二、在用摄影或电影手段，或通过广播或对公众有线传播报道时事新闻时，在事件过程中看到或听到的文学艺术作品在为报道目的正当需要范围内予以复制和公之于众的条件，也由本同盟各成员国的法律规定。

第 11 条

一、戏剧作品、音乐戏剧作品和音乐作品的作者享有下列专有权利：

（1）授权公开表演和演奏其作品，包括用各种手段和方式公开表演和演奏；

（2）授权用各种手段公开播送其作品的表演和演奏。

二、戏剧作品或音乐戏剧作品的作者，在享有对其原作的权利的整个期间应享有对其作品的译作的同等权利。

第11条之2

一、文学艺术作品的作者享有下列专有权利：

（1）授权广播其作品或以任何其他无线传送符号、声音或图像的方法向公众传播其作品；

（2）授权由原广播机构以外的另一机构通过有线传播或转播的方式向公众传播广播的作品；

（3）授权通过扩音器或其他任何传送符号、声音或图像的类似工具向公众传播广播的作品。

二、行使以上第一款所指的权利的条件由本同盟成员国的法律规定，但这些条件的效力严格限于对此作出规定的国家。在任何情况下，这些条件均不应有损于作者的精神权利，也不应有损于作者获得合理报酬的权利，该报酬在没有协议情况下应由主管当局规定。

三、除另有规定外，根据本条第一款的授权，不意味着授权利用录音或录像设备录制广播的作品。但本同盟成员国法律得确定一广播机构使用自己的设备并为自己播送之用而进行临时录制的规章。本同盟成员国法律也可以由于这些录制品具有特殊文献性质而批准由国家档案馆保存。

第11条之3

一、文学作品的作者享有下列专有权利：

（1）授权公开朗诵其作品，包括用各种手段或方式公开朗诵；

（2）授权用各种手段公开播送其作品的朗诵。

二、文学作品作者在对其原作享有权利的整个期间，应对其作品的译作享有同等的权利。

第12条

文学艺术作品的作者享有授权对其作品进行改编、音乐改编和其他变动的专有权利。

第 13 条

一、本同盟每一成员国可就其本国情况对音乐作品作者及允许其歌词与音乐作品一道录音的歌词作者授权对上述音乐作品以及有歌词的音乐作品进行录音的专有权利规定保留及条件；但这类保留及条件之效力严格限于对此作出规定的国家，而且在任何情况下均不得损害作者获得在没有协议情况下由主管当局规定的合理报酬的权利。

二、根据 1928 年 6 月 2 日在罗马和 1948 年 6 月 26 日在布鲁塞尔签订的公约第十三条第三款在本同盟成员国内录制的音乐作品的录音，自该国受本文本约束之日起的两年期限以内，可以不经音乐作品的作者同意在该国进行复制。

三、根据本条第一、二款制作的录音制品，如未经有关方面批准进口，视此种录音为侵权录音制品的国家，可予扣押。

第 14 条

一、文学艺术作品的作者享有下列专有权利：

（1）授权将这类作品改编和复制成电影以及发行经过如此改编或复制的作品；

（2）授权公开表演、演奏以及向公众有线传播经过如此改编或复制的作品。

二、根据文学或艺术作品制作的电影作品以任何其他艺术形式改编，在不妨碍电影作品作者授权的情况下，仍须经原作者授权。

三、第十三条第一款的规定应不适用（于电影）。

● 请示答复

4.《关于校园周边复印店复印、销售材料是否构成侵权的答复》

（2006 年 6 月 12 日　权司〔2006〕48 号）

高等教育出版社：

你社于2006年6月1日来函收悉。经研究，答复如下：

根据著作权法第四十七条规定，未经著作权人许可，复制、发行其作品的，属于侵权行为，应依法承担相应的民事责任；同时损害公共利益的，应依法承担相应的行政责任。学校周边复印店未经作者许可，复印他人的教材并向学生销售属于侵犯著作权的行为，侵犯了作者和出版社的合法权益。复印店应依法承担相应的法律责任。

对于学生，建议学校加强管理，以正面教育为主，重点打击提供非法复制整本教材服务的复印店。

专此函复。

● 案例指引

1. 张某龙诉文化传播公司、程某、马某侵害作品信息网络传播权纠纷案（最高人民法院指导性案例223号）

案例要旨：侵害作品信息网络传播权的侵权结果发生地具有不确定性，不应作为确定管辖的依据。在确定侵害作品信息网络传播权民事纠纷案件的管辖时，应当适用《最高人民法院关于审理侵害信息网络传播权民事纠纷案件适用法律若干问题的规定》第15条的规定，即由侵权行为地或者被告住所地人民法院管辖。

2. 文化创意公司诉科技公司侵害作品信息网络传播权纠纷案（人民法院案例库2023-09-2-158-011）

裁判摘要：在NFT（非同质化通证）数字作品的上架发布阶段，NFT数字作品被提供在公开的互联网环境中，公众可以在选定的时间和地点获得该作品，此种获得既可以是不以受让为条件的在线浏览，也可以是在线受让之后的下载、浏览等方式，属于信息网络传播行为。基于NFT数字作品的特殊性及其交易平台提供网络服务的性质、控制能力、可能引发的侵权后果、营利模式，NFT数字作品交易网络服务提供者应当对其网络用户侵害信息网络传播权的行为负有相对较高的注意义务。除一般网络服务提供者应当承担的义务外,NFT 数字作品交易网络服务提供者应当建立起有效的知识产权审查机制,审查 NFT 数字作品的权利来源。

3. **李某诉科技公司侵害作品信息网络传播权案**(人民法院案例库 2024-09-2-158-011)

裁判摘要:判断网络搜索服务提供者提供作品缩略图的行为是否构成侵害作品信息网络传播权,需要分析网络服务提供者的使用目的和方式、是否构成实质替代其他网络服务提供者向公众提供作品、是否影响作品的正常使用、是否及时采取相应措施,以及是否不合理损害著作权人的合法权益等因素。对于网络搜索服务提供者向公众提供作品缩略图的行为,不影响相关作品的正常使用,且未不合理损害权利人对该作品的合法权益的,应当认定网络搜索服务提供者未侵害作品的信息网络传播权。

第二节 著作权归属

第十一条　著作权归属的一般原则

著作权属于作者,本法另有规定的除外。

创作作品的自然人是作者。

由法人或者非法人组织主持,代表法人或者非法人组织意志创作,并由法人或者非法人组织承担责任的作品,法人或者非法人组织视为作者。

● **行政法规及文件**

1. 《著作权法实施条例》(2013 年 1 月 30 日)

第 3 条　著作权法所称创作,是指直接产生文学、艺术和科学作品的智力活动。

为他人创作进行组织工作,提供咨询意见、物质条件,或者进行其他辅助工作,均不视为创作。

第 13 条　作者身份不明的作品,由作品原件的所有人行使除署名权以外的著作权。作者身份确定后,由作者或者其继承人行使著作权。

● 司法解释及文件

2. 《最高人民法院关于审理著作权民事纠纷案件适用法律若干问题的解释》(2020年12月29日 法释〔2020〕19号)

第13条 除著作权法第十一条第三款规定的情形外,由他人执笔,本人审阅定稿并以本人名义发表的报告、讲话等作品,著作权归报告人或者讲话人享有。著作权人可以支付执笔人适当的报酬。

第14条 当事人合意以特定人物经历为题材完成的自传体作品,当事人对著作权权属有约定的,依其约定;没有约定的,著作权归该特定人物享有,执笔人或整理人对作品完成付出劳动的,著作权人可以向其支付适当的报酬。

第15条 由不同作者就同一题材创作的作品,作品的表达系独立完成并且有创作性的,应当认定作者各自享有独立著作权。

● 案例指引

1. 周某与项某、李某著作权权属、侵权纠纷等系列虚假诉讼监督案(最高人民检察院检例第192号)

案例要旨:冒充作者身份,以他人创作的作品骗取著作权登记,并以此为主要证据提起诉讼谋取不正当利益,损害他人合法权益,妨害司法秩序的,构成虚假诉讼。检察机关应积极推进数字检察,以大数据赋能创新法律监督模式,破解虚假诉讼监督瓶颈。对于知识产权领域虚假诉讼案件,检察机关应依职权启动监督程序,通过监督民事生效裁判、移送刑事案件线索、提出社会治理意见建议等方式促进综合治理。

2. 某株式会社诉服饰公司等著作权权属、侵权纠纷及虚假宣传纠纷案（人民法院案例库 2023-09-2-175-002）

裁判摘要：经营者在其官方网站上以抄袭摹仿同业经营者品牌历史的方式发布虚假信息，进行与客观事实不符的品牌介绍，宣传其商品，明显具有攀附同业经营者知名度的主观恶意，容易导致相关公众对商品来源产生混淆误认，或者误认为其与同业经营者之间具有某种特定联系，欺骗、误导消费者，属于虚假或者引人误解的商业宣传，构成虚假宣传的不正当竞争行为。判断被诉侵权行为是否构成侵害他人受《著作权法》保护的作品，应当从被诉侵权行为人是否具备"接触"权利人要求保护作品的可能性、被诉侵权作品与权利人要求保护的作品之间是否构成"实质相似"两个方面进行判断。对于恶意申请注册的损害他人合法在先权利的商标，即使经过使用形成一定的商业规模，具有一定的知名度，也不应予法律上的承认和保护。对于他人恶意取得注册的商标，使用人以已经获得商标权人排他许可使用权为由抗辩不侵害他人合法在先权利的，人民法院不予支持。

第十二条　著作权归属的证明

在作品上署名的自然人、法人或者非法人组织为作者，且该作品上存在相应权利，但有相反证明的除外。

作者等著作权人可以向国家著作权主管部门认定的登记机构办理作品登记。

与著作权有关的权利参照适用前两款规定。

● **案例指引**

图像技术公司诉蜂业公司侵害作品信息网络传播权纠纷案（最高人民法院指导性案例 224 号）

案例要旨：在著作权权属有争议的情况下，不能仅凭水印或权利声明认定作品著作权权属，主张著作权的当事人应进一步举证证明，否则应当承担不利的法律后果。

> **第十三条** 演绎作品的著作权归属
>
> 　　改编、翻译、注释、整理已有作品而产生的作品，其著作权由改编、翻译、注释、整理人享有，但行使著作权时不得侵犯原作品的著作权。

● **行政法规及文件**

《著作权法实施条例》（2013年1月30日）

　　第10条　著作权人许可他人将其作品摄制成电影作品和以类似摄制电影的方法创作的作品的，视为已同意对其作品进行必要的改动，但是这种改动不得歪曲篡改原作品。

> **第十四条** 合作作品的著作权归属
>
> 　　两人以上合作创作的作品，著作权由合作作者共同享有。没有参加创作的人，不能成为合作作者。
> 　　合作作品的著作权由合作作者通过协商一致行使；不能协商一致，又无正当理由的，任何一方不得阻止他方行使除转让、许可他人专有使用、出质以外的其他权利，但是所得收益应当合理分配给所有合作作者。
> 　　合作作品可以分割使用的，作者对各自创作的部分可以单独享有著作权，但行使著作权时不得侵犯合作作品整体的著作权。

● **行政法规及文件**

《著作权法实施条例》（2013年1月30日）

　　第9条　合作作品不可以分割使用的，其著作权由各合作作者共同享有，通过协商一致行使；不能协商一致，又无正当理由的，任何一方不得阻止他方行使除转让以外的其他权利，但是所得收益应当合理分配给所有合作作者。

第14条　合作作者之一死亡后，其对合作作品享有的著作权法第十条第一款第五项至第十七项规定的权利无人继承又无人受遗赠的，由其他合作作者享有。

● 案例指引

某电影制片厂与某出版社、曲某方著作权权属、侵权纠纷案（《最高人民法院公报》2018年第10期）

案例要旨：特定历史时期职务作品的著作权归属不宜直接适用现行《著作权法》对职务作品的权利归属所确定的判断标准进行判定。双方都为涉案角色造型的社会影响力提高、品牌价值力提升等方面做出了贡献。在此种情况下若将涉案作品的著作权财产权归属一方当事人单独享有，显然会导致权利失衡，也有违公平原则。

第十五条　汇编作品的著作权归属

汇编若干作品、作品的片段或者不构成作品的数据或者其他材料，对其内容的选择或者编排体现独创性的作品，为汇编作品，其著作权由汇编人享有，但行使著作权时，不得侵犯原作品的著作权。

第十六条　演绎作品、汇编作品的使用

使用改编、翻译、注释、整理、汇编已有作品而产生的作品进行出版、演出和制作录音录像制品，应当取得该作品的著作权人和原作品的著作权人许可，并支付报酬。

第十七条　视听作品的著作权归属

视听作品中的电影作品、电视剧作品的著作权由制作者享有，但编剧、导演、摄影、作词、作曲等作者享有署名权，并有权按照与制作者签订的合同获得报酬。

前款规定以外的视听作品的著作权归属由当事人约定；没有约定或者约定不明确的，由制作者享有，但作者享有署名权和获得报酬的权利。

视听作品中的剧本、音乐等可以单独使用的作品的作者有权单独行使其著作权。

● 案例指引

白某诉某集团、甲公司、乙公司著作权权属、侵权纠纷案（人民法院案例库 2024-09-2-158-010）

裁判摘要： 作为一种特殊的演绎作品，电影作品在权利行使方面有其特殊性，其中存在原作品作者和演绎者所享有的双重权利。电影作品作为一个整体被使用时，只能由电影作品的著作权人即制片者行使权利。但根据《著作权法》规定，如果使用改编已有作品而产生的作品进行演出，则应当取得改编作品的著作权人和原作品的著作权人许可，并支付报酬。虽取得制片者许可，但未取得原作品作者授权的改编及演出行为，应当认定构成侵权并判决承担相应民事责任。

第十八条　职务作品的著作权归属

自然人为完成法人或者非法人组织工作任务所创作的作品是职务作品，除本条第二款的规定以外，著作权由作者享有，但法人或者非法人组织有权在其业务范围内优先使用。作品完成两年内，未经单位同意，作者不得许可第三人以与单位使用的相同方式使用该作品。

有下列情形之一的职务作品，作者享有署名权，著作权的其他权利由法人或者非法人组织享有，法人或者非法人组织可以给予作者奖励：

（一）主要是利用法人或者非法人组织的物质技术条件创作，并由法人或者非法人组织承担责任的工程设计图、产品设计图、地图、示意图、计算机软件等职务作品；

（二）报社、期刊社、通讯社、广播电台、电视台的工作人员创作的职务作品；

（三）法律、行政法规规定或者合同约定著作权由法人或者非法人组织享有的职务作品。

● 行政法规及文件

《著作权法实施条例》（2013年1月30日）

第11条　著作权法第十六条第一款关于职务作品的规定中的"工作任务"，是指公民在该法人或者该组织中应当履行的职责。

著作权法第十六条第二款关于职务作品的规定中的"物质技术条件"，是指该法人或者该组织为公民完成创作专门提供的资金、设备或者资料。

第12条　职务作品完成两年内，经单位同意，作者许可第三人以与单位使用的相同方式使用作品所获报酬，由作者与单位按约定的比例分配。

作品完成两年的期限，自作者向单位交付作品之日起计算。

● 案例指引

胡某庆、吴某初诉某电影制片厂著作权权属纠纷案（《最高人民法院公报》2013年第4期）

案例要旨：公民为完成法人交付的工作任务所创作的作品是职务作品。但是，职工为了单位拍摄动画电影的需要，根据职责所在创作的角色造型美术作品，其创作成果的归属，根据创作当时的时代背景、历史条件和双方当事人的行为综合分析，应判定作品的性质为特殊职务作品，作者仅享有署名权，而著作权的其他权利由法人享有。所谓历史背景，包括经济体制、法律制度、社会现实和约定俗成的普遍认知；当事人的行为则可以从单位的规章制度、明令禁止、获得报酬、双方的言行等方面进行深入探究。

第十九条　委托作品的著作权归属

受委托创作的作品，著作权的归属由委托人和受托人通过合同约定。合同未作明确约定或者没有订立合同的，著作权属于受托人。

● 司法解释及文件

《最高人民法院关于审理著作权民事纠纷案件适用法律若干问题的解释》（2020年12月29日　法释〔2020〕19号）

第12条　按照著作权法第十七条规定委托作品著作权属于受托人的情形，委托人在约定的使用范围内享有使用作品的权利；双方没有约定使用作品范围的，委托人可以在委托创作的特定目的范围内免费使用该作品。

第二十条　美术、摄影作品的著作权归属

作品原件所有权的转移，不改变作品著作权的归属，但美术、摄影作品原件的展览权由原件所有人享有。

作者将未发表的美术、摄影作品的原件所有权转让给他人，受让人展览该原件不构成对作者发表权的侵犯。

第二十一条　著作权的继受

著作权属于自然人的，自然人死亡后，其本法第十条第一款第五项至第十七项规定的权利在本法规定的保护期内，依法转移。

> 著作权属于法人或者非法人组织的，法人或者非法人组织变更、终止后，其本法第十条第一款第五项至第十七项规定的权利在本法规定的保护期内，由承受其权利义务的法人或者非法人组织享有；没有承受其权利义务的法人或者非法人组织的，由国家享有。

● **行政法规及文件**

《著作权法实施条例》（2013年1月30日）

第14条 合作作者之一死亡后，其对合作作品享有的著作权法第十条第一款第五项至第十七项规定的权利无人继承又无人受遗赠的，由其他合作作者享有。

第15条 作者死亡后，其著作权中的署名权、修改权和保护作品完整权由作者的继承人或者受遗赠人保护。

著作权无人继承又无人受遗赠的，其署名权、修改权和保护作品完整权由著作权行政管理部门保护。

第16条 国家享有著作权的作品的使用，由国务院著作权行政管理部门管理。

第三节 权利的保护期

第二十二条 署名权、修改权、保护作品完整权的保护期

> 作者的署名权、修改权、保护作品完整权的保护期不受限制。

● **行政法规及文件**

《著作权法实施条例》（2013年1月30日）

第15条 作者死亡后，其著作权中的署名权、修改权和保护作品完整权由作者的继承人或者受遗赠人保护。

著作权无人继承又无人受遗赠的，其署名权、修改权和保护

作品完整权由著作权行政管理部门保护。

第 16 条 国家享有著作权的作品的使用，由国务院著作权行政管理部门管理。

第二十三条　发表权、财产权的保护期

自然人的作品，其发表权、本法第十条第一款第五项至第十七项规定的权利的保护期为作者终生及其死亡后五十年，截止于作者死亡后第五十年的 12 月 31 日；如果是合作作品，截止于最后死亡的作者死亡后第五十年的 12 月 31 日。

法人或者非法人组织的作品、著作权（署名权除外）由法人或者非法人组织享有的职务作品，其发表权的保护期为五十年，截止于作品创作完成后第五十年的 12 月 31 日；本法第十条第一款第五项至第十七项规定的权利的保护期为五十年，截止于作品首次发表后第五十年的 12 月 31 日，但作品自创作完成后五十年内未发表的，本法不再保护。

视听作品，其发表权的保护期为五十年，截止于作品创作完成后第五十年的 12 月 31 日；本法第十条第一款第五项至第十七项规定的权利的保护期为五十年，截止于作品首次发表后第五十年的 12 月 31 日，但作品自创作完成后五十年内未发表的，本法不再保护。

● 行政法规及文件

1. 《著作权法实施条例》（2013 年 1 月 30 日）

第 15 条 作者死亡后，其著作权中的署名权、修改权和保护作品完整权由作者的继承人或者受遗赠人保护。

著作权无人继承又无人受遗赠的，其署名权、修改权和保护作品完整权由著作权行政管理部门保护。

第 16 条 国家享有著作权的作品的使用，由国务院著作权

行政管理部门管理。

第 17 条 作者生前未发表的作品，如果作者未明确表示不发表，作者死亡后 50 年内，其发表权可由继承人或者受遗赠人行使；没有继承人又无人受遗赠的，由作品原件的所有人行使。

第 18 条 作者身份不明的作品，其著作权法第十条第一款第五项至第十七项规定的权利的保护期截止于作品首次发表后第 50 年的 12 月 31 日。作者身份确定后，适用著作权法第二十一条的规定。

● 司法解释及文件

2.《最高人民法院关于审理著作权民事纠纷案件适用法律若干问题的解释》（2020 年 12 月 29 日　法释〔2020〕19 号）

第 10 条 著作权法第十五条第二款所指的作品，著作权人是自然人的，其保护期适用著作权法第二十一条第一款的规定；著作权人是法人或非法人组织的，其保护期适用著作权法第二十一条第二款的规定。

● 国际条约

3.《保护文学和艺术作品伯尔尼公约》（1971 年 7 月 24 日）

第 7 条

一、本公约给予保护的期限为作者有生之年及其死后五十年内。

二、但就电影作品而言，本同盟成员国有权规定保护期在作者同意下自作品公之于众后五十年期满，如自作品完成后五十年内尚未公之于众，则自作品完成后五十年期满。

三、至于不具名作品和假名作品，本公约给予的保护期自其合法公之于众之日起五十年内有效。但根据作者采用的假名可以毫无疑问地确定作者身份时，该保护期则为第一款所规定的期限。如不具名作品或假名作品的作者在上述期间内公开其身份，所适用的保护期为第一款所规定的保护期限。本同盟成员国没有义务保护有充分理由推定其作者已死去五十年的不具名作品或假名作品。

四、摄影作品和作为艺术作品保护的实用艺术作品的保护期限由本同盟各成员国的法律规定；但这一期限不应少于自该作品完成之后算起的二十五年。

五、作者死后的保护期和以上第二、三、四款所规定的期限从其死亡或上述各款提及事件发生之时开始，但这种期限应从死亡或所述事件发生之后次年的一月一日开始计算。

六、本同盟成员国有权给予比前述各款规定更长的保护期。

七、受本公约罗马文本约束并在此公约文本签署时有效的本国法律中规定了短于前述各款期限的保护期的本同盟成员国，有权在加入或批准此公约文本时维持这种期限。

八、无论如何，期限将由被要求给予保护的国家的法律加以规定；但是，除该国家的法律另有规定者外，这种期限不得超过作品起源国规定的期限。

4.《与贸易有关的知识产权协议》（1994年4月15日）

　　第12条　保护期

　　除摄影作品或实用艺术作品外，如果某作品的保护期并非按自然人有生之年计算，则保护期不得少于经许可而出版之年年终起50年，如果作品自完成起50年内未被许可出版，则保护期应不少于作品完成之年年终起50年。

5.《世界版权公约》（1971年7月24日）

　　第4条

　　（一）根据第二条和本条规定，某作品的版权保护期限，应由该作品要求给予版权保护所在地的缔约国的法律来规定。

　　（二）甲、受本公约保护的作品，其保护期限不得少于作者有生之年及其死后的二十五年。但是，如果任何缔约国在本公约对该国生效之日，已将某些种类作品的保护期限规定为自该作品首次出版以后的某一段时间，则该缔约国有权保持其规定，并可将这些规定扩大应用于其它种类的作品。对所有这些种类的作品，其版权保护期限自首次出版之日起，不得少于二十五年。

乙、任何缔约国如在本公约对该国生效之日尚未根据作者有生之年确定保护期限，则有权根据情况，从作品首次出版之日或从出版前的登记之日起计算版权保护期，只要根据情况从作品首次出版之日或出版前的登记之日算起，版权保护期限不少于二十五年。

丙、如果某缔约国的法律准许有两个或两个以上的连续保护期限，则第一个保护期限不得短于本款甲、乙两项所规定的最短期限之一。

（三）本条第（二）款的规定不适用于摄影作品或实用美术作品；但这些缔约国对摄影作品或实用美术作品作为艺术品给予保护时，对上述每一类作品规定期限不得少于十年。

（四）甲、任何缔约国对某一作品给予的保护期限，均不长于有关缔约国（如果是未出版的作品，则指作家所属的缔约国；如果是已出版的作品，则指首先出版作品的缔约国）的法律对该作品所属的同类作品规定的保护期限。

乙、为实施本款甲项，如果某缔约国的法律准予有两个或两个以上的连续保护期限，该国的保护期限应视为是这些期限的总和。但是，如果上述国家对某一特定作品在第二或任何予保护。

（五）为实施本条第（四）款，某缔约国国民在非缔约国首次出版的作品应按照在该作者所属的缔约国首先出版来处理。

（六）为实施本条第（四）款，如果某作品在两个或两个以上缔约国内同时出版，该作品应视为在保护期限最短的缔约国内首先出版。任何作品如在首次出版三十日内在两个或两个以上缔约国内出版，则应视为在上述缔约国内同时出版。

281

第四节　权利的限制

第二十四条　作品的合理使用

在下列情况下使用作品，可以不经著作权人许可，不向其支付报酬，但应当指明作者姓名或者名称、作品名称，并且不得影响该作品的正常使用，也不得不合理地损害著作权人的合法权益：

（一）为个人学习、研究或者欣赏，使用他人已经发表的作品；

（二）为介绍、评论某一作品或者说明某一问题，在作品中适当引用他人已经发表的作品；

（三）为报道新闻，在报纸、期刊、广播电台、电视台等媒体中不可避免地再现或者引用已经发表的作品；

（四）报纸、期刊、广播电台、电视台等媒体刊登或者播放其他报纸、期刊、广播电台、电视台等媒体已经发表的关于政治、经济、宗教问题的时事性文章，但著作权人声明不许刊登、播放的除外；

（五）报纸、期刊、广播电台、电视台等媒体刊登或者播放在公众集会上发表的讲话，但作者声明不许刊登、播放的除外；

（六）为学校课堂教学或者科学研究，翻译、改编、汇编、播放或者少量复制已经发表的作品，供教学或者科研人员使用，但不得出版发行；

（七）国家机关为执行公务在合理范围内使用已经发表的作品；

（八）图书馆、档案馆、纪念馆、博物馆、美术馆、文化馆等为陈列或者保存版本的需要，复制本馆收藏的作品；

> （九）免费表演已经发表的作品，该表演未向公众收取费用，也未向表演者支付报酬，且不以营利为目的；
>
> （十）对设置或者陈列在公共场所的艺术作品进行临摹、绘画、摄影、录像；
>
> （十一）将中国公民、法人或者非法人组织已经发表的以国家通用语言文字创作的作品翻译成少数民族语言文字作品在国内出版发行；
>
> （十二）以阅读障碍者能够感知的无障碍方式向其提供已经发表的作品；
>
> （十三）法律、行政法规规定的其他情形。
>
> 前款规定适用于对与著作权有关的权利的限制。

● **行政法规及文件**

1. **《著作权法实施条例》**（2013年1月30日）

第19条 使用他人作品的，应当指明作者姓名、作品名称；但是，当事人另有约定或者由于作品使用方式的特性无法指明的除外。

第20条 著作权法所称已经发表的作品，是指著作权人自行或者许可他人公之于众的作品。

第21条 依照著作权法有关规定，使用可以不经著作权人许可的已经发表的作品的，不得影响该作品的正常使用，也不得不合理地损害著作权人的合法利益。

● **司法解释及文件**

2. **《最高人民法院关于审理著作权民事纠纷案件适用法律若干问题的解释》**（2020年12月29日 法释〔2020〕19号）

第18条 著作权法第二十二条第（十）项规定的室外公共场所的艺术作品，是指设置或者陈列在室外社会公众活动处所的雕塑、绘画、书法等艺术作品。

对前款规定艺术作品的临摹、绘画、摄影、录像人，可以对其成果以合理的方式和范围再行使用，不构成侵权。

● 国际条约

3.《保护文学和艺术作品伯尔尼公约》（1971年7月24日）

第7条

一、本公约给予保护的期限为作者有生之年及其死后五十年内。

二、但就电影作品而言，本同盟成员国有权规定保护期在作者同意下自作品公之于众后五十年期满，如自作品完成后五十年内尚未公之于众，则自作品完成后五十年期满。

三、至于不具名作品和假名作品，本公约给予的保护期自其合法公之于众之日起五十年内有效。但根据作者采用的假名可以毫无疑问地确定作者身份时，该保护期则为第一款所规定的期限。如不具名作品或假名作品的作者在上述期间内公开其身份，所适用的保护期为第一款所规定的保护期限。本同盟成员国没有义务保护有充分理由推定其作者已死去五十年的不具名作品或假名作品。

四、摄影作品和作为艺术作品保护的实用艺术作品的保护期限由本同盟各成员国的法律规定；但这一期限不应少于自该作品完成之后算起的二十五年。

五、作者死后的保护期和以上第二、三、四款所规定的期限从其死亡或上述各款提及事件发生之时开始，但这种期限应从死亡或所述事件发生之后次年的一月一日开始计算。

六、本同盟成员国有权给予比前述各款规定更长的保护期。

七、受本公约罗马文本约束并在此公约文本签署时有效的本国法律中规定了短于前述各款期限的保护期的本同盟成员国，有权在加入或批准此公约文本时维持这种期限。

八、无论如何，期限将由被要求给予保护的国家的法律加以规定；但是，除该国家的法律另有规定者外，这种期限不得超过作品起源国规定的期限。

第10条

一、从一部合法公之于众的作品中摘出引文，包括以报刊提要形式引用报纸期刊的文章，只要符合合理使用，在为达到目的的正当需要范围内，就属合法。

二、本同盟成员国法律以及成员国之间现有或将要签订的特别协议得规定，可以合法地通过出版物、无线电广播或录音录像使用文学艺术作品作为教学的解说的权利，只要是在为达到目的的正当需要范围内使用，并符合合理使用。

三、前面各款提到的摘引和使用应说明出处，如原出处有作者姓名，也应同时说明。

● 案例指引

发行公司诉企业发展公司侵害作品信息网络传播权纠纷案（人民法院案例库2023-09-2-158-055）

裁判摘要：以AI（人工智能）技术识别音源，调取与他人影视剧中对应音源的时长片段提供给用户，使公众能够在个人选定的时间和地点获得他人影视剧片段，仍属于向公众通过信息网络提供他人影视剧的行为。信息网络传播行为中的公众通过信息网络获得作品应理解为获得作品的可能性，公众实际获得作品的情况因存在涉及信息网络的软、硬件设备或者公众个人选择等差异而不同，不能以公众实际获得作品或者得作品的完整度来判断向公众提供作品行为。用户在网络平台公开发表影视评论时上传相关影视剧片段，不属于《著作权法》所规定的创作作品过程中适当引用他人已发表作品用于介绍、评论或者说明问题的合理使用行为。

第二十五条　特定教科书的法定许可

为实施义务教育和国家教育规划而编写出版教科书，可以不经著作权人许可，在教科书中汇编已经发表的作品片段或者短小的文字作品、音乐作品或者单幅的美术作品、摄影作品、图形作品，但应当按照规定向著作权人支付报酬，指明作者姓名或者名称、作品名称，并且不得侵犯著作权人依照本法享有的其他权利。

前款规定适用于对与著作权有关的权利的限制。

● **行政法规及文件**

《著作权法实施条例》（2013年1月30日）

第21条　依照著作权法有关规定，使用可以不经著作权人许可的已经发表的作品的，不得影响该作品的正常使用，也不得不合理地损害著作权人的合法利益。

第22条　依照著作权法第二十三条、第三十三条第二款、第四十条第三款的规定使用作品的付酬标准，由国务院著作权行政管理部门会同国务院价格主管部门制定、公布。

第32条　依照著作权法第二十三条、第三十三条第二款、第四十条第三款的规定，使用他人作品的，应当自使用该作品之日起2个月内向著作权人支付报酬。

● **案例指引**

陆某龙诉陆某等侵犯著作权纠纷案（《最高人民法院公报》2015年第7期）

案例要旨： 著作权法意义上的作品，是指文学、艺术和科学领域内具有独创性并能以某种有形形式复制的智力成果。独创性是界定著作权法意义上的作品的前提条件和实质要件，它直接影响作品著作权的法律保护和侵权责任承担。家谱主要是记载一个姓氏家族或某一分支的宗族氏系和历代祖先的名号谱籍，其关于素材或公有领域的信息，不具有独创性，不应当受《著作权法》保护。

第三章　著作权许可使用和转让合同

第二十六条　著作权许可使用合同

使用他人作品应当同著作权人订立许可使用合同，本法规定可以不经许可的除外。

许可使用合同包括下列主要内容：

（一）许可使用的权利种类；

（二）许可使用的权利是专有使用权或者非专有使用权；

（三）许可使用的地域范围、期间；

（四）付酬标准和办法；

（五）违约责任；

（六）双方认为需要约定的其他内容。

● 行政法规及文件

《著作权法实施条例》（2013年1月30日）

第23条　使用他人作品应当同著作权人订立许可使用合同，许可使用的权利是专有使用权的，应当采取书面形式，但是报社、期刊社刊登作品除外。

第24条　著作权法第二十四条规定的专有使用权的内容由合同约定，合同没有约定或者约定不明的，视为被许可人有权排除包括著作权人在内的任何人以同样的方式使用作品；除合同另有约定外，被许可人许可第三人行使同一权利，必须取得著作权人的许可。

第二十七条　著作权转让合同

转让本法第十条第一款第五项至第十七项规定的权利，应当订立书面合同。

权利转让合同包括下列主要内容：

（一）作品的名称；

（二）转让的权利种类、地域范围；

（三）转让价金；

（四）交付转让价金的日期和方式；

（五）违约责任；

（六）双方认为需要约定的其他内容。

● **法　律**

1. 《民法典》（2020 年 5 月 28 日）

第 490 条　当事人采用合同书形式订立合同的，自当事人均签名、盖章或者按指印时合同成立。在签名、盖章或者按指印之前，当事人一方已经履行主要义务，对方接受时，该合同成立。

法律、行政法规规定或者当事人约定合同应当采用书面形式订立，当事人未采用书面形式但是一方已经履行主要义务，对方接受时，该合同成立。

● **行政法规及文件**

2. 《著作权法实施条例》（2013 年 1 月 30 日）

第 23 条　使用他人作品应当同著作权人订立许可使用合同，许可使用的权利是专有使用权的，应当采取书面形式，但是报社、期刊社刊登作品除外。

第 25 条　与著作权人订立专有许可使用合同、转让合同的，可以向著作权行政管理部门备案。

● 司法解释及文件

3.《最高人民法院关于审理著作权民事纠纷案件适用法律若干问题的解释》（2020 年 12 月 29 日　法释〔2020〕19 号）

第 22 条　著作权转让合同未采取书面形式的，人民法院依据民法典第四百九十条的规定审查合同是否成立。

第二十八条　著作权出质

以著作权中的财产权出质的，由出质人和质权人依法办理出质登记。

第二十九条　著作权许可使用和转让合同中未明确的权利

许可使用合同和转让合同中著作权人未明确许可、转让的权利，未经著作权人同意，另一方当事人不得行使。

第三十条　著作权使用费的支付

使用作品的付酬标准可以由当事人约定，也可以按照国家著作权主管部门会同有关部门制定的付酬标准支付报酬。当事人约定不明确的，按照国家著作权主管部门会同有关部门制定的付酬标准支付报酬。

第三十一条　取得他人的著作权使用权限制

出版者、表演者、录音录像制作者、广播电台、电视台等依照本法有关规定使用他人作品的，不得侵犯作者的署名权、修改权、保护作品完整权和获得报酬的权利。

第四章　与著作权有关的权利

第一节　图书、报刊的出版

第三十二条　出版合同

图书出版者出版图书应当和著作权人订立出版合同，并支付报酬。

第三十三条　专有出版权

图书出版者对著作权人交付出版的作品，按照合同约定享有的专有出版权受法律保护，他人不得出版该作品。

● 行政法规及文件

《著作权法实施条例》（2013年1月30日）

第27条　出版者、表演者、录音录像制作者、广播电台、电视台行使权利，不得损害被使用作品和原作品著作权人的权利。

第28条　图书出版合同中约定图书出版者享有专有出版权但没有明确其具体内容的，视为图书出版者享有在合同有效期限内和在合同约定的地域范围内以同种文字的原版、修订版出版图书的专有权利。

第三十四条　出版者与著作权人的义务

著作权人应当按照合同约定期限交付作品。图书出版者应当按照合同约定的出版质量、期限出版图书。

图书出版者不按照合同约定期限出版，应当依照本法第六十一条的规定承担民事责任。

> 图书出版者重印、再版作品的,应当通知著作权人,并支付报酬。图书脱销后,图书出版者拒绝重印、再版的,著作权人有权终止合同。

● **行政法规及文件**

《著作权法实施条例》(2013年1月30日)

第29条 著作权人寄给图书出版者的两份订单在6个月内未能得到履行,视为著作权法第三十二条所称图书脱销。

第三十五条　报社、期刊社的权利和义务

> 著作权人向报社、期刊社投稿的,自稿件发出之日起十五日内未收到报社通知决定刊登的,或者自稿件发出之日起三十日内未收到期刊社通知决定刊登的,可以将同一作品向其他报社、期刊社投稿。双方另有约定的除外。
>
> 作品刊登后,除著作权人声明不得转载、摘编的外,其他报刊可以转载或者作为文摘、资料刊登,但应当按照规定向著作权人支付报酬。

● **行政法规及文件**

1. **《著作权法实施条例》**(2013年1月30日)

第22条 依照著作权法第二十三条、第三十三条第二款、第四十条第三款的规定使用作品的付酬标准,由国务院著作权行政管理部门会同国务院价格主管部门制定、公布。

第30条 著作权人依照著作权法第三十三条第二款声明不得转载、摘编其作品的,应当在报纸、期刊刊登该作品时附带声明。

第32条 依照著作权法第二十三条、第三十三条第二款、第四十条第三款的规定,使用他人作品的,应当自使用该作品之

日起 2 个月内向著作权人支付报酬。

● 司法解释及文件

2.《最高人民法院关于审理著作权民事纠纷案件适用法律若干问题的解释》（2020 年 12 月 29 日　法释〔2020〕19 号）

　　第 17 条　著作权法第三十三条第二款规定的转载，是指报纸、期刊登载其他报刊已发表作品的行为。转载未注明被转载作品的作者和最初登载的报刊出处的，应当承担消除影响、赔礼道歉等民事责任。

第三十六条　图书出版者、报社、期刊社对作品的修改权

　　图书出版者经作者许可，可以对作品修改、删节。

　　报社、期刊社可以对作品作文字性修改、删节。对内容的修改，应当经作者许可。

第三十七条　版式设计的专有使用权

　　出版者有权许可或者禁止他人使用其出版的图书、期刊的版式设计。

　　前款规定的权利的保护期为十年，截止于使用该版式设计的图书、期刊首次出版后第十年的 12 月 31 日。

第二节　表　演

第三十八条　表演者的义务

　　使用他人作品演出，表演者应当取得著作权人许可，并支付报酬。演出组织者组织演出，由该组织者取得著作权人许可，并支付报酬。

第三十九条　表演者的权利

表演者对其表演享有下列权利：

（一）表明表演者身份；

（二）保护表演形象不受歪曲；

（三）许可他人从现场直播和公开传送其现场表演，并获得报酬；

（四）许可他人录音录像，并获得报酬；

（五）许可他人复制、发行、出租录有其表演的录音录像制品，并获得报酬；

（六）许可他人通过信息网络向公众传播其表演，并获得报酬。

被许可人以前款第三项至第六项规定的方式使用作品，还应当取得著作权人许可，并支付报酬。

● 行政法规及文件

1. 《著作权法实施条例》（2013年1月30日）

第5条　著作权法和本条例中下列用语的含义：

（一）时事新闻，是指通过报纸、期刊、广播电台、电视台等媒体报道的单纯事实消息；

（二）录音制品，是指任何对表演的声音和其他声音的录制品；

（三）录像制品，是指电影作品和以类似摄制电影的方法创作的作品以外的任何有伴音或者无伴音的连续相关形象、图像的录制品；

（四）录音制作者，是指录音制品的首次制作人；

（五）录像制作者，是指录像制品的首次制作人；

（六）表演者，是指演员、演出单位或者其他表演文学、艺术作品的人。

第 27 条　出版者、表演者、录音录像制作者、广播电台、电视台行使权利，不得损害被使用作品和原作品著作权人的权利。

第 33 条　外国人、无国籍人在中国境内的表演，受著作权法保护。

外国人、无国籍人根据中国参加的国际条约对其表演享有的权利，受著作权法保护。

第 34 条　外国人、无国籍人在中国境内制作、发行的录音制品，受著作权法保护。

外国人、无国籍人根据中国参加的国际条约对其制作、发行的录音制品享有的权利，受著作权法保护。

● 国际条约

2.《与贸易有关的知识产权协议》（1994 年 4 月 15 日）

第 14 条　对表演者、录音制品制作者及广播组织的保护

1. 对于将表演者的表演固定于录音制品的情况，表演者应有可能制止未经其许可而为的下列行为：对其尚未固定的表演加以固定，以及将已经固定的内容加以复制。表演者还应有可能制止未经其许可而为的下列行为：以无线方式向公众广播其现场表演，向公众传播其现场表演。

2. 录音制品制作者应享有权利许可或禁止对其作品的直接或间接复制。

3. 广播组织应享有权利禁止未经其许可而为的下列行为：将其广播以无线方式重播，将其广播固定，将已固定的内容复制，以及通过同样方式将其电视广播向公众传播。如果某些成员不授予广播组织上述权利，则应依照伯尔尼公约 1971 年文本，使对有关广播之内容享有版权之人，有可能制止上述行为。

4. 本协议第十一条有关计算机程序之规定，原则上适用于录音制品制作者，适用于成员域内法所确认的录音制品的任何其他

权利持有人。在部长级会议结束乌拉圭回合多边贸易谈判之日，如果某成员已实施了给权利持有人以公平报酬的制度，则可以维持其制度不变，只要在该制度下录音制品的商业性出租不产生实质性损害权利持有人的复制专有权的后果。

5. 依照本协议而使表演者及录音制品制作者享有的保护期至少应当自有关的固定或表演发生之年年终延续到第 50 年年终。而本条第 3 款所提供的保护期则应自有关广播被播出之年年终起至少 20 年。

6. 任何成员均可在罗马公约允许的范围内，对本条第 1 款至第 3 款提供的权利规定条件、限制、例外及保留。但伯尔尼公约 1971 年文本第 18 条应在原则上适用于表演者权及录音制品制作者权。

第四十条　职务表演的权利归属

演员为完成本演出单位的演出任务进行的表演为职务表演，演员享有表明身份和保护表演形象不受歪曲的权利，其他权利归属由当事人约定。当事人没有约定或者约定不明确的，职务表演的权利由演出单位享有。

职务表演的权利由演员享有的，演出单位可以在其业务范围内免费使用该表演。

第四十一条　表演者权利的保护期

本法第三十九条第一款第一项、第二项规定的权利的保护期不受限制。

本法第三十九条第一款第三项至第六项规定的权利的保护期为五十年，截止于该表演发生后第五十年的 12 月 31 日。

第三节 录音录像

第四十二条　录音录像制作者使用他人制品的义务

录音录像制作者使用他人作品制作录音录像制品,应当取得著作权人许可,并支付报酬。

录音制作者使用他人已经合法录制为录音制品的音乐作品制作录音制品,可以不经著作权人许可,但应当按照规定支付报酬;著作权人声明不许使用的不得使用。

● 行政法规及文件

《著作权法实施条例》(2013年1月30日)

第5条　著作权法和本条例中下列用语的含义:

(一)时事新闻,是指通过报纸、期刊、广播电台、电视台等媒体报道的单纯事实消息;

(二)录音制品,是指任何对表演的声音和其他声音的录制品;

(三)录像制品,是指电影作品和以类似摄制电影的方法创作的作品以外的任何有伴音或者无伴音的连续相关形象、图像的录制品;

(四)录音制作者,是指录音制品的首次制作人;

(五)录像制作者,是指录像制品的首次制作人;

(六)表演者,是指演员、演出单位或者其他表演文学、艺术作品的人。

第10条　著作权人许可他人将其作品摄制成电影作品和以类似摄制电影的方法创作的作品的,视为已同意对其作品进行必要的改动,但是这种改动不得歪曲篡改原作品。

第21条　依照著作权法有关规定,使用可以不经著作权人许可的已经发表的作品的,不得影响该作品的正常使用,也不得不合理地损害著作权人的合法利益。

第22条　依照著作权法第二十三条、第三十三条第二款、第四十条第三款的规定使用作品的付酬标准，由国务院著作权行政管理部门会同国务院价格主管部门制定、公布。

第27条　出版者、表演者、录音录像制作者、广播电台、电视台行使权利，不得损害被使用作品和原作品著作权人的权利。

第31条　著作权人依照著作权法第四十条第三款声明不得对其作品制作录音制品的，应当在该作品合法录制为录音制品时声明。

第32条　依照著作权法第二十三条、第三十三条第二款、第四十条第三款的规定，使用他人作品的，应当自使用该作品之日起2个月内向著作权人支付报酬。

第四十三条　录音录像制作者制作制品的义务

> 录音录像制作者制作录音录像制品，应当同表演者订立合同，并支付报酬。

● 行政法规及文件

《著作权法实施条例》（2013年1月30日）

第5条　著作权法和本条例中下列用语的含义：

（一）时事新闻，是指通过报纸、期刊、广播电台、电视台等媒体报道的单纯事实消息；

（二）录音制品，是指任何对表演的声音和其他声音的录制品；

（三）录像制品，是指电影作品和以类似摄制电影的方法创作的作品以外的任何有伴音或者无伴音的连续相关形象、图像的录制品；

(四)录音制作者,是指录音制品的首次制作人;

(五)录像制作者,是指录像制品的首次制作人;

(六)表演者,是指演员、演出单位或者其他表演文学、艺术作品的人。

第四十四条　录音录像制作者的权利

录音录像制作者对其制作的录音录像制品,享有许可他人复制、发行、出租、通过信息网络向公众传播并获得报酬的权利;权利的保护期为五十年,截止于该制品首次制作完成后第五十年的12月31日。

被许可人复制、发行、通过信息网络向公众传播录音录像制品,应当同时取得著作权人、表演者许可,并支付报酬;被许可人出租录音录像制品,还应当取得表演者许可,并支付报酬。

● 行政法规及文件

《著作权法实施条例》(2013年1月30日)

第34条　外国人、无国籍人在中国境内制作、发行的录音制品,受著作权法保护。

外国人、无国籍人根据中国参加的国际条约对其制作、发行的录音制品享有的权利,受著作权法保护。

● 案例指引

影音公司与某出版社、文化发展公司、光碟公司、某剧院、批销公司著作权纠纷案(《最高人民法院公报》2009年第3期)

案例要旨:戏剧类作品演出的筹备、组织、排练等活动均由剧院或剧团等演出单位主持,演出所需投入亦由演出单位承担,演出体现的是演出单位的意志,故对于整台戏剧的演出,演出单位是著作权法意义上的表演者。在没有特别约定的情况下,演员个人不享有表演者的权利。根据《著作权法》的规定，录像制作者的权利仅限于禁止他人未经许可复制、发行其制作的录像制品，对于非其制作的，则无权禁止他人制作和发行。但如果录像制作者除对其制作、发行的录像制品享有独家发行权外，还对录像制品所涉及的内容享有独家出版、发行的权利，则他人未经许可就相关内容制作、出版、发行录像制品的，也构成侵权。根据《音像制品管理条例》的规定，音像复制单位接收委托复制音像制品的，应当按照国家有关规定，验证音像制品复制委托书及著作权人的授权书。如果复制单位未认真、充分地履行上述验证义务即进行复制，所复制的音像制品侵犯他人合法权利的，复制单位应与侵权音像制品的制作者、出版者等承担共同侵权责任。

第四十五条　录音制作者广播及公开表演获酬权

将录音制品用于有线或者无线公开传播，或者通过传送声音的技术设备向公众公开播送的，应当向录音制作者支付报酬。

第四节　广播电台、电视台播放

第四十六条　广播电台、电视台对著作权人的义务

广播电台、电视台播放他人未发表的作品，应当取得著作权人许可，并支付报酬。

广播电台、电视台播放他人已发表的作品，可以不经著作权人许可，但应当按照规定支付报酬。

● 行政法规及文件

1.《著作权法实施条例》（2013年1月30日）

第21条　依照著作权法有关规定，使用可以不经著作权人许可的已经发表的作品的，不得影响该作品的正常使用，也不得

不合理地损害著作权人的合法利益。

第 27 条 出版者、表演者、录音录像制作者、广播电台、电视台行使权利，不得损害被使用作品和原作品著作权人的权利。

2.《广播电台电视台播放录音制品支付报酬暂行办法》（2011 年 1 月 8 日）

第 4 条 广播电台、电视台播放录音制品，可以与管理相关权利的著作权集体管理组织约定每年向著作权人支付固定数额的报酬；没有就固定数额进行约定或者约定不成的，广播电台、电视台与管理相关权利的著作权集体管理组织可以以下列方式之一为基础，协商向著作权人支付报酬：

（一）以本台或者本台各频道（频率）本年度广告收入扣除 15%成本费用后的余额，乘以本办法第五条或者第六条规定的付酬标准，计算支付报酬的数额；

（二）以本台本年度播放录音制品的时间总量，乘以本办法第七条规定的单位时间付酬标准，计算支付报酬的数额。

第 5 条 以本办法第四条第（一）项规定方式确定向著作权人支付报酬的数额的，自本办法施行之日起 5 年内，按照下列付酬标准协商支付报酬的数额：

（一）播放录音制品的时间占本台或者本频道（频率）播放节目总时间的比例（以下称播放时间比例）不足 1%的，付酬标准为 0.01%；

（二）播放时间比例为 1%以上不足 3%的，付酬标准为 0.02%；

（三）播放时间比例为 3%以上不足 6%的，相应的付酬标准为 0.09%到 0.15%，播放时间比例每增加 1%，付酬标准相应增加 0.03%；

（四）播放时间比例为 6%以上 10%以下的，相应的付酬标准为 0.24%到 0.4%，播放时间比例每增加 1%，付酬标准相应增加 0.04%；

（五）播放时间比例超过10%不足30%的，付酬标准为0.5%；

（六）播放时间比例为30%以上不足50%的，付酬标准为0.6%；

（七）播放时间比例为50%以上不足80%的，付酬标准为0.7%；

（八）播放时间比例为80%以上的，付酬标准为0.8%。

第6条 以本办法第四条第（一）项规定方式确定向著作权人支付报酬的数额的，自本办法施行届满5年之日起，按照下列付酬标准协商支付报酬的数额：

（一）播放时间比例不足1%的，付酬标准为0.02%；

（二）播放时间比例为1%以上不足3%的，付酬标准为0.03%；

（三）播放时间比例为3%以上不足6%的，相应的付酬标准为0.12%到0.2%，播放时间比例每增加1%，付酬标准相应增加0.04%；

（四）播放时间比例为6%以上10%以下的，相应的付酬标准为0.3%到0.5%，播放时间比例每增加1%，付酬标准相应增加0.05%；

（五）播放时间比例超过10%不足30%的，付酬标准为0.6%；

（六）播放时间比例为30%以上不足50%的，付酬标准为0.7%；

（七）播放时间比例为50%以上不足80%的，付酬标准为0.8%；

（八）播放时间比例为80%以上的，付酬标准为0.9%。

第7条 以本办法第四条第（二）项规定的方式确定向著作权人支付报酬的数额的，按照下列付酬标准协商支付报酬的数额：

（一）广播电台的单位时间付酬标准为每分钟 0.30 元；

（二）电视台的单位时间付酬标准自本办法施行之日起 5 年内为每分钟 1.50 元，自本办法施行届满 5 年之日起为每分钟 2 元。

第四十七条 广播电台、电视台的权利

广播电台、电视台有权禁止未经其许可的下列行为：

（一）将其播放的广播、电视以有线或者无线方式转播；

（二）将其播放的广播、电视录制以及复制；

（三）将其播放的广播、电视通过信息网络向公众传播。

广播电台、电视台行使前款规定的权利，不得影响、限制或者侵害他人行使著作权或者与著作权有关的权利。

本条第一款规定的权利的保护期为五十年，截止于该广播、电视首次播放后第五十年的 12 月 31 日。

● 行政法规及文件

《著作权法实施条例》（2013 年 1 月 30 日）

第 35 条 外国的广播电台、电视台根据中国参加的国际条约对其播放的广播、电视节目享有的权利，受著作权法保护。

第四十八条 电视台播放他人电影作品的义务

电视台播放他人的视听作品、录像制品，应当取得视听作品著作权人或者录像制作者许可，并支付报酬；播放他人的录像制品，还应当取得著作权人许可，并支付报酬。

● 案例指引

苏某诉某公司侵害著作权纠纷案（人民法院案例库 2023-09-2-158-007）

裁判摘要：音著协和音集协为解决筹建新收费体系过渡期中产

生的相关问题而签订《合作备忘录》应当认为合法有效。但是，在著作权权利人就被诉侵权行为取证时，该被诉侵权行为并未经过音集协或音著协许可的，即使音集协或音著协在后与被诉侵权行为人签订许可使用合同，追认被诉侵权行为的合法性，在权利人不认可的情况下，该追认行为不能改变被诉侵权行为侵害著作权的认定。

第五章　著作权和与著作权有关的权利的保护

第四十九条　保护技术措施

为保护著作权和与著作权有关的权利，权利人可以采取技术措施。

未经权利人许可，任何组织或者个人不得故意避开或者破坏技术措施，不得以避开或者破坏技术措施为目的制造、进口或者向公众提供有关装置或者部件，不得故意为他人避开或者破坏技术措施提供技术服务。但是，法律、行政法规规定可以避开的情形除外。

本法所称的技术措施，是指用于防止、限制未经权利人许可浏览、欣赏作品、表演、录音录像制品或者通过信息网络向公众提供作品、表演、录音录像制品的有效技术、装置或者部件。

第五十条　避开保护技术措施的情形

下列情形可以避开技术措施，但不得向他人提供避开技术措施的技术、装置或者部件，不得侵犯权利人依法享有的其他权利：

（一）为学校课堂教学或者科学研究，提供少量已经发表的作品，供教学或者科研人员使用，而该作品无法通过正常途径获取；

（二）不以营利为目的，以阅读障碍者能够感知的无障碍方式向其提供已经发表的作品，而该作品无法通过正常途径获取；

（三）国家机关依照行政、监察、司法程序执行公务；

（四）对计算机及其系统或者网络的安全性能进行测试；

（五）进行加密研究或者计算机软件反向工程研究。

前款规定适用于对与著作权有关的权利的限制。

第五十一条　保护权利管理信息

未经权利人许可，不得进行下列行为：

（一）故意删除或者改变作品、版式设计、表演、录音录像制品或者广播、电视上的权利管理信息，但由于技术上的原因无法避免的除外；

（二）知道或者应当知道作品、版式设计、表演、录音录像制品或者广播、电视上的权利管理信息未经许可被删除或者改变，仍然向公众提供。

第五十二条　承担民事责任的侵权行为

有下列侵权行为的，应当根据情况，承担停止侵害、消除影响、赔礼道歉、赔偿损失等民事责任：

（一）未经著作权人许可，发表其作品的；

（二）未经合作作者许可，将与他人合作创作的作品当作自己单独创作的作品发表的；

（三）没有参加创作，为谋取个人名利，在他人作品上署名的；

（四）歪曲、篡改他人作品的；

（五）剽窃他人作品的；

（六）未经著作权人许可，以展览、摄制视听作品的方法使用作品，或者以改编、翻译、注释等方式使用作品的，本法另有规定的除外；

（七）使用他人作品，应当支付报酬而未支付的；

（八）未经视听作品、计算机软件、录音录像制品的著作权人、表演者或者录音录像制作者许可，出租其作品或者录音录像制品的原件或者复制件的，本法另有规定的除外；

（九）未经出版者许可，使用其出版的图书、期刊的版式设计的；

（十）未经表演者许可，从现场直播或者公开传送其现场表演，或者录制其表演的；

（十一）其他侵犯著作权以及与著作权有关的权利的行为。

● 法　律

1. 《民法典》（2020 年 5 月 28 日）

第 179 条　承担民事责任的方式主要有：

（一）停止侵害；

（二）排除妨碍；

（三）消除危险；

（四）返还财产；

（五）恢复原状；

（六）修理、重作、更换；

（七）继续履行；

（八）赔偿损失；

（九）支付违约金；

（十）消除影响、恢复名誉；

（十一）赔礼道歉。

法律规定惩罚性赔偿的，依照其规定。

本条规定的承担民事责任的方式，可以单独适用，也可以合并适用。

第1185条　故意侵害他人知识产权，情节严重的，被侵权人有权请求相应的惩罚性赔偿。

● 司法解释及文件

2.《最高人民法院关于审理著作权民事纠纷案件适用法律若干问题的解释》（2020年12月29日　法释〔2020〕19号）

第19条　出版者、制作者应当对其出版、制作有合法授权承担举证责任，发行者、出租者应当对其发行或者出租的复制品有合法来源承担举证责任。举证不能的，依据著作权法第四十七条、第四十八条的相应规定承担法律责任。

● 案例指引

朱某诉自动化公司等侵害计算机软件著作权纠纷案（人民法院案例库2024-13-2-158-005）

裁判摘要：侵害计算机软件著作权诉讼中，在权利人确因客观困难无法直接举证证明其侵权主张的情形下，若被诉侵权人无正当理由拒不提供被诉侵权软件的源程序或者目标程序以供比对，人民法院应当结合包括软件存储介质内容、安装目录、运行状况及软件署名信息、所用言语等在内的现有证据，合理推定被诉侵权软件与权利软件是否构成实质性相同。

第五十三条　承担民事责任、行政责任和刑事责任的侵权行为

有下列侵权行为的，应当根据情况，承担本法第五十二条规定的民事责任；侵权行为同时损害公共利益的，由主管著作权的部门责令停止侵权行为，予以警告，没收违法所得，

没收、无害化销毁处理侵权复制品以及主要用于制作侵权复制品的材料、工具、设备等，违法经营额五万元以上的，可以并处违法经营额一倍以上五倍以下的罚款；没有违法经营额、违法经营额难以计算或者不足五万元的，可以并处二十五万元以下的罚款；构成犯罪的，依法追究刑事责任：

（一）未经著作权人许可，复制、发行、表演、放映、广播、汇编、通过信息网络向公众传播其作品的，本法另有规定的除外；

（二）出版他人享有专有出版权的图书的；

（三）未经表演者许可，复制、发行录有其表演的录音录像制品，或者通过信息网络向公众传播其表演的，本法另有规定的除外；

（四）未经录音录像制作者许可，复制、发行、通过信息网络向公众传播其制作的录音录像制品的，本法另有规定的除外；

（五）未经许可，播放、复制或者通过信息网络向公众传播广播、电视的，本法另有规定的除外；

（六）未经著作权人或者与著作权有关的权利人许可，故意避开或者破坏技术措施的，故意制造、进口或者向他人提供主要用于避开、破坏技术措施的装置或者部件的，或者故意为他人避开或者破坏技术措施提供技术服务的，法律、行政法规另有规定的除外；

（七）未经著作权人或者与著作权有关的权利人许可，故意删除或者改变作品、版式设计、表演、录音录像制品或者广播、电视上的权利管理信息的，知道或者应当知道作品、版式设计、表演、录音录像制品或者广播、电视上的权利管理信息未经许可被删除或者改变，仍然向公众提供的，法律、行政法规另有规定的除外；

（八）制作、出售假冒他人署名的作品的。

● **法　律**

1.《**刑法**》（2023 年 12 月 29 日）

第 217 条　以营利为目的，有下列侵犯著作权或者与著作权有关的权利的情形之一，违法所得数额较大或者有其他严重情节的，处三年以下有期徒刑，并处或者单处罚金；违法所得数额巨大或者有其他特别严重情节的，处三年以上十年以下有期徒刑，并处罚金：

（一）未经著作权人许可，复制发行、通过信息网络向公众传播其文字作品、音乐、美术、视听作品、计算机软件及法律、行政法规规定的其他作品的；

（二）出版他人享有专有出版权的图书的；

（三）未经录音录像制作者许可，复制发行、通过信息网络向公众传播其制作的录音录像的；

（四）未经表演者许可，复制发行录有其表演的录音录像制品，或者通过信息网络向公众传播其表演的；

（五）制作、出售假冒他人署名的美术作品的；

（六）未经著作权人或者与著作权有关的权利人许可，故意避开或者破坏权利人为其作品、录音录像制品等采取的保护著作权或者与著作权有关的权利的技术措施的。①

---

① 根据 2020 年 12 月 26 日《中华人民共和国刑法修正案（十一）》修改。原条文为："以营利为目的，有下列侵犯著作权情形之一，违法所得数额较大或者有其他严重情节的，处三年以下有期徒刑或者拘役，并处或者单处罚金；违法所得数额巨大或者有其他特别严重情节的，处三年以上七年以下有期徒刑，并处罚金：

"（一）未经著作权人许可，复制发行其文字作品、音乐、电影、电视、录像作品、计算机软件及其他作品的；

"（二）出版他人享有专有出版权的图书的；

"（三）未经录音录像制作者许可，复制发行其制作的录音录像的；

"（四）制作、出售假冒他人署名的美术作品的。"

第218条　以营利为目的,销售明知是本法第二百一十七条规定的侵权复制品,违法所得数额巨大或者有其他严重情节的,处五年以下有期徒刑,并处或者单处罚金。①

● 行政法规及文件

2.《著作权法实施条例》(2013年1月30日)

第36条　有著作权法第四十八条所列侵权行为,同时损害社会公共利益,非法经营额5万元以上的,著作权行政管理部门可处非法经营额1倍以上5倍以下的罚款;没有非法经营额或者非法经营额5万元以下的,著作权行政管理部门根据情节轻重,可处25万元以下的罚款。

第37条　有著作权法第四十八条所列侵权行为,同时损害社会公共利益的,由地方人民政府著作权行政管理部门负责查处。

国务院著作权行政管理部门可以查处在全国有重大影响的侵权行为。

● 司法解释及文件

3.《最高人民法院关于审理著作权民事纠纷案件适用法律若干问题的解释》(2020年12月29日　法释〔2020〕19号)

第4条　因侵害著作权行为提起的民事诉讼,由著作权法第四十七条、第四十八条所规定侵权行为的实施地、侵权复制品储藏地或者查封扣押地、被告住所地人民法院管辖。

前款规定的侵权复制品储藏地,是指大量或者经常性储存、隐匿侵权复制品所在地;查封扣押地,是指海关、版权等行政机关依法查封、扣押侵权复制品所在地。

---

① 根据2020年12月26日《中华人民共和国刑法修正案(十一)》修改。原条文为:"以营利为目的,销售明知是本法第二百一十七条规定的侵权复制品,违法所得数额巨大的,处三年以下有期徒刑或者拘役,并处或者单处罚金。"

4.《最高人民法院、最高人民检察院关于办理侵犯知识产权刑事案件具体应用法律若干问题的解释（二）》（2007年4月5日法释〔2007〕6号）

第1条 以营利为目的，未经著作权人许可，复制发行其文字作品、音乐、电影、电视、录像作品、计算机软件及其他作品，复制品数量合计在五百张（份）以上的，属于刑法第二百一十七条规定的"有其他严重情节"；复制品数量在二千五百张（份）以上的，属于刑法第二百一十七条规定的"有其他特别严重情节"。

第2条 刑法第二百一十七条侵犯著作权罪中的"复制发行"，包括复制、发行或者既复制又发行的行为。

侵权产品的持有人通过广告、征订等方式推销侵权产品的，属于刑法第二百一十七条规定的"发行"。

非法出版、复制、发行他人作品，侵犯著作权构成犯罪的，按照侵犯著作权罪定罪处罚。

5.《最高人民法院、最高人民检察院关于办理侵犯知识产权刑事案件具体应用法律若干问题的解释（三）》（2020年9月14日法释〔2020〕10号）

第2条 在刑法第二百一十七条规定的作品、录音制品上以通常方式署名的自然人、法人或者非法人组织，应当推定为著作权人或者录音制作者，且该作品、录音制品上存在着相应权利，但有相反证明的除外。

在涉案作品、录音制品种类众多且权利人分散的案件中，有证据证明涉案复制品系非法出版、复制发行，且出版者、复制发行者不能提供获得著作权人、录音制作者许可的相关证据材料的，可以认定为刑法第二百一十七条规定的"未经著作权人许可""未经录音制作者许可"。但是，有证据证明权利人放弃权利、涉案作品的著作权或者录音制品的有关权利不受我国著作权法保护、权利保护期限已经届满的除外。

● 请示答复

6.《关于对制作、出售假冒他人署名的作品案件适用法律问题的请示的复函》（2006年5月23日　权司〔2006〕39号）

黑龙江省版权局：

你局黑权字【2006】1号文收悉。经研究，答复如下：

著作权法第四十七条第（八）项是关于"制作、出售假冒他人署名的作品"的规定。依据本规定，侵权人不仅要承担民事责任，同时损害公共利益的，可以由著作权行政管理部门给予一定的行政处罚。之所以规定行政法律责任，原因在于这种侵权行为不仅侵犯被假冒者的权利，严重损害被假冒者的声誉，而且还欺骗社会公众，扰乱文化市场的秩序。

根据著作权法第四十七条规定，行政处罚种类包括责令停止侵权行为、没收违法所得、罚款和没收、销毁侵权复制品等。在适用第（八）项"制作、出售假冒他人署名的作品"时，考虑到美术作品的特点，我们认为，应当没收、销毁假冒他人署名的侵权美术作品的原件。因为这类作品的原件和复制品均可能在市场上流通，而其财产价值及对被假冒人权利的侵害主要是通过市场上的原件和复制品的流通实现的，如果仅没收、销毁假冒他人署名的美术作品的侵权复制品，而放任假冒署名的原件的流通，则不仅使侵权行为继续存在，而且也与著作权行政保护、维护文化市场秩序的立法初衷相悖。以上意见供参考。

7.《关于查处著作权侵权案件如何理解适用损害公共利益有关问题的复函》（2006年11月2日　国权办〔2006〕43号）

浙江省版权局：

你局10月26日《关于在查处著作权侵权案件时如何理解适用"损害公共利益"问题的请示》收悉。

就如何认定损害公共利益这一问题，依据《中华人民共和国著作权法》规定，第四十七条所列侵权行为，均有可能侵犯公共利益。就一般原则而言，向公众传播侵权作品，构成不正当竞争，损害经济秩序就是损害公共利益的具体表现。在"2002年WTO过渡性审议"中，国家版权局也曾明确答复"构成不正当竞争，危害经济秩序的行为即可认定为损害公共利益"。此答复得到了全国人大法工委、国务院法制办、最高人民法院的认可。

如商业性卡拉OK经营者，未经著作权人许可使用作品，特别是在著作权人要求其履行合法义务的情况下，仍然置之不理，主观故意明显，应属情节严重的侵权行为。这种行为不仅侵犯了著作权人的合法权益，并且损害了市场经济秩序和公平竞争环境。我局认为该行为应属一种损害公共利益的侵权行为。

● 案例指引

1. 精雕科技公司诉电子科技公司侵害计算机软件著作权纠纷案（最高人民法院指导案例48号）

案例要旨： 计算机软件著作权人为实现软件与机器的捆绑销售，将软件运行的输出数据设定为特定文件格式，以限制其他竞争者的机器读取以该特定文件格式保存的数据，从而将其在软件上的竞争优势扩展到机器，不属于《著作权法》所规定的著作权人为保护其软件著作权而采取的技术措施。他人研发软件读取其设定的特定文件格式的，不构成侵害计算机软件著作权。

2. 某服饰加工厂诉市广播电视新闻出版局行政处罚案（人民法院案例库2023-12-3-001-028）

裁判摘要： 以经营为目的复制加工未经著作权人授权的作品，数量较大的，不仅侵犯了他人的著作权，同时也构成不正当竞争，危害市场经济秩序，构成对行政监管秩序的侵害，应当属于损害公共利益的情形，著作权行政管理部门可以给予行政处罚。在国家版权局《关于查处著作权侵权案件如何理解适用损害公共利益有关问题的复函》中，明确答复就如何认定损害公共利益这一问题，依据《著作权法》规定，第53条所列侵权行为，均有可能侵犯公共利益。就一般原则而言，向公众传播侵权作品，构成不正当竞争，损害经济秩序就是损害公共利益的具体表现。在WTO过渡性审议中，国家版权局也曾明确答复"构成不正当竞争，危害经济秩序的行为即可认定为损害公共利益"。根据该答复可以提炼出认定路径为：不正当竞争+危害经济秩序=损害公共利益。本案二审判决也依据该答复认定"公共利益"，二审判决在证明构成不正当竞争和危害经济秩序的基础上，增加论证了侵犯行政监管秩序和保护知识产权的行政监管职权，进一步说理完善了该路径，丰富了著作权领域"公共利益"的认定路径。

3. 网络公司、器材公司诉科技公司某分公司、科技公司侵害计算机软件著作权纠纷案（人民法院案例库 2024-09-2-158-007）

裁判摘要： 软件序列号是著作权人为保护其对软件享有的著作权而采取的技术措施。使用人破解著作权人软件序列号，系故意破坏技术保护措施而构成著作权侵权，是一种新类型的著作权侵权纠纷。以序列号方式保护的软件，在被许可期限届满后仍能使用的，使用人应当提供证据证明权利来源正当。不能提供的，法院可以运用民事诉讼中的事实推定规则，认定使用人存在破解软件序列号的行为，判令其承担侵权责任。

第五十四条　赔偿标准

侵犯著作权或者与著作权有关的权利的，侵权人应当按照权利人因此受到的实际损失或者侵权人的违法所得给予赔偿；权利人的实际损失或者侵权人的违法所得难以计算的，可以参照该权利使用费给予赔偿。对故意侵犯著作权或者与著作权有关的权利，情节严重的，可以在按照上述方法确定数额的一倍以上五倍以下给予赔偿。

权利人的实际损失、侵权人的违法所得、权利使用费难以计算的，由人民法院根据侵权行为的情节，判决给予五百元以上五百万元以下的赔偿。

赔偿数额还应当包括权利人为制止侵权行为所支付的合理开支。

人民法院为确定赔偿数额，在权利人已经尽了必要举证责任，而与侵权行为相关的账簿、资料等主要由侵权人掌握的，可以责令侵权人提供与侵权行为相关的账簿、资料等；侵权人不提供，或者提供虚假的账簿、资料等的，人民法院可以参考权利人的主张和提供的证据确定赔偿数额。

人民法院审理著作权纠纷案件，应权利人请求，对侵权复制品，除特殊情况外，责令销毁；对主要用于制造侵权复制品的材料、工具、设备等，责令销毁，且不予补偿；或者在特殊情况下，责令禁止前述材料、工具、设备等进入商业渠道，且不予补偿。

● 司法解释及文件

1. 《最高人民法院关于审理著作权民事纠纷案件适用法律若干问题的解释》（2020年12月29日　法释〔2020〕19号）

第7条　当事人提供的涉及著作权的底稿、原件、合法出版物、著作权登记证书、认证机构出具的证明、取得权利的合同等，可以作为证据。

在作品或者制品上署名的自然人、法人或者非法人组织视为著作权、与著作权有关权益的权利人，但有相反证明的除外。

第8条　当事人自行或者委托他人以定购、现场交易等方式购买侵权复制品而取得的实物、发票等，可以作为证据。

公证人员在未向涉嫌侵权的一方当事人表明身份的情况下，

如实对另一方当事人按照前款规定的方式取得的证据和取证过程出具的公证书，应当作为证据使用，但有相反证据的除外。

第 20 条　出版物侵害他人著作权的，出版者应当根据其过错、侵权程度及损害后果等承担赔偿损失的责任。

出版者对其出版行为的授权、稿件来源和署名、所编辑出版物的内容等未尽到合理注意义务的，依据著作权法第四十九条的规定，承担赔偿损失的责任。

出版者应对其已尽合理注意义务承担举证责任。

第 24 条　权利人的实际损失，可以根据权利人因侵权所造成复制品发行减少量或者侵权复制品销售量与权利人发行该复制品单位利润乘积计算。发行减少量难以确定的，按照侵权复制品市场销售量确定。

第 25 条　权利人的实际损失或者侵权人的违法所得无法确定的，人民法院根据当事人的请求或者依职权适用著作权法第四十九条第二款的规定确定赔偿数额。

人民法院在确定赔偿数额时，应当考虑作品类型、合理使用费、侵权行为性质、后果等情节综合确定。

当事人按照本条第一款的规定就赔偿数额达成协议的，应当准许。

第 26 条　著作权法第四十九条第一款规定的制止侵权行为所支付的合理开支，包括权利人或者委托代理人对侵权行为进行调查、取证的合理费用。

人民法院根据当事人的诉讼请求和具体案情，可以将符合国家有关部门规定的律师费用计算在赔偿范围内。

第 27 条　侵害著作权的诉讼时效为三年，自著作权人知道或者应当知道权利受到损害以及义务人之日起计算。权利人超过三年起诉的，如果侵权行为在起诉时仍在持续，在该著作权保护期内，人民法院应当判决被告停止侵权行为；侵权损害赔偿数额应当自权利人向人民法院起诉之日起向前推算三年计算。

2. **《最高人民法院关于审理侵害知识产权民事案件适用惩罚性赔偿的解释》**（2021年3月2日 法释〔2021〕4号）

第3条 对于侵害知识产权的故意的认定，人民法院应当综合考虑被侵害知识产权客体类型、权利状态和相关产品知名度、被告与原告或者利害关系人之间的关系等因素。

对于下列情形，人民法院可以初步认定被告具有侵害知识产权的故意：

（一）被告经原告或者利害关系人通知、警告后，仍继续实施侵权行为的；

（二）被告或其法定代表人、管理人是原告或者利害关系人的法定代表人、管理人、实际控制人的；

（三）被告与原告或者利害关系人之间存在劳动、劳务、合作、许可、经销、代理、代表等关系，且接触过被侵害的知识产权的；

（四）被告与原告或者利害关系人之间有业务往来或者为达成合同等进行过磋商，且接触过被侵害的知识产权的；

（五）被告实施盗版、假冒注册商标行为的；

（六）其他可以认定为故意的情形。

● 案例指引

1. 某公司诉某歌厅侵害作品放映权纠纷案（人民法院案例库2023-09-2-158-069）

裁判摘要：只要符合《著作权法》有关作品认定标准，视听作品的片段就可以认定为独立的作品，给予相应的著作权保护。是否为片段及内容长短，并非判断该智力成果是否构成作品的法定必要条件。《著作权法》保护思想的表达而非思想本身，创作意图属于思想范畴，不应成为作品认定的依据。

2. 李某诉农副产品公司等著作权侵权纠纷案（人民法院案例库 2023-09-2-158-073）

　　裁判摘要：考察侵害作品著作权的损害，应着眼于权利人因作品被侵权使用遭受的损失，或者侵权人因侵权使用作品而增加的收益。不同的侵权行为，可以采取多种方式计算。如根据权利人因侵权所造成复制品发行减少量或者侵权复制品销售量与权利人发行该复制品单位利润乘积计算；以报刊、图书出版或者类似方式侵权的，参照国家有关稿酬的规定计算；参照合理的许可使用费计算等。侵权复制者的成本一般较低，其授权作品的价格可能低于合法授权作品的价格，因此，可在参考该费用的基础上，考虑侵权行为的性质、影响等因素予以确认。

3. 庄某、佐某诉网络公司侵害作品信息网络传播权纠纷案（人民法院案例库 2024-09-2-158-009）

　　裁判摘要：通常提供 P2P（点对点网络）技术的网络服务商不会直接实施通过网络传播作品的行为，而是在客观上为网络用户传播侵权作品提供技术支持，起到了帮助侵权的作用。如果该网络服务商对此在主观上存在过错，将因间接侵权行为而承担共同侵权责任。网络服务商对于其网站上发生过侵权诉讼的网络用户未尽合理的注意义务可以视为主观过错的一种表现形态。

第五十五条　著作权主管部门查处案件的职权范围

> 　　主管著作权的部门对涉嫌侵犯著作权和与著作权有关的权利的行为进行查处时，可以询问有关当事人，调查与涉嫌违法行为有关的情况；对当事人涉嫌违法行为的场所和物品实施现场检查；查阅、复制与涉嫌违法行为有关的合同、发票、账簿以及其他有关资料；对于涉嫌违法行为的场所和物品，可以查封或者扣押。
>
> 　　主管著作权的部门依法行使前款规定的职权时，当事人应当予以协助、配合，不得拒绝、阻挠。

第五十六条　诉前禁令

著作权人或者与著作权有关的权利人有证据证明他人正在实施或者即将实施侵犯其权利、妨碍其实现权利的行为，如不及时制止将会使其合法权益受到难以弥补的损害的，可以在起诉前依法向人民法院申请采取财产保全、责令作出一定行为或者禁止作出一定行为等措施。

● 司法解释及文件

《最高人民法院关于审查知识产权纠纷行为保全案件适用法律若干问题的规定》（2018年12月12日　法释〔2018〕21号）

为正确审查知识产权纠纷行为保全案件，及时有效保护当事人的合法权益，根据《中华人民共和国民事诉讼法》《中华人民共和国专利法》《中华人民共和国商标法》《中华人民共和国著作权法》等有关法律规定，结合审判、执行工作实际，制定本规定。

第1条　本规定中的知识产权纠纷是指《民事案件案由规定》中的知识产权与竞争纠纷。

第2条　知识产权纠纷的当事人在判决、裁定或者仲裁裁决生效前，依据民事诉讼法第一百条、第一百零一条规定申请行为保全的，人民法院应当受理。

知识产权许可合同的被许可人申请诉前责令停止侵害知识产权行为的，独占许可合同的被许可人可以单独向人民法院提出申请；排他许可合同的被许可人在权利人不申请的情况下，可以单独提出申请；普通许可合同的被许可人经权利人明确授权以自己的名义起诉的，可以单独提出申请。

第3条　申请诉前行为保全，应当向被申请人住所地具有相应知识产权纠纷管辖权的人民法院或者对案件具有管辖权的人民法院提出。

当事人约定仲裁的，应当向前款规定的人民法院申请行为保全。

第4条　向人民法院申请行为保全，应当递交申请书和相应证据。申请书应当载明下列事项：

（一）申请人与被申请人的身份、送达地址、联系方式；

（二）申请采取行为保全措施的内容和期限；

（三）申请所依据的事实、理由，包括被申请人的行为将会使申请人的合法权益受到难以弥补的损害或者造成案件裁决难以执行等损害的具体说明；

（四）为行为保全提供担保的财产信息或资信证明，或者不需要提供担保的理由；

（五）其他需要载明的事项。

第5条　人民法院裁定采取行为保全措施前，应当询问申请人和被申请人，但因情况紧急或者询问可能影响保全措施执行等情形除外。

人民法院裁定采取行为保全措施或者裁定驳回申请的，应当向申请人、被申请人送达裁定书。向被申请人送达裁定书可能影响采取保全措施的，人民法院可以在采取保全措施后及时向被申请人送达裁定书，至迟不得超过五日。

当事人在仲裁过程中申请行为保全的，应当通过仲裁机构向人民法院提交申请书、仲裁案件受理通知书等相关材料。人民法院裁定采取行为保全措施或者裁定驳回申请的，应当将裁定书送达当事人，并通知仲裁机构。

第6条　有下列情况之一，不立即采取行为保全措施即足以损害申请人利益的，应当认定属于民事诉讼法第一百条、第一百零一条规定的"情况紧急"：

（一）申请人的商业秘密即将被非法披露；

（二）申请人的发表权、隐私权等人身权利即将受到侵害；

（三）诉争的知识产权即将被非法处分；

（四）申请人的知识产权在展销会等时效性较强的场合正在

或者即将受到侵害；

（五）时效性较强的热播节目正在或者即将受到侵害；

（六）其他需要立即采取行为保全措施的情况。

第7条 人民法院审查行为保全申请，应当综合考量下列因素：

（一）申请人的请求是否具有事实基础和法律依据，包括请求保护的知识产权效力是否稳定；

（二）不采取行为保全措施是否会使申请人的合法权益受到难以弥补的损害或者造成案件裁决难以执行等损害；

（三）不采取行为保全措施对申请人造成的损害是否超过采取行为保全措施对被申请人造成的损害；

（四）采取行为保全措施是否损害社会公共利益；

（五）其他应当考量的因素。

第8条 人民法院审查判断申请人请求保护的知识产权效力是否稳定，应当综合考量下列因素：

（一）所涉权利的类型或者属性；

（二）所涉权利是否经过实质审查；

（三）所涉权利是否处于宣告无效或者撤销程序中以及被宣告无效或者撤销的可能性；

（四）所涉权利是否存在权属争议；

（五）其他可能导致所涉权利效力不稳定的因素。

第9条 申请人以实用新型或者外观设计专利权为依据申请行为保全的，应当提交由国务院专利行政部门作出的检索报告、专利权评价报告或者专利复审委员会维持该专利权有效的决定。申请人无正当理由拒不提交的，人民法院应当裁定驳回其申请。

第10条 在知识产权与不正当竞争纠纷行为保全案件中，有下列情形之一的，应当认定属于民事诉讼法第一百零一条规定的"难以弥补的损害"：

（一）被申请人的行为将会侵害申请人享有的商誉或者发表权、隐私权等人身性质的权利且造成无法挽回的损害；

（二）被申请人的行为将会导致侵权行为难以控制且显著增加申请人损害；

（三）被申请人的侵害行为将会导致申请人的相关市场份额明显减少；

（四）对申请人造成其他难以弥补的损害。

第11条　申请人申请行为保全的，应当依法提供担保。

申请人提供的担保数额，应当相当于被申请人可能因执行行为保全措施所遭受的损失，包括责令停止侵权行为所涉产品的销售收益、保管费用等合理损失。

在执行行为保全措施过程中，被申请人可能因此遭受的损失超过申请人担保数额的，人民法院可以责令申请人追加相应的担保。申请人拒不追加的，可以裁定解除或者部分解除保全措施。

第12条　人民法院采取的行为保全措施，一般不因被申请人提供担保而解除，但是申请人同意的除外。

第13条　人民法院裁定采取行为保全措施的，应当根据申请人的请求或者案件具体情况等因素合理确定保全措施的期限。

裁定停止侵害知识产权行为的效力，一般应当维持至案件裁判生效时止。

人民法院根据申请人的请求、追加担保等情况，可以裁定继续采取保全措施。申请人请求续行保全措施的，应当在期限届满前七日内提出。

第14条　当事人不服行为保全裁定申请复议的，人民法院应当在收到复议申请后十日内审查并作出裁定。

第15条　人民法院采取行为保全的方法和措施，依照执行程序相关规定处理。

第16条　有下列情形之一的，应当认定属于民事诉讼法第一百零五条规定的"申请有错误"：

（一）申请人在采取行为保全措施后三十日内不依法提起诉讼或者申请仲裁；

（二）行为保全措施因请求保护的知识产权被宣告无效等原因自始不当；

（三）申请责令被申请人停止侵害知识产权或者不正当竞争，但生效裁判认定不构成侵权或者不正当竞争；

（四）其他属于申请有错误的情形。

第17条　当事人申请解除行为保全措施，人民法院收到申请后经审查符合《最高人民法院关于适用〈中华人民共和国民事诉讼法〉的解释》第一百六十六条规定的情形的，应当在五日内裁定解除。

申请人撤回行为保全申请或者申请解除行为保全措施的，不因此免除民事诉讼法第一百零五条规定的赔偿责任。

第18条　被申请人依据民事诉讼法第一百零五条规定提起赔偿诉讼，申请人申请诉前行为保全后没有起诉或者当事人约定仲裁的，由采取保全措施的人民法院管辖；申请人已经起诉的，由受理起诉的人民法院管辖。

第19条　申请人同时申请行为保全、财产保全或者证据保全的，人民法院应当依法分别审查不同类型保全申请是否符合条件，并作出裁定。

为避免被申请人实施转移财产、毁灭证据等行为致使保全目的无法实现，人民法院可以根据案件具体情况决定不同类型保全措施的执行顺序。

第20条　申请人申请行为保全，应当依照《诉讼费用交纳办法》关于申请采取行为保全措施的规定交纳申请费。

第21条　本规定自2019年1月1日起施行。最高人民法院以前发布的相关司法解释与本规定不一致的，以本规定为准。

● **案例指引**

某公司诉某保险公司侵害计算机软件著作权纠纷案（人民法院案例库 2024-09-2-158-008）

裁判摘要：由于计算机软件易被卸载、删除，权利人对于最终用户使用盗版软件取证在现实中存在较大的难度，申请证据保全成为权利人取得证据的重要方式。在办理证据保全过程中，一方面，法院应当严格审查证据保全的条件，避免成为当事人获取证据的工具；另一方面，法院应当依法积极实施证据保全行为，及时使被告侵权的证据得以固定。虽然《著作权法》规定了在原告的损失及被告的获利均无法确定时适用法定赔偿的最高限额，但是如果有证据证明权利人的损失或侵权人的非法获利已经超过法定赔偿最高限额的，应当综合案件的证据情况，在法定赔偿最高限额以上合理确定赔偿数额。

第五十七条 诉前证据保全

为制止侵权行为，在证据可能灭失或者以后难以取得的情况下，著作权人或者与著作权有关的权利人可以在起诉前依法向人民法院申请保全证据。

第五十八条 人民法院对侵权行为的民事制裁

人民法院审理案件，对于侵犯著作权或者与著作权有关的权利的，可以没收违法所得、侵权复制品以及进行违法活动的财物。

第五十九条 有关复制品侵权的过错推定

复制品的出版者、制作者不能证明其出版、制作有合法授权的，复制品的发行者或者视听作品、计算机软件、录音录像制品的复制品的出租者不能证明其发行、出租的复制品有合法来源的，应当承担法律责任。

在诉讼程序中，被诉侵权人主张其不承担侵权责任的，应当提供证据证明已经取得权利人的许可，或者具有本法规定的不经权利人许可而可以使用的情形。

● **司法解释及文件**

《最高人民法院关于审理著作权民事纠纷案件适用法律若干问题的解释》（2020年12月29日　法释〔2020〕19号）

第1条　人民法院受理以下著作权民事纠纷案件：

（一）著作权及与著作权有关权益权属、侵权、合同纠纷案件；

（二）申请诉前停止侵害著作权、与著作权有关权益行为，申请诉前财产保全、诉前证据保全案件；

（三）其他著作权、与著作权有关权益纠纷案件。

第2条　著作权民事纠纷案件，由中级以上人民法院管辖。

各高级人民法院根据本辖区的实际情况，可以报请最高人民法院批准，由若干基层人民法院管辖第一审著作权民事纠纷案件。

第3条　对著作权行政管理部门查处的侵害著作权行为，当事人向人民法院提起诉讼追究该行为人民事责任的，人民法院应当受理。

人民法院审理已经过著作权行政管理部门处理的侵害著作权行为的民事纠纷案件，应当对案件事实进行全面审查。

第4条　因侵害著作权行为提起的民事诉讼，由著作权法第四十七条、第四十八条所规定侵权行为的实施地、侵权复制品储藏地或者查封扣押地、被告住所地人民法院管辖。

前款规定的侵权复制品储藏地，是指大量或者经常性储存、隐匿侵权复制品所在地；查封扣押地，是指海关、版权等行政机关依法查封、扣押侵权复制品所在地。

第5条　对涉及不同侵权行为实施地的多个被告提起的共同诉讼，原告可以选择向其中一个被告的侵权行为实施地人民法院提起诉讼；仅对其中某一被告提起的诉讼，该被告侵权行为实施地的人民法院有管辖权。

第6条　依法成立的著作权集体管理组织，根据著作权人的书面授权，以自己的名义提起诉讼，人民法院应当受理。

第7条　当事人提供的涉及著作权的底稿、原件、合法出版物、著作权登记证书、认证机构出具的证明、取得权利的合同等，可以作为证据。

在作品或者制品上署名的自然人、法人或者非法人组织视为著作权、与著作权有关权益的权利人，但有相反证明的除外。

第8条　当事人自行或者委托他人以定购、现场交易等方式购买侵权复制品而取得的实物、发票等，可以作为证据。

公证人员在未向涉嫌侵权的一方当事人表明身份的情况下，如实对另一方当事人按照前款规定的方式取得的证据和取证过程出具的公证书，应当作为证据使用，但有相反证据的除外。

第28条　人民法院采取保全措施的，依据民事诉讼法及《最高人民法院关于审查知识产权纠纷行为保全案件适用法律若干问题的规定》的有关规定办理。

● 案例指引

石某林诉电子资讯公司侵害计算机软件著作权纠纷案（最高人民法院指导案例49号）

案例要旨：在被告拒绝提供被控侵权软件的源程序或者目标程序，且由于技术上的限制，无法从被控侵权产品中直接读出目标程序的情形下，如果原、被告软件在设计缺陷方面基本相同，而被告又无正当理由拒绝提供其软件源程序或者目标程序以供直接比对，则考虑到原告的客观举证难度，可以判定原、被告计算机软件构成实质性相同，由被告承担侵权责任。

第六十条　著作权纠纷的解决

著作权纠纷可以调解，也可以根据当事人达成的书面仲裁协议或者著作权合同中的仲裁条款，向仲裁机构申请仲裁。

当事人没有书面仲裁协议，也没有在著作权合同中订立仲裁条款的，可以直接向人民法院起诉。

● 司法解释及文件

《最高人民法院关于审理著作权民事纠纷案件适用法律若干问题的解释》（2020年12月29日　法释〔2020〕19号）

第1条　人民法院受理以下著作权民事纠纷案件：

（一）著作权及与著作权有关权益权属、侵权、合同纠纷案件；

（二）申请诉前停止侵害著作权、与著作权有关权益行为，申请诉前财产保全、诉前证据保全案件；

（三）其他著作权、与著作权有关权益纠纷案件。

第2条　著作权民事纠纷案件，由中级以上人民法院管辖。

各高级人民法院根据本辖区的实际情况，可以报请最高人民法院批准，由若干基层人民法院管辖第一审著作权民事纠纷案件。

第27条　侵害著作权的诉讼时效为三年，自著作权人知道或者应当知道权利受到损害以及义务人之日起计算。权利人超过三年起诉的，如果侵权行为在起诉时仍在持续，在该著作权保护期内，人民法院应当判决被告停止侵权行为；侵权损害赔偿数额应当自权利人向人民法院起诉之日起向前推算三年计算。

第六十一条　法律适用

当事人因不履行合同义务或者履行合同义务不符合约定而承担民事责任，以及当事人行使诉讼权利、申请保全等，适用有关法律的规定。

第六章 附 则

第六十二条 著作权与版权的关系

本法所称的著作权即版权。

第六十三条 出版的含义

本法第二条所称的出版,指作品的复制、发行。

第六十四条 计算机软件、信息网络传播权的保护

计算机软件、信息网络传播权的保护办法由国务院另行规定。

第六十五条 摄影作品的权利保护期

摄影作品,其发表权、本法第十条第一款第五项至第十七项规定的权利的保护期在 2021 年 6 月 1 日前已经届满,但依据本法第二十三条第一款的规定仍在保护期内的,不再保护。

第六十六条 追溯力

本法规定的著作权人和出版者、表演者、录音录像制作者、广播电台、电视台的权利,在本法施行之日尚未超过本法规定的保护期的,依照本法予以保护。

本法施行前发生的侵权或者违约行为,依照侵权或者违约行为发生时的有关规定处理。

第六十七条 施行日期

本法自 1991 年 6 月 1 日起施行。

附录

1. 专利实施许可合同[①]

(试用)

专利名称＿＿＿＿＿＿＿＿＿＿＿＿＿＿＿＿＿＿＿＿＿＿＿＿＿
专利号＿＿＿＿＿＿＿＿＿＿＿＿＿＿＿＿＿＿＿＿＿＿＿＿＿
许可方名称＿＿＿＿＿＿＿＿＿＿＿＿＿＿＿＿＿＿＿＿＿＿＿＿＿
地址＿＿＿＿＿＿＿＿＿＿＿＿＿＿＿＿＿＿＿＿＿＿＿＿＿
代表人＿＿＿＿＿＿＿＿＿＿＿＿＿＿＿＿＿＿＿＿＿＿＿＿＿

被许可方名称＿＿＿＿＿＿＿＿＿＿＿＿＿＿＿＿＿＿＿＿＿＿＿＿＿
地址＿＿＿＿＿＿＿＿＿＿＿＿＿＿＿＿＿＿＿＿＿＿＿＿＿
代表人＿＿＿＿＿＿＿＿＿＿＿＿＿＿＿＿＿＿＿＿＿＿＿＿＿
合同备案号＿＿＿＿＿＿＿＿＿＿＿＿＿＿＿＿＿＿＿＿＿＿＿＿＿

签订地点
签订日期　　　　　　年　　月　　日
有效期限至　　　　　年　　月　　日

国家知识产权局监制

[①] 载国家知识产权局网站，https://www.cnipa.gov.cn/transfer/bgxz/zlglbg/doc7.doc，2024年11月22日访问。

前言　　（鉴于条款）

第一条　　名词和术语（定义条款）

第二条 专利许可的方式与范围

第三条 专利的技术内容

技术资料的交付

使用费及支付方式

验收的标准与方法

对技术秘密的保密事项

第八条 技术服务与培训（本条可签从合同）

第九条 后续改进的提供与分享

违约及索赔

第十一条　　侵权的处理

第十二条　专利权被撤销和被宣告无效的处理

第十三条　不可抗力

税费

争议的解决办法

合同的生效、变更与终止

第十七条　其他

　　　　　　许可方签章　　　　　　　　被许可方签章

　　　　许可方法人代表签章　　　　　被许可方法人代表签章

　　　　　　年　月　日　　　　　　　　年　月　日

许可方	名称（或姓名）				（签章）
	法人代表	（签章）	委托代理人		（签章）
	联系人				（签章）
	住　所 （通讯地址）				
	电　话			电　挂	
	开户银行				
	帐　号			邮政编码	
被许可方	名称（或姓名）				（签章）
	法人代表	（签章）	委托代理人		（签章）
	联系人				（签章）
	住　所 （通讯地址）				
	电　话			电　挂	
	开户银行				
	帐　号			邮政编码	
中介方	单位名称				（签章） 年　月　日
	法人代表	（签章）	委托代理人		（签章）
	联系人				（签章）
	住　所 （通讯地址）				
	电　话			电　挂	
	开户银行				
	帐　号			邮政编码	

印 花 税 票 粘 贴 处

登记机关审查登记栏：

技术合同登记机关（专用章）
经办人： （签章） 年 月 日

专利实施许可合同
签订指南

国家知识产权局制

专利实施许可合同
签订指南

前言（鉴于条款）

——鉴于许可方（姓名或名称　注：必须与所许可的专利的法律文件相一致）拥有（专利名称　注：必须与专利法律文件相一致）专利，该专利为（职务发明创造或非职务发明创造），专利为（九位），公开号为（八位包括最后一位字母），申请日为＿＿＿年＿＿＿月＿＿＿日，授权日为＿＿＿年＿＿＿月＿＿＿日，专利的法定届满日为＿＿＿年＿＿＿月＿＿＿日。并拥有实施该专利所涉及的技术秘密及工艺；

——鉴于被许可方（姓名或名称）属于＿＿＿＿＿＿领域的企业、事业单位、社会团体或个人等，拥有厂房＿＿＿＿＿，＿＿＿＿＿设备，人员＿＿＿＿＿及其它条件，并对许可方的专利技术有所了解，希望获得许可而实施该专利技术（及所涉及的技术秘密、工艺等）；

——鉴于许可方同意向被许可方授予所请求的许可；

双方一致同意签订本合同

第一条　名词和术语（定义条款）

本条所涉及的名词和术语均为签定合同时出现的需要定义的名词和术语。如：

专利——本合同中所指的专利是许可方许可被许可方实施的由中国专利局受理的发明专利（或实用新型专利或外观设计专利）专利号：＿＿＿＿＿＿＿发明创造名称：＿＿＿＿＿＿＿＿＿＿＿＿＿＿＿。

技术秘密（know-how）——指实施本合同专利所需要的、在工业化生产中有助于本合同技术的最佳利用、没有进入公共领域的技术。

技术资料——指全部专利申请文件和与实施该专利有关的技术秘密及设计图纸、工艺图纸、工艺配方、工艺流程及制造合同产品所需的工装、设备清单等技术资料。

合同产品——指被许可方使用本合同提供的被许可技术制造的产品，其产品名称为：＿＿＿＿＿＿＿＿＿＿＿＿＿＿＿＿＿＿。

技术服务——指许可方为被许可方实施合同提供的技术所进行的服务，包括传授技术与培训人员。

销售额——指被许可方销售合同产品的总金额。

净销售额——指销售额减去包装费、运输费、税金、广告费、商业折扣。

纯利润——指合同产品销售后，总销售额减去成本、税金后的利润额。

改进技术——指在许可方许可被许可方实施的技术基础上改进的技术。

普通实施许可——指许可方许可被许可方在合同约定的期限、地区、技术领域内实施该专利技术的同时，许可方保留实施该专利技术的权利，并可以继续许可被许可方以外的任何单位或个人实施该专利技术。

排他实施许可——指许可方许可被许可方在合同约定的期限、地区、技术领域内实施该专利技术的同时，许可方保留实施该专利技术的权利，但不得再许可被许可方以外的任何单位或个人实施该专利技术。

独占实施许可——指许可方许可被许可方在合同约定的期限、地区、技术领域内实施该专利技术，许可方和任何被许可方以外的单位或个人都不得实施该专利技术。

分许可——被许可方经许可方同意将本合同涉及的专利技术许可给第三方。

等等。

第二条　专利许可的方式与范围

该专利的许可方式是独占许可，（排他许可、普通许可、交叉许可、分许可）；

该专利的许可范围是在某地区制造（使用、销售）其专利的产品；（或者）使用其专利方法以及使用、销售依照该专利方法直接获得的产品；（或者）进口其专利产品（或者）进口依照其专利方法直接获得的产品。

第三条　专利的技术内容

许可方向被许可方提供专利号为_____，专利名称为_____的全部专利文件（见附件1），同时提供为实施该专利而必须的工艺流程文件（见附件2），提供设备清单（或直接提供设备）用于制造该专利产品（见附件3），并提供实施该专利所涉及的技术秘密（见附件4）及其它技术（见附件5）。

第四条　技术资料的交付

1. 技术资料的交付时间

合同生效后，许可方收到被许可方支付的使用费（入门费）（¥、$ ＿＿＿＿＿＿万元）后的＿＿＿＿＿＿日内，许可方向被许可方交付合同第三条所述的全部资料，即附件（1~5）中所示的全部资料。

自合同生效日起，＿＿＿＿＿日内，许可方向被许可方交付合同第三条所述全部（或部分）技术资料，即附件（1~5）中所示的全部资料。

2. 技术资料的交付方式和地点

许可方将全部技术资料以面交、挂号邮寄、或空运方式递交给被许可方，并将资料清单以面交、邮寄或传真方式递交给被许可方，将空运单以面交、邮寄方式递交给被许可方。

技术资料交付地点为被许可方所在地或双方约定的地点。

第五条　使用费及支付方式

1. 本合同涉及的使用费为（¥、$）＿＿＿＿＿＿元。采用一次总付方式，合同生效之日起＿＿＿＿＿＿日内，被许可方将使用费全部汇至许可方帐号、或以现金方式支付给许可方。

2. 本合同涉及的使用费为（¥、$）＿＿＿＿＿＿元。采用分期付款方式，合同生效后，＿＿＿＿＿＿日内，被许可方即支付使用费的＿＿＿＿＿＿%即（¥、$）＿＿＿＿＿＿元给许可方，待许可方指导被许可方生产出合格样机＿＿＿＿＿＿台＿＿＿＿＿＿日后再支付＿＿＿＿＿＿%即（¥、$）＿＿＿＿＿＿元。直至全部付清。

被许可方将使用费按上述期限汇至许可方帐号、或以现金方式支付给许可方。

3. 使用费总额（¥、$）＿＿＿＿＿＿元，采用分期付款方式

合同生效日支付（¥、$）＿＿＿＿＿＿元

自合同生效日起＿＿＿＿＿＿个月内支付（¥、$）＿＿＿＿＿＿元＿＿＿＿＿＿个月内再支付（¥、$）＿＿＿＿＿＿元

最后于_____日内支付（￥、$）_____元，直至全部付清。

被许可方将使用费按上述期限汇至许可方帐号，或以现金方式支付给许可方。

4. 该专利使用费由入门费和销售额提成二部分组成。

合同生效日支付入门费（￥、$）_____元，

销售额提成为_____%（一般3~5%），每_____个月（或每半年、每年底）结算一次。

被许可方将使用费按上述期限汇至许可方帐号，或以现金方式支付给许可方。

5. 该专利使用费由入门费和利润提成二部分组成（提成及支付方式同4）。

6. 该专利使用费以专利技术入股方式计算，被许可方与许可方共同出资（￥、$）_____万元联合制造该合同产品，许可方以专利技术入股股份占总投资的_____%（一般不超过20%），第____年分红制，分配利润。

支付方式采用银行转帐（托收、现金总付等）。现金总付地点一般为合同签约地。

7. 在4、5、6情况下许可方有权查阅被许可方实施合同技术的有关帐目。

第六条　验收的标准与方法

1. 被许可方在许可方指导下，生产完成合同产品_____个（件、吨、等单位量词）须达到许可方所提供的各项技术性能及质量指标（具体指标参数见附件6）并符合

国际_____标准

_____国家_____标准

_____行业_____标准

2. 验收合同产品。由被许可方委托国家（或某一级）检测部门进行，或由被许可方组织验收，许可方参加，并给予积极配合，所需费用由被许可方承担。

3. 如因许可方的技术缺陷，造成验收不合格的，许可方应负责提出措施，消除缺陷。

第二次验收仍不合格,许可方没有能力消除缺陷的,被许可方有权终止合同,许可方返还使用费,并赔偿被许可方的部分损失。

4. 如因被许可责任使合同产品验收不合格的,许可方应协助被许可方,进行补救,经再次验收仍不合格,被许可方无力实施该合同技术的,许可方有权终止合同,且不返还使用费。

5. 合同产品经验收合格后,双方应签署验收合格报告。

第七条　对技术秘密的保密事项

1. 被许可方不仅在合同有效期内而且在有效期后的任何时候都不得将技术秘密(附件4)泄露给本合同当事双方(及分许可方)以外的任何第三方。

2. 被许可方的具体接触该技术秘密的人员均要同被许可方的法人代表签订保密协议,保证不违反上款要求。

3. 被许可方应将附件4妥善保存(如放在保险箱里)。

4. 被许可方不得私自复制附件4,合同执行完毕,或因故终止、变更,被许可方均须把附件4退给许可方。

第八条　技术服务与培训(本条可签订从合同)

1. 许可方在合同生效后_____日内负责向被许可方传授合同技术,并解答被许可方提出的有关实施合同技术的问题。

2. 许可方在被许可方实施该专利申请技术时,要派出合格的技术人员到被许可方现场进行技术指导,并负责培训被许可方的具体工作人员。

被许可方接受许可方培训的人员应符合许可方提出的合理要求。(确定被培训人员标准)

3. 被许可方可派出人员到许可方接受培训和技术指导。

4. 技术服务与培训的质量,应以被培训人员能够掌握该技术为准。(确定具体标准)

5. 技术服务与培训所发生的一切费用,如差旅费,伙食费等均由被许可方承担。

6. 许可方完成技术服务与培训后,经双方验收合格共同签署验收证明文件。

第九条　　后续改进的提供与分享

1. 在合同有效期内，任何一方对合同技术所作的改进应及时通知对方；

2. 有实质性的重大改进和发展，申请专利的权利由合同双方当事人约定。没有约定的，其申请专利的权利归改进方，对方有优先、优价被许可，或者免费使用该技术的权利；

3. 属原有基础上的较小的改进，双方免费互相提供使用；

4. 对改进的技术还未申请专利时，另一方对改进技术承担保密义务，未经许可不得向他人披露、许可或转让该改进技术。

5. 属双方共同作出的重大改进，申请专利的权利归双方共有，另有约定除外。

第十条　　违约及索赔

对许可方：

1. 许可方拒不提供合同所规定的技术资料、技术服务及培训，被许可方有权解除合同，要求许可方返还使用费，并支付违约金_____。

2. 许可方无正当理由逾期向被许可方交付技术资料，提供技术服务与培训的，每逾期一周，应向被许可方支付违约金_____，逾期超过_____（具体时间），被许可方有权终止合同，并要求返还使用费。

3. 在排他实施许可中，许可方向被许可方以外的第三方许可该专利技术，被许可方有权终止合同，并要求支付违约金_____。

4. 在独占实施许可中，许可方自己实施或许可被许可方以外的第三方实施该专利技术，被许可方有权要求许可方停止这种实施与许可行为，也有权终止本合同，并要求许可方支付违约金_____。

对被许可方：

1. 被许可方拒付使用费的，许可方有权解除合同，要求返回全部技术资料，并要求赔偿其实际损失，并支付违约金_____。

2. 被许可方延期支付使用费的，每逾期_____（具体时间）要支付给许可方违约金_____；逾期超过_____（具体时间），许可方有权终止合同，并要求支付违约金_____。

3. 被许可方违反合同规定，扩大对被许可技术的许可范围，许可方有权要求被许可方停止侵害行为，并赔偿损失，支付违约金_____；并有权终止合同。

4. 被许可方违反合同的保密义务，致使许可方的技术秘密泄露，许可方有权要求被许可方立即停止违约行为，并支付违约金_____。

第十一条　侵权的处理

1. 对合同有效期内，如有第三方指控被许可方实施的技术侵权，许可方应负一切法律责任；

2. 合同双方任何一方发现第三方侵犯许可方的专利权时，应及时通知对方，由许可方与侵权方进行交涉，或负责向专利管理机关提出请求或向人民法院提起诉讼，被许可方协助。

第十二条　专利权被撤销和被宣告无效的处理

1. 在合同有效期内，许可方的专利权被撤销或被宣告无效时，如无明显违反公平原则，且许可方无恶意给被许可方造成损失，则许可方不必向被许可方返还专利使用费。

2. 在合同有效期内，许可方的专利权被撤销或被宣告无效时，因许可方有意给被许可方造成损失，或明显违反公平原则，许可方应返还全部专利使用费，合同终止。

第十三条　不可抗力

4. 发生不以双方意志为转移的不可抗力事件（如火灾、水灾、地震、战争等）妨碍履行本合同义务时，双方当事人应做到：

（1）采取适当措施减轻损失；

（2）及时通知对方当事人；

（3）在（某种事件）期间，出具合同不能履行的证明；

2. 发生不可抗力事件在（合理时间）内，合同延期履行；

3. 发生不可抗力事件在_____情况下，合同只能履行某一部分（具体条款）；

4. 发生不可抗力事件，持续时间超过_____（具体时间），本合同即告终止。

第十四条　税费

1. 对许可方和被许可方均为中国公民或法人的，本合同所涉及的使用费应纳的税，按中华人民共和国税法，由许可方纳税；

2. 对许可方是境外居民或单位的，按中华人民共和国税法及《中华人民共和国外商投资企业和外国企业所得税法》，由许可方纳税；

3. 对许可方是中国公民或法人，而被许可方是境外单位或个人的，则按对方国家或地区税法纳税。

第十五条　争议的解决方法

1. 双方在履行合同中发生争议的，应按合同条款，友好协商，自行解决；

2. 双方不能协商解决争议的，提请_____专利管理机关调处，对调处决定不服的，向人民法院起诉；

3. 双方发生争议，不能和解的，向人民法院起诉；

4. 双方发生争议，不能和解的提请_____促裁委员会促裁；

注：2、3、4 只能选其一。

第十六条　合同的生效、变更与终止

1. 本合同自双方签字、盖章之日起生效，合同的有效期为_____年，（不得超过专利的有效期）

2. （对独占实施许可合同）被许可方无正当理由不实施该专利技术的，在合同生效日后_____（时间），本合同自行变更为普通实施许可合同。

3. 由于被许可方的原因，致使本合同不能正常履行的，本合同即告终止，或双方另行约定变更本合同的有关条款。

第十七条　其他

前十六条没有包含，但需要特殊约定的内容，如：

其他特殊约定，包括出现不可预见的技术问题如何解决，出现不可预见的法律问题如何解决等。

2. 专利申请技术实施许可合同[①]

（试用）

专利申请名称＿＿＿＿＿＿＿＿＿＿＿＿＿＿＿＿＿＿＿＿
专利申请号＿＿＿＿＿＿＿＿＿＿＿＿＿＿＿＿＿＿＿＿＿
许可方名称＿＿＿＿＿＿＿＿＿＿＿＿＿＿＿＿＿＿＿＿＿
地址＿＿＿＿＿＿＿＿＿＿＿＿＿＿＿＿＿＿＿＿＿＿＿＿
代表人＿＿＿＿＿＿＿＿＿＿＿＿＿＿＿＿＿＿＿＿＿＿＿

被许可方名称＿＿＿＿＿＿＿＿＿＿＿＿＿＿＿＿＿＿＿＿
地址＿＿＿＿＿＿＿＿＿＿＿＿＿＿＿＿＿＿＿＿＿＿＿＿
代表人＿＿＿＿＿＿＿＿＿＿＿＿＿＿＿＿＿＿＿＿＿＿＿
合同备案号＿＿＿＿＿＿＿＿＿＿＿＿＿＿＿＿＿＿＿＿＿

签订地点
签订日期　　　　　年　　月　　日
有效期限至　　　　年　　月　　日

中华人民共和国国家知识产权局监制

[①] 载国家知识产权局网站，https://www.cnipa.gov.cn/transfer/bgxz/zlglbg/doc5.doc，2024年11月22日访问。

前言　　（鉴于条款）

第一条　　名词和术语（定义条款）

第二条　专利申请技术许可的方式与范围

第三条　专利申请技术的技术内容

技术资料的交付

使用费及支付方式

验收的标准与方法

对技术秘密的保密事项

第八条　　技术服务与培训（本条可签订从合同）

第九条　　后续改进的提供与分享

违约及索赔

第十一条　专利申请被驳回的责任

第十二条　不可抗力

第十三条　税费

争议的解决办法

合同的生效、变更与终止

第十六条 其他

　　　　　许可方签章　　　　　　　　被许可方签章

　　　　许可方法人代表签章　　　　被许可方法人代表签章

　　　　　年　月　日　　　　　　　年　月　日

	名称（或姓名）				(签章)
许可方	法人代表	(签章)	委托代理人		(签章)
	联系人				(签章)
	住 所 (通讯地址)				
	电 话		电 挂		
	开户银行				
	帐 号		邮政编码		
被许可方	名称（或姓名）				(签章)
	法人代表	(签章)	委托代理人		(签章)
	联系人				(签章)
	住 所 (通讯地址)				
	电 话		电 挂		
	开户银行				
	帐 号		邮政编码		
中介方	单位名称				(签章) 年　月　日
	法人代表	(签章)	委托代理人		(签章)
	联系人				(签章)
	住 所 (通讯地址)				
	电 话		电 挂		
	开户银行				
	帐 号		邮政编码		

专利申请技术实施许可合同
签订指南

中华人民共和国国家知识产权局制

专利申请技术实施许可合同
签订指南

前言（鉴于条款）

——鉴于许可方（姓名或名称　注：必须与所许可的专利申请的法律文件相一致）拥有（专利申请名称　注：必须与专利申请法律文件相一致）专利申请，该专利申请为（职务发明创造或非职务发明创造），专利申请号为（九位），公开号为（八位包括最后一位字母），申请日为（　　　年　　月　　日）。并拥有实施该专利申请技术所涉及的技术秘密及工艺；

——鉴于被许可方（姓名或名称）属于＿＿＿＿＿＿领域的企业、事业单位、社会团体或个人等，拥有厂房＿＿＿＿，＿＿＿＿设备，人员＿＿＿＿及其它条件，并对许可方的专利申请技术有所了解，希望获得许可而实施该专利申请技术（及所涉及的技术秘密、工艺）；

——鉴于许可方同意向被许可方授予所请求的许可；

双方一致同意签订本合同

第一条　名词和术语（定义条款）

本条所涉及的名词和术语均为签定合同时出现的需要定义的名词和术语。如：

专利申请技术——本合同中所指的专利申请技术是许可方许可被许可方实施的由中国专利局受理的发明专利申请（或实用新型专利申请或外观设计专利申请）专利申请号：＿＿＿＿＿发明创造名称：＿＿＿＿＿。

技术秘密（know-how）——指实施本合同专利的申请所必须的、在工业化生产中有助于该技术的最佳利用，能够达到验收标准的、没有进入公共领域的技术。

其它技术——指许可方拥有的与实施该专利申请技术有关的未申请专利的或已宣布专利无效的或已放弃专利权、已过期的专利或已申请未被批准、已视为撤回的专利申请的技术。

技术资料——指全部的专利申请文件和与实施该专利申请技术有关的设计图纸、工艺图纸、工艺配方、工艺流程及制造合同产品所需的工装、设备清单等技术资料。

合同产品——指被许可方使用本合同提供的被许可技术制造的产品，其产品名称为：_____

技术服务——指许可方为被许可方实施合同提供的技术所进行的服务，包括传授技术与培训人员。

销售额——指被许可方销售合同产品的总金额。

净销售额——指销售额减去包装费、运输费、税金、广告费、商业折扣。

纯利润——指合同产品销售后，总销售额减去成本、税金后的利润额。

改进技术——指在许可方许可被许可方实施的技术基础上改进的技术。

普通实施许可——指许可方许可被许可方在合同约定的期限、地区、技术领域内实施该专利申请技术的同时，许可方保留实施该专利申请技术的权利，并可以继续许可被许可方以外的任何单位或个人实施该专利申请技术。

排他实施许可——指许可方许可被许可方在合同约定的期限、地区、技术领域内实施该专利申请技术的同时，许可方保留实施该专利申请技术的权利，但不得再许可被许可方以外的任何单位或个人实施该专利申请技术。

独占实施许可——指许可方许可被许可方在合同约定的期限、地区、技术领域内实施该专利申请技术，许可方和任何被许可方以外的单位或个人都不得实施该专利申请技术。

等等。

第二条　专利申请技术许可的方式与范围

该专利申请技术的许可方式是独占许可，（排他许可、普通许可等）；

该专利申请技术的许可范围是在某地区或某技术领域制造（使用、销售）其专利申请的产品；（或者）使用其专利申请方法以及使用、销售依照该专利申请方法直接获得的产品；（或者）进口其专利申请产品（或者）进口依照其专利申请方法直接获得的产品。

第三条　专利申请技术的技术内容

许可方向被许可方提供专利申请号为_____，专利申请名称为_____的全部专利申请文件（见附件1），同时提供为实施该专利申请而必须的工艺流程文件（见附件2），提供设备清单（或直接提供设备）用于制造该专利申请产品（见附件3），并提供实施该专利申请所涉及的技术秘密（见附件4）及其它技术（见附件5）。

第四条　技术资料的交付

4. 技术资料的交付时间

合同生效后许可方（中介方）收到被许可方支付的使用费（入门费）（¥、$ _____ 万元）后的_____日内，许可方向被许可方交付合同第三条所述的全部资料，即附件（1~5）中所示的全部资料。

合同生效后，_____日内，许可方向被许可方交付合同第三条所述全部（或部分）技术资料，即附件（1~4）中所示的全部资料。

5. 技术资料的交付方式和地点

许可方将全部技术资料以面交、挂号邮寄、或空运方式递交给被许可方，并将资料清单以面交、邮寄或传真方式递交给被许可方，将空运单以面交、邮寄方式递交给被许可方。

技术资料交付地点为被许可方所在地或双方约定的地点。

第五条　使用费及支付方式

1. 本合同涉及的使用费为（¥、$）_____元。采用一次总付方式，合同生效之日起_____日内，被许可方将使用费全部汇至许可方帐号或以现金方式支付给许可方。

2. 本合同涉及的使用费为（¥、$）_____元。采用分期付款方式，合同生效后，_____日内，被许可方即付使用费_____%即（¥、$）_____元给许可方，待许可方指导被许可方生产出合格样机____台后_____内再支付_____%即（¥、$）_____元。直至全部付清。

被许可方将使用费汇至许可方帐号或以现金方式支付给许可方。

3. 使用费总额（¥、$）_____元，采用分期付款方式

合同生效日支付（¥、$）_____元

自合同生效日起_____个月内支付（￥、$）_____元

_____个月内再支付（￥、$）_____元

最后于_____日内支付（￥、$）_____元，直至全部付清。

被许可方将使用费汇至许可方帐号或以现金方式支付给许可方。

4. 该专利申请使用费由入门费和销售额提成二部分组成。

合同生效日支付入门费（￥、$）_____元，

销售额提成为_____%（一般3~5%），每_____个月（或每半年、每年底）结算一次。

被许可方将使用费汇至许可方帐号或以现金方式支付给许可方。

5. 该专利申请使用费由入门费和利润提成二部分组成（方式同4）。

6. 该专利申请使用费以专利申请技术入股方式计算被许可方与许可方共同出资（￥、$）_____万元联合制造该合同产品，许可方以专利申请技术入股股份占总投资的_____%（一般不超过20%），第____年分红制，分配利润。

支付方式采用银行转帐（托收、现金总付等）。

现金总付地点一般为合同签约地。

7. 在4、5、6情况下许可方有权查阅被许可方实施合同技术的有关帐目。

第六条　验收的标准与方法

1. 被许可方在许可方指导下，生产完成合同产品_____个（件、吨、等单位量词）须达到许可方所提供的各项技术性能及质量指标（具体指标参数见附件6）并符合

国际_____标准

_____国家_____标准

_____行业_____标准

2. 验收合同产品。由被许可方委托国家（或某一级）检测部门进行，或由被许可方组织验收，许可方参加，并给予积极配合，所需费用由被许可方承担。

3. 如因许可方的技术缺陷，造成验收不合格的，许可方应负责提出措施，消除缺陷。

第二次验收仍不合格，许可方没有能力消除缺陷的，被许可方有权终止合同，许可方返还使用费，并赔偿被许可方的部分损失。

4. 如因被许可责任使合同产品验收不合格的，许可方应协助被许可方，进行补救，经再次验收仍不合格，被许可方无力实施该合同技术的，许可方有权终止合同，且不返还使用费。

5. 合同产品经验收合格后，双方应签署验收合格报告。

第七条　对技术秘密的保密事项

1. 被许可方不仅在合同有效期内而且在有效期后的任何时候都不得将技术秘密（附件4）泄露给本合同当事双方（及分许可方）以外的任何第三方。

2. 被许可方的具体接触该技术秘密的人员均要同被许可方的法人代表签订保密协议，保证不违反上款要求。

6. 被许可方应将附件4妥善保存（如放在保险箱里）

4. 被许可方不得私自复制附件4，合同执行完毕，或因故终止、变更，被许可方均须把附件4退给许可方。

5. 以上各款适用于该专利申请被驳回和被视为撤回。

第八条　技术服务与培训（本条可签订从合同）

1. 许可方在合同生效后_____日内负责向被许可方传授合同技术，并解答被许可方提出的有关实施合同技术的问题。

2. 许可方在被许可方实施该专利申请技术时，要派出合格的技术人员到被许可方现场进行技术指导，并负责培训被许可方的具体工作人员。

被许可方接受许可方培训的人员应符合许可方提出的合理要求。（确定被培训人员标准）

3. 被许可方可派出人员到许可方接受培训和技术指导。

4. 技术服务与培训的质量，应以被培训人员能够掌握该技术为准。（确定具体标准）

5. 技术服务与培训所发生的一切费用，如差旅费，伙食费等均由被许可方承担。

6. 许可方完成技术服务与培训后，经双方验收合格共同签署验收证明文件。

第九条　后续改进的提供与分享

1. 在合同有效期内，任何一方对合同技术所作的改进应及时通知对方；

2. 有实质性的重大改进和发展，申请专利的权利由合同双方当事人约定。没有约定的，其申请专利的权利归改进方，对方有优先、优价被许可，或者免费使用该技术的权利；

3. 属原有基础上的较小的改进，双方免费互相提供使用；

4. 对改进的技术还未申请专利时，另一方对改进技术承担保密义务，未经许可不得向他人披露、许可或转让该改进技术。

5. 属双方共同作出的重大改进，申请专利的权利归双方共有，另有约定除外。

第十条　违约及索赔

对许可方：

1. 许可方拒不提供合同所规定的技术资料、技术服务及培训，被许可方有权解除合同，要求许可方返还使用费，并支付违约金_____。

2. 许可方无正当理由逾期向被许可方交付技术资料，提供技术服务与培训的，每逾期一周，应向被许可方支付违约金_____，逾期超过_____（具体时间），被许可方有权终止合同，并要求返还使用费。

3. 在排他实施许可中，许可方向被许可方以外的第三方许可该专利技术，被许可方有权终止合同，并要求支付违约金_____。

4. 在独占实施许可中，许可方自己实施或许可被许可方以外的第三方实施该专利技术，被许可方有权要求许可方停止这种实施与许可行为，也有权终止本合同，并要求许可方支付违约金_____。

对被许可方：

1. 被许可方拒付使用费的，许可方有权解除合同，要求返回全部技术资料，并要求赔偿其实际损失，并支付违约金_____。

2. 被许可方延期支付使用费的，每逾期_____（具体时间）要支付给许可方违约金_____；逾期超过_____（具体时间），许可方有权终止合同，并要求支付违约金_____。

3. 被许可方违反合同规定，扩大对被许可技术的许可范围，许可方有权要求被许可方停止侵害行为，支付违约金_____；并有权解除合同。

4. 被许可方违反合同的保密义务，致使许可方的技术秘密泄露，许可方有权要求被许可方立即停止违约行为，并支付违约金_____元。

第十一条　　专利申请被驳回的责任

1. 对许可方不是该专利申请的合法申请人，或因未充分公开请求保护的申请主题的专利申请被专利局驳回，许可方应向补充许可方返还全部或部分使用费。

2. 对许可方侵害他人专利权或专利申请权的，专利申请被专利局驳回，未给被许可方造成损失的，许可方应向被许可方返还全部使用费；

已经给被许可方造成损失的，除返还使用费外，许可方还应赔偿被许可方的损失，金额为_____元。

5. 因其他原因，该专利申请被驳回的，一般不返还使用费。若给被许可方造成较大损失的，可视情况约定给予赔偿。

6. 还可以对其它情况给予约定。

第十二条　　不可抗力

1. 发生不以双方意志为转移的不可抗力事件（如火灾、水灾、地震、战争等）妨碍履行本合同义务时，双方当事人应做到：

（4）采取适当措施减轻损失；

（5）及时通知对方当事人；

（6）在（某种事件）期间，出具合同不能履行的证明；

2. 发生不可抗力事件在（合理时间）内，合同延期履行；

3. 发生不可抗力事件在_____情况下，合同只能履行某一部分（具体条款）。

4. 发生不可抗力事件，持续时间超过_____（具体时间），本合同即告终止。

第十三条　　税费

1. 对许可方和被许可方均为中国公民或法人的，本合同所涉及的使用费应纳的税，按中华人民共和国税法，由许可方纳税；

2. 对许可方是境外居民或单位的，按中华人民共和国税法及《中华人民共和国外商投资企业和外国企业所得税法》，由许可方向中国税务机关纳税。

3. 对许可方是中国公民或法人，而被许可方是境外单位或居民的，则按对方国家或地区税法纳税。

第十四条　　争议的解决方法

1. 双方在履行合同中发生争议的，应按合同条款，友好协商，自行解决；

2. 双方不能协商解决争议的，提请_____专利管理机关调处，对调处决定不服的，向人民法院起诉；

3. 双方发生争议，不能协商解决争议的，向人民法院起诉；

4. 双方发生争议，不能协商解决争议的，提请_____促裁委员会促裁；

注：2、3、4 只能选其一。

第十五条　　合同的生效、变更与终止

1. 本合同自双方签字、盖章之日起生效，合同的有效期为_____年。

2. 该专利申请被授予专利权后，自授权日开始，本合同自行变更为专利实施许可合同，该专利技术的使用费在本合同涉及的使用费基础上增加_____元；

或增加_____%；

或提成增加_____%；

或股份增加_____%；

或增加_____倍。

3. 该专利申请被驳回后，本合同自行变更为普通非专利技术转让合同，该技术转让费在本合同涉及的使用费基础上减少_____元；

或减少_____%；

或提成减少_____%；

或股份减少_____%；

或该技术转让费等同于本合同使用费。

4.（对独占实施许可合同）被许可方无正当理由不实施该专利申请技术的，在合同生效日后_____（时间），本合同自行变更为普通许可合同。

5. 在本合同其他条款中规定的合同终止情况以外，许可方应维持专利申请权的有效性，若因许可方过失而造成专利申请权终止的，本合同即造终止。

6. 由于被许可方的原因，致使本合同不能正常履行的，本合同即告终止，或双方另行约定变更本合同的有关条款。

第十六条　其他

前十五条没有包含的，但本合同需要特殊约定的内容，包括出现不可预见的技术问题如何解决、出现不可预见的法律问题如何解决等。

3. 本书所涉文件目录

一、法律

2015 年 4 月 24 日	中华人民共和国烟草专卖法
2019 年 4 月 23 日	中华人民共和国商标法
2019 年 4 月 23 日	中华人民共和国反不正当竞争法
2020 年 5 月 28 日	中华人民共和国民法典
2020 年 10 月 17 日	中华人民共和国专利法
2020 年 11 月 11 日	中华人民共和国著作权法
2023 年 12 月 29 日	中华人民共和国刑法

二、行政法规及文件

2011 年 1 月 8 日	广播电台电视台播放录音制品支付报酬暂行办法
2013 年 1 月 30 日	中华人民共和国著作权法实施条例
2013 年 12 月 7 日	著作权集体管理条例
2014 年 4 月 29 日	中华人民共和国商标法实施条例
2018 年 3 月 19 日	中华人民共和国知识产权海关保护条例
2020 年 11 月 29 日	实施国际著作权条约的规定
2023 年 12 月 11 日	中华人民共和国专利法实施细则

三、部门规章及文件

2012 年 11 月 6 日	律师事务所从事商标代理业务管理办法
2014 年 7 月 3 日	驰名商标认定和保护规定
2020 年 6 月 15 日	商标侵权判断标准
2022 年 1 月 14 日	商标注册申请快速审查办法（试行）
2023 年 12 月 29 日	集体商标、证明商标注册和管理规定
2023 年 12 月 29 日	地理标志产品保护办法

四、司法解释及文件

2004 年 12 月 8 日	最高人民法院、最高人民检察院关于办理侵犯知识产权刑事案件具体应用法律若干问题的解释
2007 年 4 月 5 日	最高人民法院、最高人民检察院关于办理侵犯知识产权刑事案件具体应用法律若干问题的解释（二）
2009 年 12 月 28 日	最高人民法院关于审理侵犯专利权纠纷案件应用法律若干问题的解释
2018 年 12 月 12 日	最高人民法院关于审查知识产权纠纷行为保全案件适用法律若干问题的规定
2020 年 9 月 14 日	最高人民法院、最高人民检察院关于办理侵犯知识产权刑事案件具体应用法律若干问题的解释（三）
2020 年 11 月 16 日	最高人民法院关于知识产权民事诉讼证据的若干规定
2020 年 12 月 29 日	最高人民法院关于审理注册商标、企业名称与在先权利冲突的民事纠纷案件若干问题的规定
2020 年 12 月 29 日	最高人民法院关于审理商标授权确权行政案件若干问题的规定
2020 年 12 月 29 日	最高人民法院关于审理商标民事纠纷案件适用法律若干问题的解释
2020 年 12 月 29 日	最高人民法院关于审理涉及驰名商标保护的民事纠纷案件应用法律若干问题的解释
2020 年 12 月 29 日	最高人民法院关于人民法院对注册商标权进行财产保全的解释
2020 年 12 月 29 日	最高人民法院关于审理著作权民事纠纷案件适用法律若干问题的解释

2020年12月29日	最高人民法院关于审理涉及计算机网络域名民事纠纷案件适用法律若干问题的解释
2020年12月29日	最高人民法院关于审理侵犯专利权纠纷案件应用法律若干问题的解释（二）
2020年12月29日	最高人民法院关于审理专利纠纷案件适用法律问题的若干规定
2021年3月2日	最高人民法院关于审理侵害知识产权民事案件适用惩罚性赔偿的解释

五、请示答复

2004年3月30日	关于对境外著作权集体管理组织诉讼主体资格问题的复函
2006年5月23日	关于对制作、出售假冒他人署名的作品案件适用法律问题的请示的复函
2006年6月12日	关于校园周边复印店复印、销售材料是否构成侵权的答复
2006年11月2日	关于查处著作权侵权案件如何理解适用损害公共利益有关问题的复函
2021年5月21日	国家知识产权局关于《商标法》第五十九条第三款法律适用问题的批复
2021年9月3日	国家知识产权局关于重复专利侵权行为相关问题的批复
2021年9月8日	国家知识产权局关于商品形状与他人同类商品注册商标图形一致的行为是否构成侵犯注册商标专用权的批复
2021年10月9日	国家知识产权局关于专利法中假冒专利和广告法中涉嫌专利违法法条适用的批复
2021年10月11日	国家知识产权局关于"故意侵犯知识产权"认定标准有关事宜的批复

2021 年 12 月 14 日	国家知识产权局关于商标侵权案件中违法所得法律适用问题的批复
2021 年 12 月 29 日	国家知识产权局办公室关于《中华人民共和国专利法实施细则》有关法条适用问题的函
2022 年 1 月 27 日	国家知识产权局关于被请求人掌握不同证据主张现有设计抗辩情况下如何裁决的批复
2022 年 3 月 2 日	国家知识产权局关于专利侵权纠纷案件中可否直接将请求人提供的专利权评价报告作为现有设计抗辩证据的批复

六、国际条约

1971 年 7 月 24 日	保护文学和艺术作品伯尔尼公约
1971 年 7 月 24 日	世界版权公约
1994 年 4 月 15 日	与贸易有关的知识产权协议

图书在版编目（CIP）数据

商标法、专利法、著作权法一本通 / 法规应用研究中心编. -- 2 版. -- 北京：中国法治出版社，2025.3. （法律一本通）. -- ISBN 978-7-5216-5073-0

Ⅰ. D923.404

中国国家版本馆 CIP 数据核字第 2025VH2466 号

责任编辑：谢　雯　　　　　　　　　　　封面设计：杨泽江

商标法、专利法、著作权法一本通
SHANGBIAOFA、ZHUANLIFA、ZHUZUOQUANFA YIBENTONG

编者/法规应用研究中心
经销/新华书店
印刷/保定市中画美凯印刷有限公司
开本/880 毫米×1230 毫米　32 开　　　　印张/ 12.5　字数/ 310 千
版次/2025 年 3 月第 2 版　　　　　　　　2025 年 3 月第 1 次印刷

中国法治出版社出版
书号 ISBN 978-7-5216-5073-0　　　　　　定价：43.00 元

北京市西城区西便门西里甲 16 号西便门办公区
邮政编码：100053　　　　　　　　　　　传真：010-63141600
网址：http：//www.zgfzs.com　　　　　编辑部电话：010-63141802
市场营销部电话：010-63141612　　　　印务部电话：010-63141606

（如有印装质量问题，请与本社印务部联系）